中国外语教育研究丛书

刘道义　主编

罗少茜　赵海永　邢加新　著

英语词汇教学

YINGYU CIHUI JIAOXUE

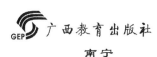广西教育出版社

南宁

序 一

由广西教育出版社策划、刘道义研究员主编的《中国外语教育研究丛书》是外语出版界和外语教学界紧密合作的一个重大项目，具有众多特色。广西教育出版社归纳了五点，即基于中国特色的比较研究，原创性、研究性和可操作性，理论与实践相结合，学科和语种融合，可读性较强。道义研究员也谈到五点，即理论性、实践性、创新性、研究性、可读性。我非常赞同来自出版社和主编两个方面的归纳和总结，尽可能不再重复。这里，只是从时代性汇报一下自己的感受。第一，本丛书上述各个特色具有新时期所散发的时代气息。众所周知，我国的外语教育在20世纪50年代以俄语及其听说读写四项技能的教学为主，改革开放后强调的是英语交际教学法。进入新时期后，我国外语教育的指导思想着眼于如何更好地为"一带一路"的国家政策和"教书育人"的素质教育服务。应该说，外语教材和有关外语教学理念的专著在我国不同时期均有出版，但本丛书最能适应和满足新时期的要求。如果说，过去出版社关心的是如何让外语教材在市场上占有一定份额，那么，本丛书更关心的是如何指导外语教师做好本职工作，完成国家和学校所交付的任务，让学生感受到更好的学习效果，让家长和社会提高对外语教学重要性的认识。当然，这套丛书也帮助外语教师实现从"教书匠"转变为真正的外语教学工作者，使他们既是教师，又是研究者。第二，本丛书的内容不仅适用于英、俄、日、法、德等传统外语语种，也适用于其他非通用语种。第三，就丛书的选题而言，除传统的技能教学和教育学外，还有社会学、心理学、哲学、美学、神经学等内容，这体现了当代多种学科相互融合的先进思想。随着信息技术的发展，多模态的课堂教学和网络教学已成为本丛书关注的选题内容。

我和本丛书的主编刘道义研究员相识多年，但她从不张扬，因此有必要以老大哥的身份介绍一下。第一，道义自 1960 年从北京外国语学院毕业后，便从事大、中、小学英语教学 17 年，对不同层次的外语教学具有亲身经验。第二，从 1977 年 8 月起，道义参加了历次的全国中小学英语教学大纲编制工作，编写和修订了 12 套中小学英语教材，并承担其中 9 套教材的主编工作；编著教师理论丛书 4 套、中学生英语读物 2 套、英语教学辅助丛书 3 套；发表有关英语教学改革的文章百余篇。因此除参与教学实践外，她还长期从事外语教学理论的研究。最近在大中学校内时有争论，那就是教师只要教书即可，不必费神搞研究。我想道义以自己的行动回答了这个问题。第三，道义曾任教育部中小学教材审查委员会英语组组长、中国教育学会外语教学专业委员会理事长、课程教材研究所副所长、人民教育出版社副总编。这表明道义具有很高的领导和组织能力。第四，道义曾任中共十四大代表，我认为这说明了道义本人的政治品质。党员既要把握正确的政治方向，又要在业务工作中起表率作用。所有这些归纳成一句话：本丛书主编非道义莫属。

除道义外，本丛书汇聚了我国从事外语教育研究的专家和名师。以道义所在的人民教育出版社为例，就有吴欣、李静纯、唐磊三位研究员参与编写工作。我退休后曾经在北京师范大学兼课十年，见到丛书各分册的作者名单上有王蔷、程晓堂、罗少茜等大名，顿时兴奋起来。这些当年的同事和年轻学者承担了 15 卷编写任务的 4 卷，实力雄厚，敢挑重担，我为之而感到骄傲。作者名单上国内其他师范院校从事外语教育的领导和专家有华东师范大学邹为诚、华南师范大学何安平、东北师范大学高凤兰、浙江师范大学付安权、福建师范大学黄远振、天津师范大学陈自鹏，综合大学则有清华大学崔刚、范文芳和中国人民大学庞建荣。在这个意义上，本丛书是对我国外语教育研究力量的一次大检阅。难怪本丛书的一个特色是中外外语教育思想和理论的比较研究，而且重点是中国外语教育的实践和理论。上述作者中有不少是我的老相识，虽然有的多年未见，如今能见到他们仍活跃在第一线为祖国的外语教育事业奋斗，令我肃然起敬。祝他们身体健康，在事业上更上一层楼。上述作者中有两位（范文芳教授和程晓堂教授）是我分别在北京大学和北京师范大学指导过的博士生。目睹当年勤奋学习的年轻学子，现已成为各自学校的教学科研骨干，内心一方面感到欣慰，一方面感到自己落在后面了。

本丛书策划者广西教育出版社成立于 1986 年 12 月。就出版界论资排辈来说，时间不算太早，但本丛书的成功出版在于该社英明的办社方针。据了解，该社出版的图书主要分为几大产品板块，其中教师用书和学术精品板块是出版社最为器重的。本丛书的质量保证和顺利出版还得益于两个方面的经验。首先，早在 20 世纪 90 年代，该社已出版了一套外语学科教育理论丛书（王才仁、胡春洞主编），该丛书总结了改革开放后十多年来外语学科教育研究的成果，展示了其发展的前景，给年轻一代学者的成长提供了帮助，在外语教学界产生了很好的影响，对本丛书的组织和编写提供了宝贵的经验。其次，新时期以来，该社相继出版了数学、化学、物理、语文等学科教育研究丛书，积累了较多经验，如今策划、组织和出版《中国外语教育研究丛书》更是驾轻就熟。

天时、地利、人和。在此背景下诞生的《中国外语教育研究丛书》必然会受到国内外外语教学界和出版界的欢迎和重视。我很荣幸，成了第一批点赞人。

北京大学外国语学院

2016 年 12 月 1 日

胡壮麟简介：教育部基础教育课程教材专家咨询委员会委员，北京大学资深教授、博士生导师。曾任中国高等学校外语专业教学指导委员会委员、英语组副组长，中国英语教学研究会副会长，中国语言与符号学研究会会长，全国高校功能语法教学研究会会长。

序　二

一年多以前，当我接到广西教育出版社的邀请，让我主编一套外语教育理论研究丛书时，我欣然接受了。我担此重任的这份自信并非源于自己的学术水平，而是出自我对外语教育事业的责任和未竟的情结。

我这一辈子从事外语教育，无非是跟书打交道：读书、教书、编书、写书。虽然教书认真，有良好的英语基础，但成绩平平，因为缺乏师范教育，并不懂得有效的教学方法。然而，17 年的大、中、小学教学为我后来的编书和写书提供了宝贵的实践经验。改革开放后，我有幸参加了国家英语课程和教材的研制工作，零距离地与教育专家前辈共事，耳濡目染，有了长进；又有幸出国进修、考察，与海外同行交流切磋，合作编写教材、研究教法、培训师资，拓宽了视野。由于工作需要，我撰写了不少有关英语教育、教学的文章。文章虽多，好的不多。为了提升自己的理论水平，我对语言教学理论书籍产生了浓厚的兴趣。退休后有了闲空，反倒读了许多书，而这些书很给力，帮助我不断写文章、写书。2015 年，我实现了一个心愿，就是利用我的亲身经历为我国英语教育做些总结性的工作。我与同行好友合作，用英文撰写了《英语教育在中国：历史与现状》一书，我又用中文写了《百年沧桑与辉煌——简述中国基础英语教育史》和《启智性英语教学之研究》等文章。

我已近耄耋之年，仍能头脑清楚，继续笔耕，实感欣慰。当我正想动笔写书总结有关英语教材建设的经验时，我收到了广西教育出版社的邀请信，这正中下怀，这不仅使我出书有门，还能乘此机会同外语界的学者们一起，较全面地梳理改革开放以来，特别是近十几年来的外语教育教学的研究成果。我计划，在20世纪90年代胡春洞、王才仁先生主编的外语教育理论丛书的基础上进行更新和补缺。发出征稿信后，迅速得到了反馈，10所大学及教育研究机构的多位学者响应积极，确定了15个选题，揽括外语教学论、教与学的心理过程研究、课程核心素养、教学资源开发、教学策略、教学艺术、教师专业发展、教学测试与评价、信息技术的运用、教材的国际比较等。

作者们都尽心尽力，克服了种种困难完成了写作任务，我对所有的作者深表谢意。同时，我还要感谢胡壮麟教授对此套丛书的关心、指导和支持。

现在，通观全套丛书，不难发现丛书的主要特点反映在以下几个方面：

一、理论性。理论研究不仅基于语言学、教育学，还涉及社会学、心理学、哲学、美学、神经学等领域。语种不只限于英语，还有日语和俄语。因此，书中引用的理论文献既有西方国家的也有东方国家的。

二、实践性。从实际问题出发，进行理论研究与分析，提供解决问题的策略和案例。

三、创新性。不只是引进外国的研究成果，还反映了我国改革开放以来的教改历程，有了鲜明的中国特色。而且，还开创了基础教育教材国际比较的先例。

四、研究性。提供了教育科学研究的方法，通过案例展示了调查、实验和论证的过程，使科学研究具有可操作性和说服力。

五、可读性。内容精简，篇幅控制，言简意赅，深入浅出，适于高等院校和基础教育教学与研究人员阅读。

丛书为展示我国近十几年的外语教育理论研究成果提供了很好的平台，为培养年轻的外语教育研究人才提供了很好的平台，为广大外语教研人员共享中外研究成果提供了很好的平台，也为高等教育机构的专家和一线教学人员之间建起了联通的桥梁，为此，我衷心感谢平台和桥梁的建造者——广西教育出版社！

我除了组稿外，还作为首位读者通读了每一本书，尽了一点儿主编的职责，更重要的是，我从书中了解到了我国外语教育近期发展动态，汲取了大量信息，充实了自己，使自己又一次体验了"与时俱进"的感受。为此，我也很感谢广西教育出版社给了我这个学习的机会。

1998 年，我曾经在我的《试论我国基础外语教学现代化》文章中预言过，到 21 世纪中叶中华人民共和国成立一百年时，我国的基础外语教学将基本实现现代化。今天这套丛书增强了我的信心，我坚信，到那时中国不仅是世界上一个外语教育的大国，而且会成为一个外语教育的强国，将会有更多中国的成功经验走出国门，贡献世界！

刘道义

2016 年 11 月 21 日

刘道义简介：课程教材研究所研究员、人民教育出版社编审。曾任中国教育学会外语教学专业委员会理事长、课程教材研究所副所长、人民教育出版社副总编辑。曾参与教育部中学英语教学大纲的编订和教材审查工作。参加了 12 套小学、初中、高中英语课本和教学参考书的编写和修订工作。主编"著名英语特级教师教学艺术丛书"（获奖教育丛书）、"模范英语强化阅读丛书"等书；出版了《刘道义英语教育自选集》《基础外语教育发展报告（1978—2008）》《新中国中小学教材建设史 1949—2000 研究丛书：英语卷》《英语教育在中国：历史与现状》等著作，并撰写了有关英语教育与教学的文章 100 多篇。

前　言

在语言的学习过程中，词汇是语言的基本材料，是一切语言活动的基础。语言学习如同盖房子，词汇是砖，语法是梁，没有足够的词汇，语言的"房子"无法完成。词汇是语言学习的基本组成部分，是构成更大的结构如句子、段落乃至整个篇章的基础。对语言学习者来说，词汇是学习的重要内容。拥有大量的词汇能有助于促进语言各方面技能的发展，词汇能力是构成语言能力的重要因素。

国外对英语词汇的研究最早可追溯到 19 世纪。20 世纪 70 年代，学者们对词汇教学的研究开始重视起来。他们把词汇教学放在了重要的位置，并对词汇教学提出了宝贵的意见和观点。20 世纪 80 年代，词汇教学研究迎来繁荣期。学者们从不同方面研究词汇教学，提出了词汇教学中的一些具体方法并进行了相应的实践。在词汇研究方面，1990 年，Nation 出版的 *Teaching and Learning Vocabulary* 一书标志着英语词汇教学理论研究开始步入实质性的、全面发展的繁盛时期。它把英语词汇的教学系统化、理论化，为英语词汇的教学提供理论依据和实践指导。我国对英语词汇教学的研究起步较晚，由于种种原因，我国目前的英语词汇教学，尤其是中小学英语词汇教学，效果还不是很理想，词汇学习仍然是大多数学生在学习英语过程中遇到的主要问题。

鉴于此，本书在文献回顾的基础上，总结词汇教学的理论和研究成果，将语言学和英语教学理论运用到词汇教学中，并对英语词汇学习、教学、测试与评价、词汇学习策略等进行探讨。本书具体内容如下：

第一章主要从词符、词型、词族、功能词和实词等角度介绍词的意义，并从词汇能力、词汇知识、词汇运用的元认知策略等角度阐释词汇的有关知识。

第二章阐释了二语词汇习得的认知，并在此基础上总结词汇认知的运用理论和实证研究，并从认知语言学视角阐释了对二语词汇习得解释。

第三章介绍完词频和词汇表的概念后，总结和对比了国内外各级教学和考试标准或大纲对词汇的要求，并讨论了词汇教学的意义。

第四章介绍了几种主要的语言学及二语习得理论指导下的词汇教学方法，包括词块理论与词汇教学、图式理论与词汇教学、任务型教学与词汇教学、认知语言学与词汇教学，以及语料库辅助词汇教学。

第五章讨论了词汇学习需要掌握的知识，并探讨了词汇教学的主要内容、教学原则、教学方法以及影响词汇学习的因素。

第六章阐释听、说、读、写四项技能与词汇的关系，这四项技能对词汇的要求，以及如何在听、说、读、写中学习词汇，如何测量和评价听、说、读、写等基本技能中的词汇。

第七章讨论了词汇测试的目的、内容，然后就词汇广度、词汇深度、词汇提取速度和词汇丰富度的测量方法进行论述，最后就词汇测试的题型和评价进行阐述。

第八章论述了词汇学习策略，介绍了词汇学习策略的种类，影响词汇学习策略选择的因素，及如何培养和应用词汇学习策略等。

在本书即将付梓之际，感谢人民教育出版社的刘道义老师为本书提供的宝贵意见，感谢广西教育出版社的领导和编辑为本书的出版所付出的辛勤努力。同时，也衷心感谢为本书提供思想资源的所有参考文献的作者们。

作者
2016 年 11 月 28 日

目　录

第一章 词汇的性质

　　学习者在学习第二语言的词汇时可能会遇到以下挑战：理解了第二语言后，如何在词汇的形式与意义之间建立正确的关联，包括区分相关词汇的词义；进行语言表达时，如何运用词汇的正确形式表达词意[1]3。为了应对这些挑战，学习者需要对所学词汇有一定的理解能力和运用能力，制定词汇学习策略以便长时记忆单词。

　　语言是由词汇构成的，单词构成词组和句子，句子构成语篇。一个学习者语法学得再好，如果没有足够的词汇，也难以实现交际目的；而如果学习者掌握的词汇丰富，尽管语言存在语法错误，交流时对方也能大致明白表达的内容。在词汇教学和测试中，要想更好地学习和教授词汇、对学习者的词汇进行更加合理的测试和评价，首先要对词汇的本质有所了解。而在现实中，词汇学习要学习什么、具体包括哪些内容，即对词汇知识的认识，人们却一直没有达成共识；对词汇知识的认识不同，势必会影响词汇的学习、教学和测试。而词汇能力又包括哪些呢？与词汇知识有什么关系？在日常教学中该如何处理词汇知识和词汇能力的关系？

　　许多学者对词汇知识和词汇能力以及二者的关系做了详细的描述[2-5]，本章首先从词汇的意义来阐释应该掌握的词汇的基本概念，然后介绍多词单位，最后阐释和总结有关词汇知识和词汇能力的相关论述。

第一节　词汇的意义

　　词汇是语言的三大要素（语音、词汇、语法）之一，是语言的基本材料，是一切语言活动的基础。什么是词汇？这是个难以回答的问题。语言学界对词汇的定义众说纷纭。我们将其概括为词是语言最小的自由形式，它有一定的声音、意义和句法功能[6]。

　　英语中对"词汇"的表达有多种，如 vocabulary、lexicon、word、lexeme 等，然而 Lewis 认为词汇不仅指字典上所列的单个词项，还应包括更大的范围，如词汇短语（lexical phrases）、成语（idioms）等由多个词汇组成但表示整体意思的"语块"（chunks 或 multi-word chunks）[7]。在他看来，本族语者大脑长时记忆中存储的不是独立的单词，而是一个个的语块，使用的时候亦不是通过单词＋单词组织起来，而是将整个语块提取出来表达相关的意义。

　　为了更好地学习词汇，对词汇进行教授、测试和评价，我们要对词汇相关的几个概念进行区分。专家学者从不同角度对词汇的各方面进行了阐释，如 Read 区分了词符（token）、词型（type）、词目（lemma）和词族（word family）[4]。

一、词符和词型

　　词符和词型是我们在对某一篇章中单词数量进行计算时所面临的概念，而词目和词族是我们在进行词汇测试和评价时要考虑清楚的概念。

　　词符是指在书面语或口语中出现的每一个单词，不管它们的形式是否相同，每出现一次，就算作一个词符。例如，某一个词在一篇文章中出现两次或两次以上，每一次出现都应被计算在词的总数以内，简而言之，词符的总数就是词的形状（word forms）出现的总数。如"I bought a book yesterday. The book is interesting."两个句子中共有九个词符。所以，当人们说一篇文章里有多少词时，指的就是文章中有多少个词符。

　　词型是指具有不同形状的词的统称。某一个词在一篇文章中重复出现多次，那么在计算词的数量时，只能计算一次。例如 "I bought a book yesterday. The book is interesting." 中有九个词符，但只有八个词型，因为同一单词 book 出现两次，只能计算一次。

在日常教学中，如果我们让学生写一篇 200 词的作文，这里说的"200词"其实多是指词符的数量。一些单词，如 the、a、to、and、in、that 等，会在文中出现多次，因此，词型的数量要少于 200 个。词型–词符比（type-token ratio，简称 TTR）经常被用来衡量学习者的语言发展情况，在口语和书面语中被用来衡量学习者的词汇丰富度，TTR 值越大，说明篇章中的词汇越丰富。

二、词目和词族

在日常的教学和学习中，我们经常会碰到一些单词以不同形式呈现，如单词 wait 的其他形式有 waits、waited、waiting；society 的其他形式有 societies、society's、societies' 等。在这两个例子中我们可以把其他词分别看作是 wait 和 society 的不同形式。从语法意义上来讲，这些词包含一个词根和它的屈折变化形式，但是不改变词根的意义或词类属性。在词类研究中，词目是指一组具有紧密语法关系的词汇，包括一个词根和它的屈折变化形式。

然而，词根除了有屈折形式的变化外，还可以通过派生形式改变一个单词的词类属性和词的意义，如 leak，可以通过屈折变化产生 leaks、leaking、leaked；也可以通过派生形式产生 leaky、leakiness、leakage、leaker 等。虽然这两组词的意思有所差异，但是所有这些单词的意思和形式是紧密相关的，所以，所有这些词统称为来自同一个词族（word family），它是由一个词根、屈折变形的词和一些规则的派生形式构成的词组成。在二语习得领域里，人们越来越多地使用"词族"的概念来衡量二语学习者的词汇水平[3]。

三、实词和功能词

关于英语词类的分类，国内外语言学家和语法学家有不同的见解。语法学分为词法和句法两个部分。词法的研究范围包括词类和各类词的构成、词形变化（形态）。句法的研究范围是短语、句子的结构规律和类型。

国外专家对词的分类主要有两类、八类、九类等[4, 8-21]，而国内对词的分类主要依据薄冰、司树森[22]和张道真[23]的十类说以及章振邦[24]的七类说。

表1-1 国内外词类分类汇总

国外词类分类汇总

类别	作者	具体分类
两类说	Quirk等[19]	开放类词（动词、名词、形容词、副词）；封闭类词（介词、代词、连词、限定词、感叹词、助动词）
	Kaplan[15]	主要词类（动词、名词、形容词、副词）；次要词类（介词、代词、连词、冠词、限定词、数量词、助动词、小品词）
	Read[4]	实义词（主动词、名词、形容词、副词）；功能词（介词、代词、连词、冠词、助动词）
	Leech等[17]	开放性词类（动词、名词、形容词、副词）；封闭性词类（代词、介词、连词、数词、限定词、感叹词、操作类动词）
三类说	Biber等[10]	实义词（实义动词、名词、形容词、副词）；功能词（限定词、代词、基本助动词、情态助动词、介词、副词小品词、并列连词、从属连词、wh-词、存在句中的there、否定词、数词、不定式的标记to）；插入词（感叹词、问候词、告别词、话语标记、应答词、犹豫词、道歉词和感谢词）
七类说	Carter和McCarthy[11]	动词、名词、形容词、副词、介词、连词、小品词
八类说	Schibsbye[20]	动词、名词、形容词、副词、数词、代词、限定词、小品词
	Alexander[8]	动词、名词、形容词、副词、介词、代词、数词、冠词
	Greenbaum和Quirk[13]	动词、名词、形容词、副词、介词、代词、限定词、助动词
	Baugh[9]	动词、名词、形容词、副词、介词、代词、连词、感叹词
	Eastwood[12]	动词、名词、形容词、副词、介词、代词、限定词、连词
	LeTourneau[18]	动词、名词、形容词、副词、介词、代词、限定词、连词（并列连词、关联连词、从属连词和连接副词）

续表

国外词类分类汇总		
类别	作者	具体分类
九类说	LaPalombara[16]	动词、名词、形容词、副词、介词、代词、连词、感叹词、复合名词中的附属词（adjunct in a compound noun）
	Huddleston和Pullum[14]	动词、名词、形容词、副词、介词、限定词、感叹词、从属连词（subordinator）、并列连词（coordinator）
十一类说	Zakaria[21]	动词、名词、形容词、副词、介词、代词 、连词、冠词、数量词、限定词、感叹词

国内词类分类汇总		
类别	作者	具体分类
七类说	章振邦[24]	动词、名词、形容词、副词、介词、代词、限定词
十类说	张道真[23]	动词、名词、形容词、副词、介词、代词、冠词、数词、连词、感叹词
	薄冰和司树森[22]	动词、名词、形容词、副词、介词、代词、冠词、数词、连词、感叹词

　　从国内外文献来看，在现有的关于英语词类划分的各种观点中，"八大词类说"的历史最悠久，影响也最大。传统语法中的其他一些词类划分法大多是在它的基础上演变而来的。英语中对词的定义有很多种，而且英语中的词很多，但是每一个词在句子中扮演着特定的角色，有的起语法作用，有的起搭配作用[25]。根据以上回顾，结合国内普通高中英语课程标准[26]、薄冰和司树森[22]和张道真[23]的相关词汇分类内容，根据词汇在语篇中不同的作用，本书将英语词类划分为十大类，分别为动词、名词、形容词、副词、介词、连词、冠词、代词、数词、感叹词。

　　就词汇的意义和性质而言，我们可以把这些词类大致分为两大类，即开放词类和封闭词类。开放词类，也称之为"实词"，包括名词、动词、形容词和副词。这类词是随着社会历史的发展而发生变化的，新词不断产生，旧词逐渐被淘汰或取得新义。这类词提供句子的所指意义，承担传递信息的任务。封闭词类，又称之为"语法词类 / 功能词"，包括代词、冠词、介词、连词等。这类词数目有限，很少增加。它们在句子中起着结构作用，主要起到构成句子语法结构的功能。

　　传统意义上，语法词属于语法教学的范畴，而词汇教学则更属于实词的教学。然而这两类词之间的严格区分现在变得模糊起来。这两类词的相互依赖正是词汇法的核心原则[1]。但是在词汇评价中，我们主要还是关注实词。

四、同形异义词

学习英语单词时，除了以上的几类区别外，还有一种现象就是同形异义词。在英语学习中，我们经常会遇到具有至少两个意思的单词，这些单词的意思差异很大，通常被认为属于不同的词族[4]。例如 bank，可以表示"银行""河岸""一排（开关、仪器等）""（通常指飞机改变方向时）倾斜飞行"等。不难看出，没有一个共同的内涵将这四种意思联系起来。因此，通常我们认为它们属于不同的词族。在词典里，它们被认为是不同的词条。而在词汇评价时，我们也不能因为学习者掌握了其中一种意思，而推断他也能掌握其他的意思。同形异义词在学习和生活中很常见，我们要区分一词多义和同形异义两种现象。

1. 一词多义（polysemy）

一词多义是自然语言中的普遍现象，指一种词汇形式拥有两个或两个以上相互关联的义项[27] 50。在英语学习过程中，除术语之外，只有一个意义的单词是很少的，大多数单词具有十几个、几十个甚至上百个意义，这给英语词汇学习和教学带来了困难和挑战。例如，在《牛津高阶英汉双解词典》（*Oxford Advanced Learner's English-Chinese Dictionary*）中，"school"就有以下九个义项：

（1）[C] a place where children go to be educated；

（2）[U]（used without *the* or *a*）the process of learning in a school；the time during life when you go to a school；

（3）[U]（used without *the* or *a*）the time during the day when children are working in a school；

（4）（the school）[sing.] all the children or students and the teachers in a school；

（5）[C]（often in compounds）a place where people go to learn a particular subject or skill；

（6）[C，U]（*AmE*，*informal*）a college or university；the time you spend there；

（7）[C] a department of a college or university that teaches a particular subject；

（8）[C] a group of writers，artists，etc. whose style of work or opinions have been influenced by the same person's ideas；

（9）[C] a large number of fish or other sea animals，swimming together.

前八个义项表示的意义都与学校的功能、作用和特点等有关，是有内在联系的。由此可见，多义词之间的联系就像一根链条，把几个意义连接起来，有序地巩固在同一个语音形式之下。汪榕培根据词的起源和词义之间的关系，把多义词的意义分为：原始意义与派生意义，中心意义与次要意义[28]70。

原始意义（primary meaning）指词最初的意义，也可以称为"词的本义"，其余的全部是词的派生意义；派生意义（derivative meaning）是词在语言发展过程中形成的，也可称之为"转义"。有些原始意义除词源学家之外，已经不为一般人所知晓，如 candidate（候选人）的原始意义是"穿白衣服的人"，但在现代英语中这种意义已见不到。有些词的原始意义和派生意义在现代英语中同时保留下来，如 pain 的原始意义为"惩罚"，在现代英语中只用于 pains and penalties（惩罚），而它的派生意义"疼痛"已被广泛应用。

一个多义词有多种意思，可根据其使用的频率区分中心意义和次要意义。次要意义是从中心意义引申而来的，它们之间的关系是平行的、相互独立的。如 bachelor 的中心意义是 unmarried man（未婚男子），次要意义是 a person with a university first degree（获得学士学位的人）。

次要意义围绕着中心意义演变和发展起来，并与之保持密切关系。但在次要意义的产生和演变过程中，次要意义的形成有的是因为词义扩大或缩小的结果，如 case 的普遍意义是"实例，事例"，可引申为"病例，个例，案件"；captain 的普遍意义是"领导者"，可引申为"船长"；light 的普遍意义是"光"，可引申为"灯"。有的是因为抽象和具体的相互转化，如 beauty 的抽象意义是"美丽"，具体意义是"美人"；eye

的抽象意义是"眼光"，具体意义为"眼睛"。有的是因为类比而成，如 baby 的字面意义是"婴儿"，但是可以比喻为"无助的人"；lion 的字面意义是"狮子"，但是可以比喻为"勇敢的人"。

我们可以根据具体的语境和语法关系来判断多义词的意义。一词多义虽然给英语词汇教学带来了困扰，但也体现了语言的经济性原则，即通过一词多义可以减少词汇的总量，减轻记忆词汇的负担。

2. 同形异义（homonymy）

英语中除了一词多义外，有一些词是同形、同音、异义，或同形、异音、异义，或同音、异形、异义，我们把这种现象称为"同形异义"，这些现象容易给学习者带来困扰，亦给教师带来挑战。

（1）同形同音异义词，指单词的读音和拼写都相同，但意义不相同的单词。如表1-2所示：

表1-2　同形同音异义词举例

单词	读音	意义
bank	［bæŋk］	n.银行；河岸
pole	［pəʊl］	n.杆子；地级
bat	［bæt］	n.球拍；蝙蝠
fly	［flaɪ］	n.苍蝇　v.飞行
long	［lɔːŋ］	adj.长的；v.渴望
bear	［beə（r）］	n.熊　v.忍受；承担
date	［deɪt］	n.枣；日期　v.约会
race	［reɪs］	n.种族；赛跑　v.参加比赛
spring	［sprɪŋ］	n.春天；泉水　v.突然出现
ball	［bɔːl］	n.球；舞会　v.做成球形
sound	［saʊnd］	n.声音　v.发声　adj.健全的　adv.彻底地

（2）同形异音异义词，指拼写相同，但读音和意义不同的单词。如表1-3所示：

表1-3　同形异音异义词举例

单词	意义1	意义2
tear	［tɪə］ n.眼泪	［teə（r）］v.撕裂

续表

单词	意义1	意义2
bow	［bəʊ］n.鞠躬	［baʊ］v.弯腰；低头
desert	［'dezət］n.沙漠	［dɪ'zɜːt］v.丢开；抛弃
live	［laɪv］adj.生动的；现场直播的	［lɪv］v.生存
content	［'kɒntent］n.内容	［kən'tent］adj.满足的　v.使满足
conduct	［'kɒndʌkt］n.举止；行为	［kən'dʌkt］v.带领；执行
present	［'preznt］n.现在；礼物　adj.目前的	［prɪ'zent］v.出现

（3）同音异形异义词，指读音相同，但拼写和意义不同的单词。如表1-4所示：

表1-4　同音异形异义词

读音	单词1	单词2
［peə（r）］	pair n.一副	pear n.梨
［dɪə（r）］	deer n.鹿	dear n.亲爱的人　adj.亲爱的
［miːt］	meet v.遇见　n.运动会	meat n.肉
［raɪt］	right adj.正确的　n.权力	write v.写作
［sʌn］	sun n.太阳　v.晒太阳	son n.儿子
［daɪ］	die v.死亡	dye v.染色　n.染料
［fɔːθ］	forth adv.向前方	fourth num.第四　n.第四　adj.第四的

这里要注意同形同音异义词和一词多义的区别。同形同音异义词的不同意义之间没有任何的必然联系，是词源和意义完全不同的词；然而一词多义，一个词的不同意义往往存在某种联系，即所有的意义都源于该词的基本意义。简而言之，二者的区别就在于词的意义之间是否有联系，如果有，则为一词多义；如果没有，则为同形同音异义词。

五、语料库

语料库是按照一定的语言原则，运用随机抽样方法，收集自然出现的连续的语言，运用文本或话语片段而建成的具有一定容量的大型电子文本库。从其本质上来说，语料库实际上是通过对自然语言运用的随机抽样，以一定大小的语言样本代表某一研究中所确定的语言运用总体[29]333。随着电脑和网络的普及，语料库成为外语教学的重要手段。借助于计算机，语料库具有储存大，检索快捷、方便，语料真实等优点，它能为词典编撰、教材编写、词汇教学、自主学习和测评软件开发等提供帮助。我国近十几年在语料库及其在外语教学中应用的研究方面取得了很大进展，基于语料库的词汇学研究主要涉及四个方面，即词义及词的用法、词语搭配、近义词对比和词汇教学[30]。目前国际影响较大且可用于词汇教学方面的语料库有：英国国家语料库（British National Corpus，简称 BNC）、布朗语料库（Brown Corpus）、国际英语语料库（International Corpus of English，简称 ICE）、美国国家语料库（American National Corpus，简称 ANC）、美国当代英语语料库（Corpus of Contemporary American English，简称 COCA）。国内较有影响力的语料库有：中国学习者英语语料库（Chinese Learner English Corpus，简称 CLEC）、中国英语学习者口语语料库（Spoken English Corpus of Chinese Learners，简称 SECCL）、中国英语专业语料库（Chinese English Majors Corpus，简称 CEMC）、香港科技大学学习者语料库（HKUST Learners Corpus）等。

基于语料库，借助语料库自带的程序或相关的统计软件，我们可以实现词汇共现、关键词检索等。在词汇教学中，教师可借助于语料库进行相关的词汇教学和研究，主要体现在以下几个方面：词频统计、词语搭配教学、语义韵教学、词语辨析教学等。通过对语料库的词频统计，我们可以了解最常用最基本的词汇以及词频分布情况，如 Francis 和 Kucera 对具有 100 多万词的布朗语料库统计发现，频率居前 1000 的单词就可以覆盖普通文本的 72%，频率居前 2000 的单词可以覆盖 79.7%，频率居前 3000 的单词可以覆盖 84%，频率居前 4000 的单词可以覆盖 86.8%，频率居前 5000 的单词可以覆盖 88.7%，频率居前 6000 的单词可以覆盖 89.9%，频率居前 15851 的单词可以覆盖 97.8%（转引自王家义[31]）。可见，英语最常用单词（词频在前 2000 的单词）大约占语篇 80% 的词汇，这表明教师在教学过程中应把有限的时间和精力投入到最常用的词汇上。若英语学习者能首先掌握前 2000 个左右的高频词汇，就可以基本了解一般文章的大意。此外，通过在语料库中对关键词的检索，可以根据关键词出现的语境，进行词表生成、词语搭配共现以及语体特征分析等，具体将在第四章第五节阐述。这些真实的语料可为词汇教学和测试提供真实的素材，也可供学习者自学和自评使用，提高其英语学习的积极性和乐趣。

第二节 多词单位

在英语教学中，除单个的单词外，还有一些包含多个单词的词汇，有的是动词词组，如 get across、move out、put up with；有的是复合名词，如 fire fighter、love letter、personal computer；还有一些习语，如 a piece of cake、let the cat out of the bag 等。这些词汇都包含多个单个单词并构成一个意义单位，这些意义单位通常被称为"多词单位"，它们的意思很难从某一个单独的单词推测出来，这给外语教学和学习带来困难。下面我们将进行详细描述。

一、词块

词块是语言及其使用中的一个重要单位，在语言理解、产出中发挥着重要的作用。词块理论是在 20 世纪 90 年代初期由 Nattinger 和 DeCarrico[32] 提出。他们将人们习惯上认为的词汇短语（lexical phrases）定义为长度不等的词块，并认为词块是约定俗成的、具备功能的复合物，与按语法规则拼写而成的句子相比，它们在交际中出现的频率更高，具有更为明确的习语意义。Nattinger 和 DeCarrico 将词块划分为多元词词块（polywords）、习俗语词块（institutionalized expressions）、短语架构词块（phrasal constraints）和句子组构词块（sentence builders）四类。

Lewis 在其他语言学家的基础上，较为系统地提出了词块理论，为词块教学法奠定了理论基础，倡导高度重视词块的学习[7]。Lewis 根据词汇内部的语义联系和句法功能将常用的词块分为四类：（1）聚合词（polywords）。这类词是由两个或两个以上单词组成的固定短语，包括动词短语（如 look for、look up、put off）、习语（如 of course、right way、at once）和一些由于搭配关系而形成的比较固定的用法（如 recorder player、taxi driver、the day after tomorrow）。这些是学习者需要记忆的基本词汇，可以在字典中直接查到。（2）搭配词（collocations）。搭配指在长期使用中词项逐步形成的一种同现关系，即词项间可以相互预示自己"搭档"可能出现的结构。搭配分为词汇搭配（如 strongly believe）和语法搭配（如 take part in）。了解搭配是理解一个单词重要的一步。（3）惯用话语（institutionalized utterances）。它指形式固定或半固定、具有固定语用功能的单词组合，它可以是完整的句子，如"What are you going to do？"也可以是非完整的句型，如"Where is…？""It's next to…""How can I …？""If I were you, I'd like…"等。（4）句子框架和引语（sentence frames and heads）。这类词可以是用于语篇衔接的关联词，如 firstly、secondly、finally、next、then、in addition to、furthermore 等，也可以是更大的句子结构，如 It's amazing how… 等[7]。

目前，研究二语词块主要有三种方法：语法学方法、语料库语言学方法和心理语言学方法。由于覆盖范围和研究重点不同，这三种方法对词块的定义表述不一。语法学家将其看作充当句子成分、具有句法功能的词的组合[34]。语料库语言学家更多地关注那些出现频率超过提取频点的重现词丛，而忽略其地道性和结构特征[10]。心理语言学家则认为，词块是一串预制的连贯或不连贯的词或其他意义单位，整体存储于记忆中，使用时直接提取，无需经过语法生成和分析[35]。

本书中，将词块定义为由多词组成，可以独立用于构成句子或者话语，实现一定语法、语篇或语用功能的最小的形式和意义的结合体。它是大于词、小于句子的语言单位，可以像词那样独立运用，而且词块应该是连续的，具有完整的意义或明确的功能[36]。学习和掌握一定的词块不但有助于我们记忆单词，而且有助于我们快速掌握单词的用法，如句子框架中的 It's amazing how… 在快速发言时，对于节约时间非常有用。关于词块的类型、功能和词块理论指导下的词汇教学，我们将在第四章做具体的讲述。

二、词语搭配

除词块之外，词汇组合还有另一种较为松散的组合方式，叫词汇搭配。如果两个词一起出现不是偶然的，或者说当我们看到一个词时，可以相当确定地猜测到另一个词就在旁边，那么这两个词就构成了搭配。

词语搭配是指词与词的结伴使用这种语言现象，是词语间的典型共现行为[37]12。词语搭配的典型性取决于搭配的概率属性，因为任何搭配都是可能的，只不过一些比另一些更为恰当。Hoey[38]提出了词语搭配的新定义，即搭配是词符之间而非词目之间的一种心理联系。换句话说，词语搭配是指词目下各种词符之间的在实际语言运用中的具体搭配，是语言的心理事实，而非对词汇简单的归纳和抽象。描述词语搭配的方式有很多，但就教学而言，对其较为实用的描述是，在书面语和口语中，规律性的经常出现的两个或三个词丛，如动词 + 名词，形容词 + 名词，动词 + 形容词 + 名词，副词 + 动词，副词 + 形容词等为最易识别的几类搭配序列，即类联接[39]。

　　搭配从稳定性方面考虑可以分为封闭型搭配（closed collocation）和开放型搭配（open collocation）。封闭型搭配（即习语）是在长期使用过程中逐渐形成的习惯固定词组，在语义和结构上是绝对或相对固定的，在组合方式上是有限制的，因而它体现了稳定性。开放型搭配是在千变万化的语言环境（linguistic context）中按照一定语法结构和语义联系形成的灵活词语组合，可以无限生成，相对而言其意思比较清楚易辨[40]，如 set a record、set a new world record 等。

　　汪榕培根据搭配的性质，将词语的搭配分为语法搭配和词汇搭配[28]。他认为"语法搭配是由一个主导词（名词、形容词、动词等）和一个介词或不定式、分句之类的语法结构组成的短语"。语法搭配可分为八种类别：（1）名词 + 介词，如 blockade against、apathy towards。（2）名词 + 带 to 的不定式，如"It was a pleasure to do it.""They made an attempt to do it."。（3）名词 + that + 分句，如"We reached an agreement that she would represent us in court."。（4）介词 + 名词短语，如 by accident、in advance 等。（5）形容词 + 介词，如 fond of、deaf to 等。（6）形容词 + 带 to 的不定式，如"It was necessary to work.""She is ready to go."。（7）形容词 + that + 分句，如"She was afraid that she would fail the examination."。（8）包括 19 种英语动词句型，如①动词 + 带 to 的不定式："They began to speak."。②动词 + 带 -ing 的动词："They enjoyed watching television."。

他认为"词语搭配通常不包含介词、动词不定式或分句。典型的词汇搭配由名词、形容词、动词和副词组成"。词汇搭配可分为七种类别：（1）动词（表示"创造"和／或"激活"）＋名词（或代词），如 come to an agreement、make an impression 等。（2）动词（表示"根除"和／或"撤销"）＋名词（或代词），如 reject an appeal、withdraw an offer 等。（3）形容词（或名词）＋名词，如 strong tea、a sweeping generalization、land reform、house arrest 等。（4）名词＋动词，如 bombs explode、alarms go off 等。（5）名词＋of＋名词，如 a colony of bees、a pack of dogs、a piece of advice 等。（6）副词＋形容词，如 deeply absorbed、sound asleep、keenly aware 等。（7）动词＋副词，如 affect deeply、appreciate sincerely 等[28]83。

计算机语言学和语料库语言学的发展，为探讨和研究词汇搭配提供了方便的手段和方法。语料库可以通过统计手段如 Wordsmith 来呈现词频和词的搭配。Hunston 指出要确定某一搭配词的显著性，就必须运用统计测量的手段，检验每一个搭配词与节点词之间的相互预见和相互吸引程度，判断它们的共现行为在多大程度上体现了词语组合的典型性[41]。常用的测量方法是计算共现词项间的 T 值和 MI 值（Mutual Information score，即互信息值）。MI 值表示的是互相共现的两个词中，一个词对另一个词的影响程度，或者说一个词在语料库中出现的频数所能提供的关于另一个词出现的概率信息。MI 值越大，说明节点词对其词汇环境影响越大，对其共现词吸引力越强。T 值是根据假设检验中的 t 检验计算得来的。在词语搭配研究中，我们要检验的就是在由节点词构成的小文本中两个词的共现频数与期望频数是否存在显著性差异。计算 T 值和 MI 值都是通过比较搭配词的观察频数和期望频数的差异来确定某一词语搭配在语料库中出现概率的显著程度。基于语料库的词语搭配研究，我们通常把 MI 值等于或大于 3 的词作为显著搭配词。

此外，Hill 把词语搭配提高到了能力的高度。他呼吁词汇教学的关键应该是确保学生有能力对那些似懂非懂的已学词语进行搭配[42]。虽然我们已经熟知了交际能力的概念，我们还需要在思维中加入一个新的概念，即词语搭配能力（collocational competence），一种能够选择和使用典型的词语组合的能力。因此，培养词语搭配能力的过程，不仅仅是一种呈现词汇、拓展词汇、巩固词汇、帮助学生储存和重拾目标语中词汇的过程，更应该是高年级学生学习词汇的策略。

第三节　词汇知识

我们已经讨论了词汇的意义和多词单位，那么词汇学习包括哪些内容，掌握一个单词到底需要掌握哪些知识呢？学者们对词汇知识的认识一直没有达成一致。而对词汇知识的认识却直接影响着词汇教学和词汇测试。

对词汇知识的界定一般分为两种。一种是从连续体观的角度进行界定。持该种观点的学者用发展的眼光看待词汇知识，他们把词汇知识看作是一个由不同水平和知识面组成的连续体，所调查到的词汇知识不过是词汇习得过程中某一特定阶段词汇知识的反映。Dale 提出了掌握一个单词所处的五个阶段：第一，我以前没见过这个词。第二，我听说过这个词，但是我不知道它是什么意思。第三，在语境中我能识别这个词。第四，我知道这个词。第五，我能区分开和这个词意义相近的其他词[43]898。之后，Wesche 和 Paribakht 提出了较有影响力的词汇知识等级量表（Vocabulary Knowledge Scale）[44]。该表把词汇知识分为五个等级：第一，我从未见过这个词。第二，我以前见过这个词，但我不知道它的意思。第三，我以前见过这个词，我认为它的意思是（给出一个同义词或翻译这个词）。第四，我认识这个词，它的意思是（给出一个同义词或翻译这个词）。第五，我能用这个词造句。这个等级量表体现了词汇习得的不同阶段和词汇习得的渐进性，避免了简单地把词汇习得分为"已经习得"和"还未习得"两个极端。而 Henriksen 又将词汇知识推进一步，他提出从三个维度看词汇的发展，部分的知识到精确的知识、知识的深度发展、接受性知识到产出性知识[45]。他提出的接受和产出词汇的角度已被广大学者所接受。

另外一种观点按词汇知识的构成成分进行分类描述，分析构成一个词全部知识的意义和用法的不同方面。Cronbach 认为理解一个词包含下列五个含义：概括（generalization）、应用（application）、意义的宽度（breadth of meaning）、意义的准确度（precision of meaning）以及灵活性（availability of meaning）[46]。但是 Cronbach 的定义没有包含词汇知识的其他层面，如拼写、发音、词形、句法搭配等。关于词汇知识，Richards 提出了八个假设，这些假设被认为是词汇知识的基本框架[5]。该框架虽然不全面，但是它强调了词汇学习的复杂性，学习词汇不仅仅是记忆单词的意思。Nation 从接受和产出两个角度阐述了词汇知识应涵盖形式、功能和意义三个层面，即掌握一个词不仅要掌握它的发音和拼写形式，还要关注其深度知识，包括语法范式、词汇搭配、使用频数、语境特征、语义功能和语义关联等[3]。在此基础上，他提出了八个词汇知识构成成分，与 Richards 不同的是，Nation 提出了接受性知识（receptive knowledge）和产出性知识（productive knowledge），前者强调当听或看语料时，能够识别单词的能力，后者强调当读或写语料时自行运用词汇的能力。Nation 认为运用单词的能力需要除理解单词之外的其他知识，因此产出词汇时需要比接受词汇更高级别的知识。但是 Nation 所描述的词汇知识框架只适合本族语者掌握的少部分词汇，因此 Nation 针对词汇知识的说明在理论上或许是可行的，在实践中却很难实现。

　　马广惠综合了前人的研究成果，构建了一个二语词汇知识理论框架[47]。该框架包括元词汇知识和词汇知识两个方面。元词汇知识是有关词的一些宏观知识，涉及词的概念、词义和词的规则等知识。词的概念回答"什么是词"的问题，词义知识涉及词义类型和词义关系，词的规则涉及词的音位规则、构词规则、句法规则和语用规则，变体知识涉及词性和词义因社会、文化和语境不同而出现的变异。学习者可以运用元词汇知识计划、管理和监控二语词汇学习。元词汇知识既可以在自主学习过程中习得，也可以在课堂教学中学得。元词汇知识包括习得一个二语词涉及的十二种深度知识（见图 1-1）。词汇知识回答的是"习得一个二语词意味着什么"的问题。它指的是学习者具有的对每一个词的微观知识。元词汇知识包括十二个方面的知识：音位知识、拼写知识、形态知识、语义知识、母语知识、词频知识、搭配知识、句法知识、语体知识、语用知识、变体知识和词汇策略知识。

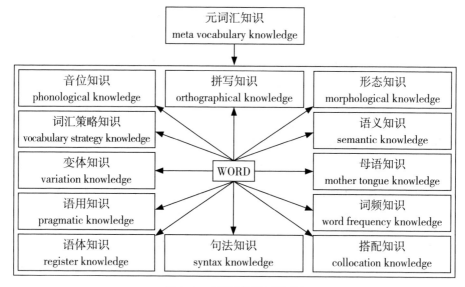

图1-1　二语词汇深度知识

　　由此可见，学习英语单词，绝非只是字面意思那么简单。要真正掌握一个单词，不仅要学习词的意义，还要学习词汇的各方面知识，具体内容我们将在第五章详细陈述。同时，对于词汇的测试和评价，应该测试什么、怎么测，我们也将在以后的章节中进行陈述。

第四节　词汇能力

我们介绍了词汇的意义、多词单位、应掌握的词汇知识等，但是怎么样才算是具有词汇能力呢？Chapelle[2]基于Bachman[48]的交际语言能力模型提出了词汇能力构成框架，Chapelle对词汇能力的定义和解释是比较全面的，该框架既包括语言知识，也包括在具体语境中使用语言的能力，具体体现在以下三个方面：在语境中把握词汇使用的能力，词汇知识及其最基本的加工能力，词汇运用的元认知策略。本节主要介绍Chapelle的词汇能力模型。

一、在语境中把握词汇使用的能力

词汇使用和词汇测试受到具体语境的限制，学习者应能在不同语境中恰当地使用词汇。在词汇测试中，语境通常指目标词出现的句子或用法。如在词汇选择题中，题干是包含所要测试目标词的语境，如：

The committee endorsed the proposal.

A. discussed

B. supported

C. knew about

D. prepared

然而在综合测试中，如完形填空（cloze）测试，语境就会超出句子的范畴。学习者经常根据上下文，甚至前后段落来找线索，因此整篇文章也可以是一个语境。在日常交流中，交流对象的语言背景、社会地位、性别、年龄、场合等都会对词汇的选择和应用产生影响。学习者应该具有在不同的场合选择恰当词汇的能力。

从交际语言能力角度讲，语境远远超出语言现象本身，而词汇能力更关注不同的语用知识。换句话来说，词汇出现的社会情境和文化情境都会影响词汇的意思。Read举了三个不同的例子，这些例子虽然不涉及二语学习者，但是很明显强调了语境对词汇意义的影响，同时也显示了拥有词汇能力的重要性[4]。Read 还总结了对词汇意义影响的三个语境：一是不同年龄群体和不同语体（口语和正式用语）对词汇使用的影响，二是不同语言背景对词汇使用的影响（如 American English 相对 New Zealand English），三是不同语域对词汇使用的影响（如日常用语和某一研究领域的专业术语）等。当然还有其他更多的例子可以表明语境对词汇使用的影响。

Chapelle[2]基于 Halliday 和 Hasan[49]的框架提出语境理论（转引自 Read[4]），该框架从社会视角而不是纯粹的语言学视角来定义语境。该理论主要包括三个复杂的因素：语场（field）、语旨（tenor）、语式（mode）。这三个因素经常被用来分析口语或书面语的语言特征如何与语言所出现的社会情境相联系。语场包括语言使用者在不同的情境下所从事的不同活动以及涉及的主题。语旨是指语言使用者的社会地位、角色关系以及目标等。语式是指不同的语言交流渠道和方式，比如口语和书面语的不同特征。因此，根据 Chapelle 的观点，在家读报纸所需要的词汇能力与听讲座所需要的词汇能力完全不一样。

二、词汇知识及其最基本的加工能力

Chapelle 的词汇能力模型的第二个要素主要包括四个方面[2]：

1. 词汇量（vocabulary size）。词汇量是指一个人所掌握的词汇的数量，一般指在具体语境中学习者所掌握的实词的数量[2]。对本族语者词汇量的测量，学者们尝试从一本大词典中对单词进行取样来测量本族语者的词汇量；而对于二语学习者，学者们通常使用基于词频列表的词汇量测试来估算学习者所知道的常用单词的数量[4]。但是如 Chapelle 所指出的那样，如果我们用交际能力的方法来阐释词汇能力，那么我们就不能从绝对意义上来测量词汇量，而是要结合具体使用的语境来对词汇量进行测量[2]165。因为不同语境对词汇的要求不一样，如读报纸、讨论球类比赛、听取学术报告等对词汇的深度和广度知识要求不一样。

国内外许多研究表明，词汇量与语言水平相关。词汇量与听力、阅读乃至语言综合水平都存在显著正相关关系[50]。国内研究表明，中国学习者并没有完全掌握日常英语会话所需的常用词目，其会话缺乏足够的交互性[51]，其词汇量与四级成绩显著相关，与六级成绩的相关性不明显[52]。大学非英语专业新生的接受性词汇与产出性词汇水平发展不平衡，其接受性词汇量增长较大，但其产出性词汇水平发展严重滞后，仍处在较低水平，且单词分布主要集中在 1000 高频词等级上[53]。

如何对词汇量进行测试呢？ Nation 设计了词汇水平测试(Vocabulary Levels Test，简称 VLT)，供教师了解学生的接受性词汇量[54]。1990 年后，VLT 在全球得到了广泛的采用。VLT 共有 5 个层次的测试，分别从 2000 词频、3000 词频、5000 词频、10000 词频和大学词表（ University Word List，简称 UWL ）抽样而来。

Nation 和 Beglar 两人编制了词汇量测试卷（ Vocabulary Size Test，简称 VST ）[55]。VST 包含最常用的 14000 个英语词族。其中每 1000 个词族为一个等级，每一个等级有 10 个测试项。Beglar 通过 Rasch 模型验证了 VST 的效度[56]。Beglar 认为 VST 为教师和研究人员测量二语学习者的书面接受性词汇量提供了一种新的工具，该工具提供的测量是可靠的、准确的、全面的，VST 是能够精确判断学习者词汇量的水平测试。相对于其他词汇量测试工具，VST 大大拓宽了对书面接受性词汇量的测量范围。

学习者到底需要掌握多少词汇量才能满足日常交流呢？ Bonk 基于口语文本，推断日本学习者需要掌握至少 95% 覆盖率的单词，才能成功地进行口语交际，而低于 80% 会导致交际困难[57]。Schmitt[58]认为学习者要满足日常口语交际的需求，需掌握大约 2000 个词族，其中包括单词的基本形式、屈折变化和派生词，它们覆盖了日常会话词汇的 99%，是学习者需要掌握的基本词汇。我们将在第三章详细阐述国内外各级教学和考试对词汇量的要求。

2. 词汇特征知识（ knowledge of word characteristics ）。该知识涉及词汇的各层面特征，具体包括语音特征、字形特征、形态特征、句法特征、语义特征、语用特征和搭配特征[2]。在习得过程中，词汇知识可能是不正确的、不全面的或者不能分解的。"不正确性"是指与目标语言不能对应的词汇表征，如错误的拼写、错误的语义表征等。"不全面性"指由于学习者的词汇知识与本族语者的词汇知识有差距，导致对一些已经学过的，但是具有相似特征的词汇分不清甚至困惑，如 affect，effect；quite、quiet；embrace、embarrass。"不能分解性"指学习者将词汇作为一个单元进行学习和掌握，但是不能拆分或者创造性的使用，如在学习初期，在词组中出现的词汇被学习者所熟知，但是学习者不会替换使用或者在其他词组中使用该词。和词汇量一样，学习者对词汇的掌握程度将根据词汇所出现的语境不同而有差异。

3. 心理词库（mental lexicon）。该部分主要关注的是词汇、词素等在大脑中呈现的方式，以及词汇之间相联系的方式，如语义特征、语音特征等彼此连接。心理词库的变化通常被定义为重构（restructuring）或重新分析（reanalysis）。虽然对心理词库中的词素表征的争论一直不断，但是大部分学者认为本族语者心理词库主要按照语义特征连接起来，相反，低水平的二语学习者是按照语音特征进行连接的。对于二语学习者和本族语者的词汇发展差异以及词汇在大脑中储存方式的差异有待进一步研究。虽然心理词汇在词汇发展的各个阶段不是固定的，但是词汇使用的语境将会对大脑中词汇的连接产生影响。

4. 理解和产出词汇时采用的各种心理加工程序（fundamental vocabulary processes）。语言学习者使用不同的加工程序来获取理解和产出时所需要的词汇知识，心理学家列出了所需要的不同的加工程序，如获取口语或书面语中的相关词汇特征，将词汇的语音和拼写信息进行编码储存于短期记忆中，从词汇中获取结构和语义特征，将词汇的语义内容和文本输入中的语义表征进行连接，将词汇按照词素成分进行描述，按照词素进行组合单词等[2]。这些程序与语言知识的各个方面紧密相连。由于二语学习者的二语词汇知识以及心理词库知识与本族语者有差距，所以本族语者的词汇加工速度要比二语学习者快。即使二语学习者拥有较大的词汇量，也比本族语者的加工速度要慢。

三、词汇运用的元认知策略

Chapelle 的词汇能力的第三个要素是元认知策略[2]，该策略被 Bachman 称为"策略能力"（strategic competence）[48]，被语言学习者用来管理在交际时使用词汇知识的方式。大多数情况下，我们使用了这类策略但是没有意识到，只有在承担陌生的交际任务或者认知需求的任务时才会意识到这类策略。比如语言教师擅长修改所使用的词汇以便让学习者轻松地理解。相反，一些没有经验的本族语者因为使用俚语表达方式、不能将关键词清楚地发音、不能复述别人不懂的语言等使其不能与外国人进行有效的交流。当然，在这些例子中，有效交流远远超过词汇本身，但是词汇策略起着重要的作用。

因为学习者需要克服词汇知识缺乏的现状并达到有效交流的目的，学习者在交际时需要元认知策略。Blum-Kulka 和 Levenston 把这类策略看作是一般的简化过程（general processes of simplification）[59]。学习者在口语或书面语中试图表达自己所使用的最基本的方式就是"回避"（avoidance）。学习者避免使用专业的词汇要么是因为他们不知道这些词，要么是因为学习者对这些词的正确发音、拼写或语法形式缺乏自信。Blum-Kulka 和 Levenston 以及其他学者所讨论的在真实交际情境中所使用的策略有：（1）释义（paraphrase），如使用 "a dog's house" 代替 "a kennel"；（2）语码转换（language switch），如学习者使用母语的单词来代替不认识的二语的单词；（3）使用上义词表述下义词（use of superordinate terms），如使用 "tool" 来代替 "hammer"；（4）寻求帮助（appeal to authority），如向别人求助 "staple" 用法语如何表达。以上均是产出性策略。在接受性策略方面，在阅读时遇到生词时，学习者也会使用元认知策略。常用的策略有：跳过陌生词继续阅读、查找词典或词汇表、向老师或其他专业人员求助、运用上下文线索猜测单词意思等。

由上可知，词汇知识与词汇能力是密不可分的，知识是能力的基础，能力是知识的沉淀和运用。Hatch 和 Brown 指出，词汇能力是指词汇运用能力和提取能力，前者表现为词汇使用的准确度和得体性，后者表现为词汇使用的熟练程度[60]。一般情况下，词汇知识越多，词汇能力会越强，但词汇知识并不是词汇能力的唯一决定因素。词汇使用的熟练程度在很大程度上取决于词汇提取的速度。影响词汇提取速度的因素很多，包括词汇的联想程度、词汇的易触发程度、提取的频率和经验等，而这一切都与词汇在交际中的使用有直接的联系。

Jiang 则更为明确地提出词汇知识不同于词汇能力的观点。他认为词汇知识是储存在学习者记忆中有关某个词的形式、意义以及如何使用这个词的知识，而词汇能力则是与心理词库某个词项融为一体的有关该词的语义、句法、形态和语言形式的知识。这两者之间的重要区别是前者需要有意识地回忆才能获得，而后者在语言使用时可以迅速地提取。[61]实际上，Jiang 的提法暗示着词汇知识具有明确性和隐含性两种不同的特点，他所谓的词汇知识是以学习者已知的关于某个词的词汇知识的多少来定义的，而词汇能力是以提取这些知识的自动化能力来定义的。

本章小结

本章首先从词符和词型、词目和词族、实词和功能词、同形异义词、语料库等介绍和梳理了词汇的意义；然后通过对词块和词语搭配知识的梳理介绍了多词单位；最后两部分内容分别介绍了词汇知识和词汇能力框架，并阐述了词汇知识与能力密切相关，相辅相成。我们的词汇教学需把重点放在词汇能力的提高上，而非简单的词汇知识的积累。在第二章我们将介绍词汇认知和词汇运用方面的研究。

第二章 英语词汇认知与运用研究

　　词汇是语言的基本组成部分，是构成更大的结构如句子、段落乃至整个篇章的基础。词汇学习是语言学习的重要内容。词的使用不仅受到单词固有特征的限制，而且也受学习者认知能力的影响。为了能在词汇教学和学习中更好地利用认知能力，提高词汇学习和词汇习得的效率，我们需要对词汇的学习认知模式有所了解，了解词汇学习的认知特点和习得过程。因此越来越多的学者关注词汇与认知、词汇与心理的关系，探究词汇的心理组织、认知过程、语言使用者对储存在大脑中词汇的提取、词汇的习得过程以及词汇之间的心理关系。对这些方面的了解，有利于二语词汇的教授和学习。本章从认知的视角，论述词汇学习的认知观、认知解释、二语心理词库以及扩大心理词汇的方法。

第一节　语言学习认知观

本部分主要探讨语言与认知之间的关系、语言认知过程以及语言处理分析原则。

一、语言与认知

对于语言习得研究，国内外已有大量学者通过各种实验、收集大量数据进行了多项研究。但是由于历史原因，长期以来第二语言习得一直受到语言学和社会语言学的影响，所进行的研究都过分向语言学和社会语言学倾斜，而没能有效地吸收当代认知心理学的研究成果。心理语言学强调信息加工和认知能力，这也是当代认知心理学的两个主要目标[62]。

语言与认知的关系一直都是认知语言学和语言学习界等关注的热点。语言既能体现认识事物的过程，也能影响事物的认识过程，在某种程度上，还影响着人们对外部世界的认识以及思维方式。因为语言是人们进行思维、体现思维表达过程及结果的主要手段，所以研究语言就成为研究认知的一种途径。语言学习的认知方法把语言学习看作认知处理的过程。要了解这一过程，我们先介绍 Alderson 的陈述性知识和程序性知识[63]。Alderson 认为语言能力作为人类认知能力的一部分，与其他认知能力并没有本质区别，但是语言能力不能单独自成一体，必须依附于一般的认知能力之上[63]。语言知识的掌握与其他知识的掌握没有本质区别，是一种心理和智力过程，与人类大脑获取、处理、保存和运用知识的方式密切相关。

Alderson 区分了陈述性知识和程序性知识。陈述性知识是关于事实本身的知识，即掌握事实，而程序性知识是指怎样进行各种认知活动的知识，即指怎样去做。陈述性知识是被告知的，可以一次性完整的获得；程序性知识则是通过操练和练习渐进获得。两种知识相互依存、相互作用，学习者在学习陈述性知识的同时也获得了程序性知识，反之亦然。语言学习的过程就是学习者发展语言知识和语言处理知识的过程，前者和陈述性知识相对应，而后者与程序性知识相对应。在语言学习过程中，陈述性知识需要向程序性知识转化，达到处理自动化。Alderson 指出陈述性知识转化为程序性知识一般需要经历三个阶段：陈述阶段（和认知阶段）、知识编辑阶段（和联络阶段）、自动无意识阶段。母语习得者几乎都能达到第三个阶段，而一般二语习得者只能达到第二个阶段，很难达到完全自动无意识的境界（即第三个阶段）。

二、语言学习的认知过程

心理语言学中运用认知理论对人的语言运用和学习的过程进行分析，这种方法也可以用于二语习得的分析，所不同的是，二语习得是建立在学生已经掌握了母语系统的基础上的。语言学习要经历语言输入、加工、输出等环节。在 Schmidt[64] 的基础上，Skehan 从信息加工视角阐释了语言习得过程，提出了语言学习的信息加工模型[62][52]。下面我们对该模型做简单介绍，具体见图 2-1。

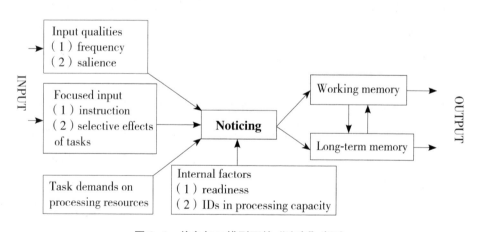

图 2-1　信息加工模型下的"注意"类型

图 2-1 显示，语言学习主要经历输入、注意、思维和产出等过程。在二语学习过程中，需要接触目的语材料，也就是输入，学生接触到目的语后，首先就会引起大脑的注意（notice）。输入主要受输入特质和聚焦输入（focused input）的影响。按照 Skehan[62] 的说法，在输入中，一种形式越是频繁出现，越可能受到注意，然后被结合到中介语的系统

中去。影响输入的第二个因素就是凸显（salience），它关注的是输入中的一个形式在多大程度上凸显。在其他事情都等同的情况下，在输入中，一个形式越是凸显，越可能受到注意。如果注意的资源变化多样，那么凸显的形式就会更加有可能给我们留下印象。学习者通过输入本身的特质——频次和凸显，从输入中获得注意，而教学可以通过复杂的方式将输入中不明显的方面变得凸显，因此这需要学习者自身进行提取和注意。从某种意义上来讲，学习虽然是输入驱动，但是学习者自身决定在输入中优先处理哪些信息。此外，任务的选择效应（selective effects of tasks）通过某种任务的向心性也能使输入中的某种形式达到凸显的目的。

从图 2-1 还可以看出，注意（noticing）在输入和记忆系统中间扮演着中介的作用。外界多种因素影响着注意的发生，也会对产生中介语系统的因素产生影响。同时，注意也会影响记忆系统。对注意产生影响的因素中，我们已经讨论了输入特质和聚焦输入，下面我们介绍其他几个方面。

加工能力的个体差异（IDs in processing capacity）是关于学习者处理语言输入不同形式的能力。在语言学习中，有些学习者在对输入进行处理时更有效，更能注意语言发展中新的形式。学者对其原因的解释不一致，有的学者认为这是由于这些学习者的工作记忆中拥有较强的注意能力，而有的学者则认为这是由于这些学习者的工作记忆中的分析过程更快一些。

影响注意的下一个因素就是学习者当前的中介语状态，也就是注意的准备（readiness）。可以说，在这种情况下，注意或许是内部结构或机制使学习者预先准备注意的功能。Schmidt 认为注意取决于准备[64]，这意味着学习者可能注意的信息是有可能被预测到的，就此而言，注意的结果可能被融合到中介语系统中去，因为这是学习者下一步要习得的知识。

影响注意的最后一个因素就是任务需求（task demands），它指的是学习者在特定时刻参与的活动，对语言使用者提出的要求。Schmidt 认为任务需求可能有加工的含义[64]。基于熟悉信息，并伴有清晰语篇结构的任务可能需要较低的任务需求；而需要想象和抽象，并产生复杂结果的任务将需要更高的任务需求。

从以上可以看出，注意不仅仅是输入的结果，而且还受学习者因素的影响，这些因素也会影响对输入的加工。注意是现有知识系统和加工能力共同作用的结果，而任务需求对注意也会产生影响，反映的是某项语言任务的需求以及所需要的注意资源。虽然图 2-1 是分开显示的，但实际上注意是在短期记忆系统中发生的。

信息分析的过程主要集中在工作记忆和长期记忆之间的互动。工作记忆调用长期记忆中的语言模块和一般知识，对输入进行匹配、类推、重组、转换等，以理解其意义并形成对第二语言的系统了解和掌握。在这一过程中，语言的迁移，或母语的影响，也是一个不可忽视的因素。学习者通过对语言材料的处理，产生一种中介语，并形成最后的二语表达，也就是输出。在输入和输出之间，大脑所进行的活动主要涉及注意、记忆、信息处理、母语迁移、中介语的形成等。对二语学习过程的认知心理分析，可以帮助我们进一步了解和揭示外语学习过程的一些现象和规律，从而提高我们的外语教学水平。

三、语言处理的分析原则

我们在上一节讨论了语言学习的认知过程，那么学习者是怎样处理语言输入的呢？ VanPattern 提出了输入处理的三原则[65]（转引自 Skehan[62]46-47），下面我们将简单介绍这三个原则。

原则一：学习者在对输入加工时，先加工的是意义，然后才是形式。

（1）学习者首先处理输入中的实义词（content words），然后再处理其他词。

（2）学习者在寻找语义信息时，喜欢从词汇项目入手，而不大喜欢从语法项目入手。

（3）学习者喜欢先处理有意义的形式，然后才是非意义的形式，如先处理规则的一般过去式结构而不是其他多余的言语一致现象。

原则二：学习者必须能够很轻松自如地处理信息和交际内容，才能够注意并处理非意义的形式，如一般现在时动词的第三人称单数 -s。

原则三：学习者一般习惯把一个句子的第一个名词（或词组）当成动作的执行者，这就是"第一名词"策略。

（1）学习者可以通过词汇语义和事件可能性推翻"第一名词"策略。

（2）只有当学习者形成了一定的根据其他线索（如格的标识、重音）进行分析的能力后，他们才会采取其他处理策略进行分析。

VanPattern 认为基于理解的输入和基于加工的输入有很大区别[65]。前者是由提取意义的需求所影响，因此不会关注形式；而后者更多的关注在理解过程中对注意的控制，以及对不同线索关注的方式的控制。根据 Skehan[62]，一般来说，对二语的处理过程有两种不同的解释：一种是基于规则的系统，该系统认为学习者所学到的东西是由内在的、通过刺激引发转变而生成和转换基础的规则组成，并暗示中介语的形成是由普遍语法或其他认知过程所激发的；第二种是基于例子的系统，该系统认为学生对语言的分析是根据自己所学到的例子进行的，虽然例子也可以包括结构，它们实际上是整个的语块。这说明，语言形成是积累了大量有用的语块，即作为形式的语言单位的结果。实际上，这两种系统并存于大脑中，作为人们对语言分析和形成的基础。一方面，压缩的储存和有力的生成规则一起运作，"计算"出正确的句子；另一方面，处理是通过一个庞大、冗长的记忆系统和生成功能不那么大，但以语块为运作的规则来完成的。

第二节　二语词汇习得认知观

本部分主要探讨二语词汇与认知的关系、二语词汇习得认知心理过程、认知加工层次理论、词汇有意学习和附带学习对词汇学习的影响。

一、二语词汇习得与认知

在语言学习中，词汇学习一直都被看作是学习的核心，是语言的基本部分。Gass 指出，在早期的二语习得研究中，词汇习得一直受到研究者们的冷落，但现在这种局面正在迅速改变[66]。进入 21 世纪后，国内外学者从不同视角、用不同的方法来探讨二语词汇学习的本质和规律，尤其是认知语言学的发展，使得很多学者将认知语言学的一些理论运用到二语词汇习得和教学中来，并取得一定的成果。高翔提出，传统语言学对词汇的研究，主要是从历时的角度来考察词义的外延及变化；结构语言学对词汇的研究关注的是共时关系中的词与词之间的意义关系，如同义或反义等[67]。而认知语言学对于词汇的研究，不仅仅关注其作为一种语法单位所具有的特征，更注重的是学习者对其进行认知时所用的方式以及整个认知过程的研究，这就将词汇从传统的结构主义研究模式的禁锢中解放出来，获得了新的生命。在认知语言学看来，二语词汇习得是一个循环的、动态的认知过程。它不仅是一种复杂的认知技能的习得，同时也是一种心理过程，而这个过程是由若干个子阶段衔接而成的。

了解二语词汇的认知，可以增强学习者语言学习过程中的认知处理能力，从而提高词汇能力。在二语词汇的认知过程中，我们应该考虑学习者对语言材料的感知、记忆等问题，也就是要关注词汇信息的解码、编码、储存和提取，以加强词汇相互连接的概念网络和连接概念的途径，这有利于学习者习得抽象的词汇。词汇的使用是动态的，词与词之间、词项与词项之间有着各种联系。但是这种联系是隐性的，是本族语者必备的词汇能力的一部分，二语学习者很难获得。二语学习者在词汇学习过程中，多是死记硬背单词，只是孤立地学习词汇，忽略了词汇之间的语义关系，掌握的词汇知识不全面。因此，学习者不能建立较为完整的词汇语义网络，进而在词汇学习和使用过程中不能准确快速地激活所需要的词汇网络，最终阻碍了二语词汇能力的发展。词汇习得的另一个问题就是，二语词汇的心理表征和本族语者词汇的心理表征可能不一样，如果学习者在词汇习得中误认为两种语言之间具有一一对等的词，那么在学习和使用词汇时，就会受到母语的负迁移，从而产生词汇习得的石化现象。

二语词汇习得的目的就是为了提高学习者的词汇能力，特别是词汇推理能力，这也是语言学习过程要获得的程序性知识的一部分。词汇认知法就是把词汇习得看作是通过信息处理的再循环过程，如输入、激活、语义联想、编码、解码、存储等过程。所谓再循环就是说词汇学习不是一蹴而就的，而是需要经过反复地接触语言材料、反复地训练、反复地使用等一系列过程。二语词汇认知更关注的是词汇习得的过程，学习者是如何获取和提取知识的。了解词汇学习认知，可以引入语言学习认知机制，激活学习者的认知图式，引导学习者充分利用语言知识和世界知识等来理解和学习词汇，将新知识内化为现有的词库，从而使学习者对词库的增加和重组不是以一点一滴的线性添加的方式进行，而是通过新旧知识的互动取得词汇习得的增效性[68]。

二、二语词汇习得认知心理过程

如上面所述，词汇习得是个动态的过程。在研究二语词汇习得过程的学者中，Brown 和 Payne 做了一些开拓性的工作。他们把学习者学习词汇的整个过程划分为：遇见生词（encountering new words）、掌握词形（getting the word form）、掌握词义（getting the word meaning）、巩固词义（consolidating word form and meaning in memory）、使用词语（using the words）[69]。

当然，可以看出这些过程只是对词汇学习的整个过程进行了客观描述和说明，严格地讲，并没有从认知心理的角度进行切入和说明，但是他们较早地对词汇学习的过程做了归纳和说明，因此在一定程度上，这为以后的研究和分析提供了范式。陈新仁在借鉴 Brown 和 Payne 的基础上，从认知的角度对词汇习得过程进行了重新划分[70]，具体见图 2-2。

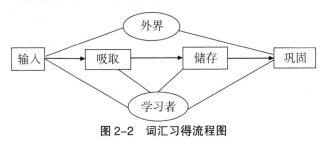

图 2-2 词汇习得流程图

从图 2-2 可以看出，陈新仁从认知的角度对词汇学习的过程进行了分析。词汇习得主要经过四个阶段：一是语言的输入（口语或书面语）作为刺激源；二是其中的一部分输入因受到注意等相关认知处理后被吸收；三是吸收后又经过学习者的反复操练和使用转变成自动化的知识，从而被储存在记忆中；四是在特定的语言活动中或语境下，这些储存的词汇被提取出来，通过输出表达进而得到巩固。由此可以看出，二语词汇习得不仅仅是词汇信息认知加工的过程，也是对其进行实践操作的过程，即对输入的语言进行加工、储存和输出的过程。

三、认知加工层次理论

就二语学习而言，学习者不仅仅要学习词汇，更重要的是要记忆词汇。记忆是外语学习中的一个重要问题。二语词汇加工的目的是为了能够在长时记忆中得以保持。然而记忆的效果不仅仅取决于学习意向本身，更取决于信息加工活动的本质。Craik 和 Lockhart 提出了记忆加工框架，该框架认为人类的记忆受信息加工层次的影响，信息加工层次越深，记忆就越持久[71]。为进一步具体说明加工层次，Craik 和 Lockhart[72]设计了十个不同的实验，这些实验需要不同的加工水平，包括形式加工层次和语义加工层次。形式加工属于浅层次的加工，注重运用词形或语音特征去记忆单词，如读音法、谐音法、重复法、单词表法等。语义加工指一个词被识别后，还可以与其他词产生联想，与有关的表象和故事联系起来。它是一种深层次加工，注重用语义特征去记忆单词，如构词法、上下文法、活用法、意向法、联想法等。实验表明，语义加工的词汇编码任务要比形式加工的词汇编码任务更能促进单词记忆。可以看出，认知加工层次理论的一个重要观点就是承认记忆是思维的动态活动。记忆并不是一个机械的过程，而是一个反映了感知和理解的定量类型的过程。

根据加工层次理论，新信息在长时记忆中储存的可能性并不是由信息在短时记忆中保持的时间长度来决定的，而是由信息初次处理的深浅来决定的。学习者的加工层次越深，信息保持和记忆的效果就越好。对一个新的词汇从意义上的加工产生于较深的层次，而对词汇语音形式的加工产生于相对较浅的层次，因此对词汇信息更精确的处理要比粗略的处理得到更好的效果。尽管他们所提到的加工深度、编码扩散和细化等概念很难进行操作化定义，但大家都同意对新词汇的信息做精细加工，如注意单词的拼写、发音、词义、语法范畴等，所获得词汇记忆要比简单粗略加工（如只注意上述某一方面）要深得多。换句话说，加工越精细，词汇信息网络连接就越丰富，词汇的记忆效果就会越好。另外，词汇信息组织得越好，记忆效果就越好。这也就可以解释为什么在语境中进行词汇学习会达到较好的效果。

四、二语词汇的有意学习和附带学习

在实验研究中，词汇附带学习（incidental learning）与词汇有意学习（intentional learning）有明显的差异。在操作层面上，二者的区别主要在于实验前是否提前告知学习者要对目标词汇进行测试。在词汇附带习得情境下，在阅读时，学习者只被告知完成阅读理解任务，而词汇习得仅仅被看作是阅读理解的副产品。相反，在有意学习情境下，学习者被明确告知学习时要特别注意目标词汇，而且学习结束后要对学习者进行记忆测试。

虽然二者在操作层面上有明确的区别，但是在心理学领域却引起了不断的争论。区别附带学习和有意学习的核心要素是对目标词汇的注意力程度，然而在附带学习情境下学习者对目标词汇没有任何注意，心理学家在对该种情境的定义方面争论不断。事实上，在附带学习情境下，很难证明学习者是否对目标词汇产生注意。但是自从 Craik 和 Lockhart 在 1972 年提出加工深度的概念后，心理学家对两种学习区别的观点发生了很大转变。他们认为形式加工和语义加工的不同层次将对记忆产生影响。语义加工要比形式加工留下更深的记忆痕迹。他们甚至使用"精细程度"来区别不同程度的加工层次。此后，研究者的注意力从在学习过程中学习者是否关注目标词汇，转移到词汇在多大程度上得以加工。研究者们一致认为学习者的记忆主要取决于加工活动的质量而不在于是否有意去学习。词汇被加工得越精细，词汇学习和记忆效果就越好。

简而言之，在认知视角下，词汇有意学习和词汇附带学习的区别在于信息加工的质量和频次。词汇学习成功的关键因素是精细的深度和程度，这些可以通过一系列的任务需求和词汇练习得以实现。虽然加工层次理论阐释了信息加工的不同层次，但是它主要关注信息加工的结果，而对信息加工的不同阶段没有进行清晰的描述。

第三节　二语词汇习得的认知语言学视角

本部分主要讨论认知语言学中的相关理论对二语词汇学习的认知解释。

一、隐喻和转喻理论与二语词汇习得

早在几千年前，隐喻（metaphor）就引起了学者的注意。不同领域的学者都在关注隐喻，尤其是哲学家和作家，隐喻也引起了语言学家的兴趣。传统上，隐喻被认为是一种修辞手段，并不关注人类的思想、体验和想象。这一思想受到了 Lakoff 和 Johnson[73] 提出的认知隐喻理论（cognitive metaphor theory）的挑战。他们认为隐喻存在于我们使用的日常语言当中，隐喻不仅仅是修辞手段，而且与人类的认知和思想有关联，能帮助我们理解抽象的观点，是人们思维、行为和表达思想的一种不可或缺的方式。在日常生活中，人们往往参照熟悉的、有形的、具体的概念来认识、思维、体验和表达无形的、难以定义的概念，从而形成了语言中的跨概念的认知思维方式，这种思维方式基本上是在概念隐喻的基础上进行的。王寅认为隐喻具有系统性、一致性和不对称性等特点，是人类拥有的一种思维方式[74]。隐喻，即利用一事物与另一事物的相关性，将指示该事物的词语从一种概念域投射到另一个所想表达的事物的概念域，这样就形成了认知语言学家所说的认知投射或映射（cognitive mapping）。Lakoff 和 Johnson 将隐喻分为三种：结构隐喻（structural metaphor）、方位隐喻（orientational metaphor）和本体隐喻（ontological metaphor）[73]。结构隐喻指的是将源概念域中的结构映射到目标概念中，也就是说使用一种概念的结构来替代另一种概念，如"Life is a journey.""The Internet is a highway."。方位隐喻是通过人类对方位的感知和体验而形成的。在方位隐喻中使用的方位概念有 up—down，front—back，in—out 等，如"Happy is up.""Sad is down."。本体隐喻是使用一种物体的概念去理解我们的经历，如"Speak/Talk of the devil, here he is."（说曹操，曹操到）。在认知语言学中，隐喻被广泛应用于分析语音现象和语法现象。

认知语言学中，转喻（metonymy）被认为是一种认知和概念现象。与隐喻不同的是，转喻中的目标概念要么是源概念的子范畴，要么是源概念的一部分，也就是说转喻是同一认知域中源概念域与目标概念域之间的映射。转喻中的关系有：part for whole、whole for part、material for object、producer for product、place for event、cause for effect 等。转喻具有以下特点：源概念与目标概念具有邻近性，源概念具有突显性，源概念和目标概念可以互换[74]。

隐喻和转喻具有以下几个特点：隐喻和转喻的本质是以一种事物来理解和体验另一种事物；隐喻和转喻主要是一种无意识的认知活动，是人们日常思维、行为和语言表达的一种系统的认知方式；隐喻和转喻是以人类体验为基础，二者产生的基础是因为两种事物在我们的体验中存在某种联系或某种相似之处。

在认知语义中，隐喻和转喻通常结合起来分析多义词各义项之间的关系，也被认为是多义词语义的源头。通过隐喻的认知机制，将已经知道的概念事物与新的概念或事物进行关联，在两个认知域中形成映射，因此新的语义就会产生。通过转喻认知机制，一个事物的凸显特征被用来指代同一认知域的另一事物，从而产生新的语义。隐喻和转喻并没有明显的界限，二者相互联系，形成一个连续体。以往研究也发现，隐喻是词汇多义性形成的一项重要认知机制，具有词义拓展功能；对隐喻的理解与把握有助于在词典中进行义项划分，培养词义的逻辑扩展能力和话语交际的变化能力，以便构成多义词的语义网络。此外，隐喻被看成是一个认知域到另一个认知域的映射，而不仅仅是一个词语到另一个词语的映射，每个认知域后面蕴含了庞大的语义网络，为语言现象提供了系统而非孤立的解释。

在词汇学习过程中，教师应该告诉学生要注意对词汇中隐喻和转喻的掌握，同时教师应对词汇的隐喻意义进行适度的讲解。隐喻和转喻不但可以解释词汇基本范畴，还可以用来解释复杂的科学、政治、社会、文化等问题。人类利用事物间的相关性，将语言的表达从一个概念域投射到另一个概念域，从而形成认知性投射。下面我们以 head 为例来说明。

head：part of the top of the body（原型，指身体的一个部位），可以通过隐喻获得以下义项：（1）the top of anything（一切事物的顶部），如 the head of an arrow；（2）a leader（首领；领导），如 a head of state；（3）the spring（源头；源泉），如 the head of the river。head 通过转喻可获得以下义项：（1）mental power（才智），如 use your head；（2）the main points（要点），如 the head of a discourse；（3）a unit of counting（标识动物的数量词），如 five heads of cattle；（4）ultimate or primary（首要的；领头的；居先的），如 the head of the profession。

其他的表示身体部位、颜色、常见动物、山川河流等词都蕴含丰富的隐喻意义，我们在学习中要特别注意。通过对隐喻和转喻的理解和使用，我们不仅可以理解词汇的意义，还可以了解英汉文化的异同。英汉两种语言的隐喻表达有很多相似的地方，这是由人类共同的身体体验和认知机制决定的。如 "Money can't buy time.（寸金难买寸光阴）" "Walls have ears.（隔墙有耳）" "Take black into white.（颠倒黑白）"。但是，由于不同民族处于不同的自然环境和社会背景，各民族也有其独特的历史、习俗和信仰，隐喻又可以体现文化的差异。

由上可知，把隐喻和转喻的相关理论引入到英语词汇教学中去，可以使学生从一个新的角度去学习词汇，把握语言结构，加深对词义和文化的理解，提高学习兴趣。这对于弥补传统词汇教学的不足，提高词汇教学质量都具有重要意义。

二、原型理论与二语词汇习得

原型理论起源于范畴理论。范畴（category）是人们的思维对事物的普遍本质的概括和反映。在世界上，不同的事物有不同的材料、形状和颜色。普通的机体和物体，如人、动物、植物、桌椅等很容易分类，但是其他一些现象，如长度、温度、颜色等，由于没有明显的物质特性，并不容易进行类别划分。这些现象的划分只能是个心理的过程，这种心理活动过程中的类别划分通常被称为范畴化（categorization），即把不同事物归为同一类型的过程，或者说，将不同事物看作同一类事物的过程，如把 apple、banana、pear 归为 FRUIT。通过范畴化分类帮助我们理解世界的事物和所发生的事件，并对它们做出预测。范畴是我们理解和认识世界的基础，也是我们思维和交际的基础。

Croft 和 Cruse 认为概念范畴至少具有以下功能：（1）学习。如果我们不能把当下的体验与过去的体验结合起来，即不能把它们纳入同样的概念范畴中，我们从过去的体验中学习的能力就会受到限制。（2）计划。制定并实现目标也需要将我们的知识从个体中分离开来，并将它们包装到表达实体范畴的概念中。（3）交际。语言中只有一般的东西，即范畴。语言中的任何一个词语，不管如何详细，最终只表示某一范畴的事物。（4）经济。知识没有必要与个别事物发生联系。相当一部分知识可以与一组个体发生关系，与一个或多个个体互动中获得的知识可以被运用到该范畴的其他成员身上；相反，根据有限的标准知道某一个体属于某一范畴，我们就可以获得有关该个体的更广泛的知识[75]75。

经典范畴理论（classical theory of categories）出现在从亚里士多德到维特根斯坦之前的 2000 年期间。范畴是指一组拥有共同特征（feature/property）的元素组成的集合，是通过一组共同特征建构起来的，它可以由特征束（a cluster of features）或一组充分必要条件来定义。范畴具有以下特征：第一，特征是二分的（binary）；第二，范畴的边界是明确的（clear-cut boundaries）；第三，范畴成员隶属于集合的程度是相等的，没有核心和边缘之分；第四，范畴成员具有相同的特征。经典范畴理论具有以下优点：第一，能解释现实中的某些范畴；第二，对数学、逻辑、物理、化学等自然科学中的概念也是可行的；第三，在语言学中可以被运用于音位学。Lakoff 认为经典范畴理论至少具有三大缺点：第一，有些词语的范畴很难用充分必要条件来定义，比如 game 的种类很多，很难有一个统一的定义；第二，中心度分级不明确；第三，经典范畴理论无法解释范畴边界为什么会模糊，而且会发生变化[76]。

20 世纪 50 年代，维特根斯坦通过对游戏范畴（the category GAME）的研究对经典范畴理论提出了挑战。他认为不仅范畴的边界存在不确定性，而且范畴中的核心元素（core elements）和外围元素（peripheral elements）以及它们之间的关系也存在不确定性。基于他的研究，维特根斯坦提出了"家族相似性"（family resemblance）。他认为虽然游戏有共同的特征，但并不是所有的这些特征都能在所有的游戏中找到，这就像家庭成员一样，并不是所有家庭成员都能拥有同一个特征。虽然家庭成员的外貌很相似，但是相似的程度和相似的部位是不一样的。因此，他认为范畴内部的成员之间是相似而不是一致。正如 Rosch 和 Mervis 所说，在一个范畴里，每一个义项与其他义项至少有一个，或许更多的相同元素，但是并不是所有的子元素在所有的义项中都是相同的[77]。

　　家族相似性为人们重新认识范畴的本质特点提供了非常重要的理论依据。在现代范畴论中，影响最大的就是原型理论，可以看作是家族相似论的发展和应用。"原型"（prototype）的概念最早是 Rosch 及其同事用于解释人类的范畴化的过程。他们将"原型"定义为"某一范畴的范例"。Rosch 是最早对原型效应进行实验研究的专家，Rosch 和 Mervis 将实验从颜色范畴扩展到其他范畴，如 bird、fruit、furniture、vegetable、tool、weapon、toy、vehicle、sport、clothing，他们在"家族相似性"原理的基础上，提出了"原型范畴"这一概念，创立了原型范畴理论[77]。所谓"原型范畴"，主要是指具有家族相似性的范畴，即含有原型和非原型的范畴。学者们对"原型"这一术语主要有两种不同的解释：一是指具体的典型代表，即基本层次范畴的代表，具有最大的家族相似性。一个范畴就是围绕原型这一参照点建立起来的。二是指范畴成员的概括性图式的表征（schematic representation），即原型是范畴的平均属性或几种趋势，是对范畴进行抽象的图式表征。

　　原型理论的基本内容主要涉及以下几个方面：第一，范畴的各个成员由家族相似性联系在一起，并非满足一组充分的必要条件。家族相似性意味着范畴中所有成员都由一个相互交叉的相似性网络连接。第二，范畴的边界具有模糊性，相邻范畴互相重叠、互相渗透。第三，范畴原型与该范畴成员共有的特性最多，与相邻范畴的成员共有特征最少；范畴边缘成员与该范畴成员相似的特征较少，而与其他范畴成员共性最多。也就是说，不同范畴的原型之间特征差异最大。第四，范畴成员依据具有该范畴所有特性的多寡，具有不同的典型性，因此范畴成员之间并不平等。原型是范畴内最典型的成员，其他成员有的典型性显著，有的则处于范畴的边缘位置。第五，范畴呈放射性结构，原型位于范畴结构的中心位置；多数范畴呈现的不是单一结构（monocentric structure），而是多中心结构（polycentric structure），即某些范畴通常具有多个原型，原型之间通过家族相似性获得联系。Rosch 等学者认为，"原型"这一概念是进行范畴化的重要方式，是范畴中最具代表性、最典型的成员、最佳样本或范畴的原型成员，可作为范畴中其他成员在认知上的参照点，又叫"认知参照点"（cognitive reference point），进而提出了原型范畴理论和原型效应（prototype effects）。

范畴可分为三个层次，即上义层次（superordinate level）、基本层次（basic level）、下义层次（subordinate level）。在基本层次上，原型最为发达，它提供了有关事物和生物的最多的相关信息，或者是提供了最大的相关性特征，这是因为基本层次是作为原型范畴来组织的，原型使基本层次的区别最大化。基本层次的上面是上义层次，上义层次尽管与相邻范畴成员之间有区别，但范畴内成员之间的相似性较低。基本层次下面是下义层次，与基本层次相比，下义层次尽管内部成员之间相似性较高，但与相邻范畴相比区别性较低，与直接上义词相比，信息性较弱。我们以下面的例子来说明：

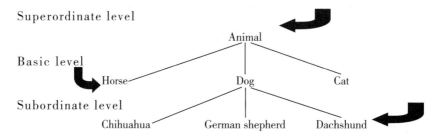

那么原型理论在词汇教学中有什么指导作用呢？原型理论重视基本词义和延伸词义的关系。原型范畴理论将范畴区分为基本范畴、上位范畴和下位范畴。人总是先形成对基本范畴的认识，再形成对上位范畴和下位范畴的认识，具有从生疏到熟悉、从简单到复杂、从单一形式到多样化的认识发展过程。人们只有在习得基本范畴词汇之后，才能更好地掌握非基本范畴词汇。儿童习得语言也是先习得基本范畴词汇（如狗、白菜），然后才是上位范畴词汇和下位范畴词汇（如动物和哈巴狗，蔬菜和大白菜）。因此，掌握基本范畴词汇是学习非基本词汇的基础和前提。

教师要重视基本词汇教学，并遵循"先基本层次词，后上义层次词和下义层次词"的原则。这不仅可以帮助词汇记忆，同时也可以通过综合比较来激活那些已经学过但是被遗忘的词汇。

　　原型理论对解释多义词形成也具有一定作用。从以上分析可以看出，范畴将原型看作是中心，然后通过家族相似性不断地扩展。一个多义词各义项之间有相同的特点。该词有中心意思，在此基础之上，词义不断扩展形成词义链，并通过语义扩展机制如家族相似性、隐喻等，构建成一个词义网络。在教授和学习词汇时，可使用词义网络，不仅可以激活旧的词汇，而且也有助于掌握新的词汇，既可以将词汇进行归类，又可以轻松地记忆词汇。

三、意象图式理论与二语词汇习得

　　早在古希腊，哲学家已经讨论图式（schema），他们把图式看作是固定的样板。在心理学领域，瑞士心理学家、教育学家皮亚杰把图式看作是动作的结构或组织，而且只有加以理解了的知识，即学习者将知识同化到自己已有的认知图式中，学习者对知识的掌握才是牢靠的。可见，皮亚杰认为认知图式对于知识的理解是至关重要的。图式是物体、事件及行为背后的一般概念及其关系的集合，是语义记忆里的一个结构。心理学家认为图式经常被用来表达更加抽象的意思。为了进一步完善这一理论，Rumelhart 把图式称为以等级层次形式储存于长时记忆中的一组"相互作用的知识结构"[78]。学习者头脑中已习得的并且以某种方式相互联系的信息被称为"有组织的知识"，构成认知主体的"认知结构"，图式是有组织的言语知识体的主要储存方式。认知语言学家接受了图式理论并且进一步发展了该理论。

　　"意象"（image）是一种心理概念，指的是人们头脑中对未出现在眼前的客观事物的印象。Lakoff 和 Johnson 首次将"图式"和"概念"（concept）结合在一起，形成新的概念"意象图式"（Image Schema），用它来分析隐喻[73]。Lakoff 进一步阐释了意象图式，认为意象图式是人们日常身体体验中不断出现的、较简单的结构，在理解抽象概念结构中扮演着重要角色[76]。意象图式是在人类的感知体验和交流的基础上逐渐形成的，它是一种较抽象、较宽泛的概念。意象图式可以通过类推来建构我们的身体体验，通过隐喻来建构我们的非身体体验。最基本的意象图式是通过现实世界中人类的交互体验形成的。

意象图式来自身体体验，它是存在于概念和语言之前的抽象的结构。意象图式与基本图式（basic schema）和复杂图式（complex schema）是有区别的。基本图式包括容器图式（container schema）、部分－整体图式（part-whole schema）、链接图式（link schema）、中心－边缘图式（center-periphery schema）、源头－路径－目的图式（source-path-destination schema）以及其他图式[76]。基本图式结合在一起可以形成复杂图式。意象图式可以通过隐喻和转喻扩展和转型，形成更多的范畴和概念，尤其是抽象概念。意象图式能帮助人们更好地理解隐喻和转喻，并且为我们提供理解抽象概念的标准。由于人类依靠意象图式来理解和推理，因此它是我们理解意义的基础。意象图式是个抽象的语义原则，并且本身也具有意义。因此它是认知语言学中最重要的语义结构。在认知语义学中，意象图式用来解释多义词，尤其是介词的意思，如 over，on 等。

在实际生活中，人们头脑中储存着各种各样的图式，如事件、场景、事物等，当人们理解新事物时，需要将新事物与已知的概念、过去的经历（及背景知识）联系起来。这些图式数量居多而且层次复杂，但都是按照一定体系来进行系统地组织和排列的，它们之间通过各种关系相关联，从而形成一个密集交织的关系网络，当有新知识进入大脑时就会形成新的图式，并且和已有的图式发生联系，然后通过重组、整合而形成新的知识网络。在二语学习中，词汇也是一种图式。二语学习者应该先学习并掌握一定量的基础词汇，从而形成一定规模的基础词汇模式。然后通过有意学习和附带学习的结合，学习者可以掌握一定的词汇知识与词汇能力，从而不断完善自己的词汇图式，并不断完成词汇知识的积累，以促进单词在学习者的长期记忆中得以储存。Rumelhart 等心理学家认为，若想成功附带学习词汇，篇章视觉词汇（passage sight vocabulary）非常重要。Rumelhart 认为图式具有识别作用，能够识别自身在信息资料处理过程中的作用[78]。那些能够被阅读者立即自动识别、不用花时间去辨别或推测的词汇被称为"即时篇章视觉词汇"[79]。视觉词汇作为记忆网络中的一个个节点，能激活已存在于学习者头脑中的知识网络，使阅读者最终能够完全理解文本中的信息。对于词汇图式发展比较完整的学习者来说，其所有的篇章视觉词汇量相对较大，并且掌握了一定的词汇知识并具备一定的词汇能力，因此他对句法以及篇章的编码能力相对较强，信息处理的自动化能力也较高。那么在词汇有意学习中，很多外语学习者虽然掌握了课标所要求的词汇，甚至更多，但是在实际使用过程中，也会有错误百出、词不达意等情况。产生这种现象的原因主要是学习者词汇图式不全面，以至于已有的母语词汇图式产生了负转移，形成了中介语图式。因此在词汇学习中，学习者要利用记忆和根据上下文语境记忆单词，效果会更好，有助于形成完整的词汇图式。在学习中，掌握一定数量的视觉词汇能够扩大词汇量、提高学习效果。

意象图式理论在多义词、词义历时变化以及语法化的研究中都起着重要作用。涉及的词类主要有空间小品词（表示空间关系的介词和副词）、表示移动或传递的动词、表达空间位置和空间形状的形容词以及情态动词等。由于意象图式可以用简图来描述，因此在实际教学中可以用简图来描写词义的特征、描述一个词与另一个词的区别或某个单词不同词项之间的区别。另外，意象图式可以作为隐喻和转喻的基础，因此意象图式可以为词义的扩展或多义词各词项之间的关系提供真实的解释。因此掌握意象图式理论，有助于词汇的教学和学习，对掌握词汇也有一定的帮助。

四、概念整合理论与二语词汇习得

概念整合理论（conceptual blending theory）最早是由 Fauconnier 提出的。为了能清楚地解释该概念，我们先介绍 Fauconnier 提出的另一个概念：心理空间（mental space）。Fauconnier 首次提出的心理空间是指人们在进行思考、交谈时为了达到局部理解与行动的目的而形成的小概念包（conceptual packet），是一种通过框架和认知模型形成的结构[80]。他认为心理空间是人类范畴化、概念化和思考的媒介。心理空间的本质是抽象的概念，在现实世界中是不存在的。它的存在受语法、语篇、文化等因素的限制，并且与长期的图式知识和其他专业知识紧密相连。心理空间主要在短期记忆中起作用，但是当牢固的心理空间被建立时，它会存储在长期记忆中。当人们开始加工和整合概念时，他们将从长期记忆中把相关的不同概念提取出来，然后在短期记忆中将相关理论进行整合。心理空间并非语言本身的有机组成部分，也不是语法的有机组成部分，但语言却不能缺少心理空间而存在。它是人类了解自己和世界的一种机制，是一种认知方法。

基于心理空间，Fauconnier 提出了概念整合理论。通常来讲，一个完整的概念整合网络至少与四个空间有关系[81]，包括两个输入空间（input space）、一个类属空间（generic space）和一个整合空间（blended space）。认知主体有选择地从两个输入空间提取部分信息，并将其映射到整合空间。类属空间包含两个输入空间共有的结构轮廓从而确保映射能够准确地、顺利地完成。整合空间将使用两个输入空间中相对应部分的联系，把多个相关问题整合成一个更加复杂的问题。整合空间是其他空间组织和发展的集成平台，它包含一个富有想象力的结构——层创结构（emergent structure），通过该结构原输入空间里没有的新信息将会产生，新意义会出现，从而习得新知识，也就是说该结构是输入空间没有的新结构，是整合空间自身通过组合、完善和阐释而建立起来的。这四个心理空间通过一系列的映射联系起来，形成一个概念网络（conceptual integration network）。Fauconnier 和 Turner 清楚地指出语言是概念整合的结果，认为概念整合是我们研究的方法，也是我们认知和生活中常见的方法。他们进一步声称通过概念整合我们就可以了解物质世界和精神世界。[81]

按照 Fauconnier 的理论，在隐喻意义的创生过程中，源心理空间（input 1）和目标心理空间（input 2）都为即将产生的新的心理空间（隐喻意义）提供"输入"，此外，还有一个凌驾于源心理空间和目标心理空间之上的另一个心理空间，即类属空间，它是两者的上位概念，也为即将产生的新的心理空间提供"输入"。这样，隐喻的互动所涉及的不仅仅是两个空间，而是四个空间。隐喻意义不仅仅是源空间和目标空间之间的互动，而是源空间、目标空间和类属空间三者之间的互动。例如：

That doctor is a butcher.（那个医生是屠夫。）。按照 Fauconnier 的理论，这一隐喻涉及四个心理空间：一是源空间，即与"doctor"有关的心理空间；二是目标空间，即与"butcher"有关的心理空间；三是类属空间，即抽象程度更高，包括 doctor 和 butcher 及其结构关系的更高一层的心理空间；四是最终形成的新的整合空间。

　　掌握一个单词不仅仅要知道该单词的意思，还要掌握其丰富的词汇知识，如单词的形式、意义、语法特征、词语搭配、词频、词语联想等。Nation 认为要掌握一个单词就要了解它的意义、形式、位置和功能[3]。Read 从接受和产出两个角度论述词汇知识应涵盖的形式、功能和意义[4]。由此可以看出，对单词知识的掌握是在一个连续体中，从单词的最容易识别的语音形式到其复杂的其他功能。也有学者用一个更加明确的连续体来表示学习者对词汇知识的掌握，一端是"完全不知道该单词"，另一端是"完全能掌握该单词"。那么，从一端到另一端，包括中间的连续体，都会有一定的距离。这些词汇知识的连续体的距离会根据每个学习者的学习兴趣、需要、意愿等发生变化。Fauconnier 和 Turner 指出，通过概念整合得到的概念网络并不是彼此分离的，而是这些概念网络形成一个连续体[81]。在实际生活中，可能存在两个输入空间和一个整合空间整合的结果成为了另一个新的整合网络的输入空间，这就会形成多个错综复杂的多个合成空间相互联系的概念整合网络。当然这些概念整合网络并不是一成不变的，它们会随着学习者知识的增长，发生解构和重构。旧的概念网络打下基础，新的概念网络不断出现，这与词汇的发展和完善的过程是相似的。

　　人类学习任何知识都会试图从中找出规律，词汇学习也不例外。在词汇学习中也会出现寻求规律、词汇系统重组的过程，而词汇、句法规则和语用的重组又会影响学习者的整个外语知识系统的完善和发展。在二语词汇学习中，经常会出现中介语现象，这可能是学习者对目的语创造性使用的结果，也可能是学习者心理词汇提取失败的结果。概念整合理论为我们构建意义和解释意义提供了一个认知模型，它是人类进行思维和活动，尤其是创造性思维和活动的认知过程，这对二语词汇习得具有很强的认知解释力。因此将概念整合理论应用到二语词汇习得中将会是很有潜力的研究方向。

五、理想认知模型与二语词汇习得

为了更好地了解理想认知模型（idealized cognitive model），我们首先介绍一下认知模型（cognitive model）。认知模型是 Lakoff 基于体验哲学和原型理论提出的。Lakoff 认为认知模型是通过人类和外部世界的互动体验形成的，它是一种格式塔形，不仅是由很多单个个体组成，而且是个整体结构，它具有内在性，是外在现实的内在体现[76]。Ungerer 和 Schmid[82] 认为认知模型是在大量相互联系的情境和语境基础上存储的认知表征。它是范畴和概念形成的基础，是通过人类在现实世界中的相互体验而形成的。同时，Lakoff 也提出了理想认知模型[76]。它是在多个认知模型基础上形成的复杂的结构整体，是说话者基于特定文化背景之上，对某一领域的经历和知识的抽象的、统一的和理想化的理解。在认知词汇学中，理想认知模型是分析词汇意义的关键概念。如果一个单词的意义是由可理解的理想认知模型决定的，那么这里说的意义就是该单词的字面意义或基本意义；如果一个单词的意义是通过隐喻或转喻获取的，那么这里说的意义就是该单词的引申意义或比喻义，如 hand 本意为"手"，但是在"Could you give me a hand？"中可表示"帮助或帮忙"。词汇的意义可以通过理想认知模型来解释，理想认知模型适合不同层级的客观世界，这就可以解释为什么词汇意义具有不确定性、模糊性和可变性的特点。虽然理想认知模型解释力强大，但是它也有缺点，如它只关注动态的情境和事件，忽视了静态的情境和事件。

为了弥补理想认知模型的缺陷，王寅提出了事件域认知模型（event-domain cognitive model），该模型既可适用于动态的情境和事件中，又可以适用于静态的情境和事件[83]。事件域认知模型的基本思想如图 2-3 所示：

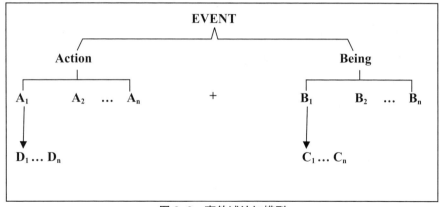

图 2-3　事件域认知模型

王寅认为人们是以"事件域"为单位来体验和认知世界的，并将其作为知识块储存在大脑中。人们对许多具体事件在体验和认知的基础上逐步概括出事件的抽象概念结构，并基于此逐步形成了语言中的种种表达现象。从图 2-3 可以看出，一个基本的事件域（EVENT）主要包括两个要素：行为（Action）和事体（Being）。一个行为（包括静态行为和动态行为）是由多个具体的子行为或动作（如 A₁，A₂，…，Aₙ）构成的。一个事体是由多个个体（如 B₁，B₂，…，Bₙ）构成的，事体可以包括人、事物、工具等实体，也可以包括抽象或虚拟的概念。一个动作或一个事体可分别带有很多典型的特征或分类型信息 D 或 C。由此可以看出，一个事件域可以包括若干个要素，这些要素之间还存在着层级关系。该模型通过对复杂的事件域进行分层剖析，能够大致了解人类的基本概念结构，并借助这些基本的概念结构能够解释语义和运用。认知词汇中，事件域认知模型可以用来分析词义的变化和模棱两可的单词。如 overlook 是由 over + look 构成的，"在上面看"就有两种可能：一是居高临下就可能看得仔细，不免带有"权威"之义，因而就有了"检查、监督"之义；二是因居高而不能靠近，不能靠近看也就不一定看得清楚，距离感产生模糊感，有些地方不免会被看漏，也就产生了"忽视"之义。而 fireman 可指"烧火工人"，也可表示"消防队员"，因为这两种人都是与火打交道的，是处理"火"这个动作的"始"与"末"两个端点，用同一个词来表示这两种概念也就有了共同的认知基础。有的单词可反映出不同的视点，如 sanction 既有"批准、支持"的意思，又有"禁止、制裁"的意思，对于一方来说是"同意"，而对于另一方来说则是"禁止"。

从以上讨论可以看出，理想认知模型和事件域认知模型都将语言放在一定的语境中考量，具体到词汇学习来讲，它们都强调词汇产生和理解的背景知识。认知词汇语义学主张只有将一个单词放在与之相关的背景中去才能完整地理解它的意义。例如对"星期一"的理解，我们要把它建立在对"星期"的概念理解上，以及昼夜构成一日的相关背景知识之上。同时也要掌握星期一是每周的第一个工作日这些相关知识，只有掌握这些知识，才能对"星期一"有个完整的认识。Langacker用基体（base）和侧重（profile）两个概念来解释词义范畴与认知背景之间的关系[84]。基体是指背景，侧重是指以基体来映衬被凸显的部分。简单来讲，词义范畴本身就是侧重，与词义范畴存在直接关系的知识或概念结构是映衬词义概念的基体。词义的基体部分是由词义范畴的典型成员的相关属性来决定的，构成词的相对稳定的概念内核。一个基体可以映衬多个不同的词义范畴。一个词义范畴就是对某一个基体所蕴含的多个不同侧重的其中一个的凸显。一个词义范畴可能涉及多个不同领域的认知背景，如Lakoff指出"母亲"一词涉及"生殖""抚养""婚姻""基因"等多个认知模式[76]，他称之为"聚类模式"（cluster models），而Langacker将其称为"认知域矩阵"（domain matrix）。从基体和侧重两个方面来描写和理解词义能够对多义词现象做出合理的解释。认知词汇语义学中，基于基体对词义的分析主要体现在以下几个方面：一是基于基体分析词的范畴结构；二是基于基体分析一物多词现象；三是基于基体分析一词多义现象；四是基于基体进行跨语言的词义比较。把词汇放在一定的语境中进行学习会取得较好的结果，这一观点得到了许多学者的赞同，在理想认知模型中也得以体现。该模型强调背景和语境的重要性，通过此理论的学习和了解，有助于我们了解语境对词汇学习的重要性，也有助于我们了解在语境中进行词汇学习的认知解释力。

以上我们简单介绍了五种认知语言学理论对词汇学习的影响和解释。当然，除了此处讲到的几种理论，还有其他的理论，如输入假说、输出假说、认知语义学和认知语言学中的相关理论等，在此我们就不再更多地介绍了。可以看出，为了更好地进行二语词汇教学、学习以及测试，了解词汇学习的认知过程和方式是很有必要的。大家可以根据自己的兴趣进行选择性阅读。

第四节　心理词库与二语词汇习得

本部分主要讨论心理词库的定义、研究方法、心理词库的提取和组织以及二语学习者的词汇习得模型。通过对心理词库的了解，我们可以更好地理解词汇学习和使用的过程。

一、心理词库定义

要了解心理词库，首先我们要知道它的定义。在心理语言学领域，作为人类思维中语言加工的一个重要组成部分，心理词库（mental lexicon），也有人称其为"心理词汇""心理词典"，通常指大脑中对词汇知识的长期永久记忆。对心理词库的关注可追溯到 19 世纪的研究者对失语症的研究，但是直到 20 世纪 60 年代，Treisman 才首次从语言感知的视角提出心理词库的概念。Treisman 认为心理词库可定义为语言使用者对从目标语词汇所获得信息的存储[85]。每位语言使用者头脑中都有一个组织有序的词汇表达系统，在该系统中，每个单词的拼写、发音和意义都作为独特的词条进行存储起来。也就是说，语言使用者能够区分拼写、发音和语义。Carroll 给出了类似的定义：心理词库是人类永久记忆中对词汇知识的组织[86]。Richards 等也把心理词库看作是一种心理机制，该机制包含语言使用者对词汇了解的所有信息，包括拼写、发音、词义、与其他单词的关系等[87]。

而其他的学者试图使用比喻来解释心理词库。Schmitt 和 MacCarthy 将心理词库比喻成词典、百科全书、图书馆、电脑和网络等[88]。Aitchison 把心理词库比喻成"人类单词商店"（the human word store），该系统主要包括语音音位和语义－句法两个元素。前者是指单词的发音，而后者关注的是单词的意义和词类[89]。Brown 使用更现代的比喻，将心理词库比喻成互联网[90]。心理词库中的信息，就像图书馆或电脑一样，经常更新。新的词汇被存储到心理词库，因此单词之间建立新的联系，而那些未被使用的单词就会被忘掉。

桂诗春认为目前关于心理词库的研究主要关注词汇的储存方式和提取方式，而实际上大量的、复杂的心理词库存在于语言使用者的头脑中[91]。基于 Aitchison 的研究，桂诗春比较了心理词库和纸质词典的异同[91]。第一，纸质词典是按照字母顺序排列的，而心理词库不是。事实上，语言使用者对心理词库的提取速度在 200 毫秒以内。第二，纸质词典是静态的，而心理词库是动态的。也就是说，纸质词典中单词的数量是固定的，而心理词库不仅仅是单词的集合，它还涉及单词是如何被语言使用者激活、储存、加工和提取的。当学习新的单词后，心理词汇就会发生变化。第三，相比纸质词典，心理词库包含的信息更复杂、更多。纸质词典只包括单词的言语信息，而心理词库既包括言语信息，也包括非言语信息，既包括单词的内涵意义，也包括单词的外延意义。第四，纸质词典中的单词是分开排列的，查找不同的单词需要的时间差不多；而心理词库是一个相互关联的网络，提取时间受许多不同的词汇变量的影响，如词频、准确度、长度、词类等。同样的单词，在心理词库中的提取速度要比纸质词典的速度要快。

总的来讲，心理词库是包含所有词汇信息的心理机制，是语言活动的心智基础，如语言习得、理解和产出。对心理词库的研究主要涉及词汇的储存、组织、加工和提取等。

二、心理词库研究方法

多种不同的方法可以被用于心理词库的研究中，下面我们逐一进行介绍。

（一）TOT 现象研究

TOT（Tip-of-the-tongue）现象是指当正常的语言使用者提取所熟悉的单词时会遇到困难。这一现象可以为心理词库提供重要的信息，因为当这种现象出现时，语言使用者会立即努力尝试找到记不起的单词。说话者所想到的一系列的单词会享有共同的联系，因此它们会为我们提供心理词库组织的线索。然而，TOT 现象的研究也存在一定缺点：一是那些记不起的单词都是相对不常见的单词，所以头脑中搜索这些单词的方法和搜索那些常见单词的方法可能不一样；二是语言使用者可能使用迁回的、非正常的方式来提取目标词，因为直接的方法被限制了。因此，对 TOT 研究的证据需要通过其他方式收集数据来完善。

（二）口误研究

口误常常出现在自然口语中，可以为我们提供心理词库的线索，主要原因有以下三点。第一，当说话者选取了一个错的单词时，他们认为自己的选择是正确的。因此，他们不可能通过迂回的方式接触到目标词。我们看到的是正常检索的结果。第二，口误是常见的现象，几乎每个人都会产生口误，因此这些口误反映的是大脑的正常工作状态。第三，口误遵循可预测的模式，因此通过对这些模式的研究，我们能够对心理词库的组织得出结论。然而，在解读口误的证据时我们应当更加谨慎。首先，应当关注数据的收集。记笔记的方法可能产生不可信的数据，因为数据收集人可能听得不准确，或者录音数据中口误数据太少而使样本代表性不够。此外，对数据的解读也很复杂。将口误进行分类并不是容易的事情，因为不同的分类方法可能产生不同的结论。

因此，口误研究需要通过其他的信息加以弥补，才不会对心理词库的研究产生误导。

（三）对失语症的研究

心理语言学家或神经语言学家对大脑受伤者的语言失常现象进行研究，例如失语症。对失语症的研究很有用，因为失语症病人将正常说话者可能遇到的困难放大了。这些研究也存在一些缺点，一是受伤的大脑并不能代表正常的大脑，二是同样的输出结果可能是由不同的原因所致，三是病人的反映差别很大。因此，该类方法也要慎加使用。

（四）心理语言学实验

心理语言学实验经常被用于心理词库的研究中，包括多种方法，如：

第一类实验就是词汇联想任务（word association task）。该类试验中，实验者给受试者提供一些词汇，然后要求受试者说出或写出除刺激词以外出现在头脑中的词汇。虽然该类试验简单，但是不同的人得到相似的结果。因此，对该类实验的分析能够为人类心理词库的联系提供有用的信息。关于词汇联想的研究已有很多。

第二类实验是词汇判断任务（lexical decision task）。该实验中，研究者给受试者呈现一些语音或字母序列，然后让受试者判断每个序列是否是单词。这可以为我们提供关于哪些词汇是人类心理词库中最容易获取的信息。

第三类是语义启动实验（priming experiment）。该类实验基于某个词是否可以启动另一个单词或者促进其他词汇的加工，二者通常被认为是紧密相连的。

在以上提到的所有心理词库研究方法中，词汇联想可能是最易操作的方法，也是一种有效调查心理词库组织的方法。该方法在母语和二语的心理词库研究中被广泛使用。下面我们对词汇联想测试做简单介绍。

众所周知，词汇在记忆中并不是孤立存在的。母语词汇的存储包括不同种类的联想网络，主要依靠于语义、发音、图画、句法以及其他词类之间的关系[89]。尽管二语联想关系比母语的关系弱，但二语词汇同样也包含不同的联想网络，其中的部分关系可以通过词汇联想测试来探究[92]。词汇联想任务被广泛用来探究心理词库的结构。一般来讲，在词汇联想任务中，受试者得到一些词汇，然后被诱导产出在头脑中第一时间出现的词汇。传统上，研究者关注三类词汇联想任务的反应词：聚合反应词（paradigmatic response）、组合反应词（syntagmatic response）和语音反应词（phonological or clang response）[93]。聚合反应词与提示词来自同一词类，并且这些词在给定的句子中扮演相同的语法功能。而组合反应词与提示词呈前后序列或搭配关系，这些词通常与提示词不属于同一词类（如 eat → food）。语音反应词是指联想到的词汇与提示词只是发音上相似，但是与提示词没有明显的语义关系（如 dig → big）。根据具体的任务要求，词汇联想任务主要有四类：自由性词汇联想任务（free word association tasks）、限制性词汇联想任务（restricted word association tasks）、离散性词汇联想任务（discrete word association tasks）、连续性词汇联想任务（continuous word association tasks）[94]。在自由性词汇联想任务中受试者可以根据刺激词给出任何类型的反应词，而在限制性词汇联想任务中，受试者只能在规定的词中给出反应词。另一方面，在离散性词汇联想任务中，要求受试者对一个刺激词给出一个反应词，然而在连续性词汇联想中，受试者在规定的时间内，针对刺激词可以产出尽可能多的词汇搭配。我们还可以根据受试者的情况采用听 – 说、听 – 写、写 – 说、写 – 写等实验方式。对本族语者的联想研究多采用听 – 说或写 – 说的方式，而对二语者来说，采用听 – 写或写 – 写的方式更容易避免由于耳误或口误引起的非语义反应。

词汇联想研究最早可以追溯到亚里士多德。第一个词汇联想的实验来自德国的 Galton，他把自己作为实验对象，随后这种方法便推广开来。自 20 世纪 60 年代起，词汇联想研究开始在母语习得领域大规模展开。对母语或单语学习者的联想结果分析发现，学习者的反应模式有着惊人相同的发展趋势和变化，即可预测性。因此，研究者认为母语联想的结果可以看作是被测试的刺激词在受试者的心理词库中的储存和联结方式的反映。因为词汇联想本身具有很多语言行为特征，越来越多的心理语言学家和语言学家对此方法感兴趣，把它应用到许多语言现象的探究中，特别是用在探讨语言行为、语言发展、概念形成以及心理词汇的表征、记忆与构建模式上，研究范围也从母语扩展到二语甚至更多的学习者身上。二语学习者的心理词库模式与母语学习者的心理词库模式是否一致呢？基于 Birbeck Vocabulary Project 的研究结果，Meara 认为有足够的理由相信二语学习者和本族语学习者的词汇有显著差异[95]。Meara 的主要研究结果有三点：一是二语学习者心理词库中词汇之间的联系要比本族语学习者心理词库中词汇的联系要弱。二是相对本族语学习者，在二语学习者心理词库中，语音起着更加突出的组织作用。三是二语学习者心理词库中词汇之间的语义联系与本族语学习者的词汇语义关系有系统差异。

在心理语言学中，人们主要区别三类反应：聚合型反应、组合型反应和语音反应。聚合型反应是指那些与刺激词词性相同的反应，如 dog → cat，dog → animal。组合型反应指的是与刺激词有一种修饰、搭配关系，通常不属同一词性，如 dog → bite，dog → bark。语音反应指的是只在语音上与刺激词相似，而没有任何语义联系，如 dog → bog。前两种反应均属有意义联系，后一种则无任何意义联系。基于词汇知识等级量表，Wolter 发现在那些本族语者和非本族语者都很熟悉的词汇中，本族语者产出 48.9% 的聚合型反应词，而非本族语者只产出 35.4%[93]。此外，在母语心理词库中，聚合反应词是所有反应类型中比重最大的，而在二语心理词库中，组合反应词占最大比重。然而，对于非本族语者而言，随着对词汇越来越熟悉，聚合反应词呈逐渐递增趋势（从 0.0%，3.1%，16.7%，19.4% 到 35.4%）。已有研究结果表明，在新词汇学习的初始阶段，在母语和二语的心理词库中，语音联系都起很大的作用；而对于较熟悉的词汇，在二语心理词库中，聚合联系和组合联系占有较大的部分。由此可以看出，在二语心理词库中，单词的词汇知识在一定程度上决定词汇联系类型。

三、心理词库的提取

心理词库的组织影响词汇的提取。我们如何从心理词库中提取词汇在一定程度上与我们如何将词汇应用到实践有关联。本部分我们首先介绍词汇提取的影响因素，然后介绍不同的词汇提取模型。

（一）词汇提取影响因素

1. 词频（word frequency）。词频是词汇认知中的一个重要变量。多项研究表明，高频词较容易被提取而且提取速度较快，而低频词提取速度较慢。提取总量高、频率高的词汇逐渐发展成自主词汇，自主词汇的特点是在信息加工过程中被自动加工，无需投入大量注意力资源；提取少、频率低的单词构成联想词汇，联想词汇的特点是在信息加工过程中得到受控加工，需要大量的注意力资源。

2. 词汇性效应（lexicality effect）。词汇性效应也叫真词 / 非词效应（word/non-word effect）。词汇判断任务要求受试者判断一个字符串是真词还是非词，是真词就接受，是非词就拒绝。研究表明，受试者拒绝合法非词比接受真词的时间要长，而拒绝不合法非词比接受真词的时间要短。也就是说，和英语真词相比，拒绝一个看起来像词的非词（如businees）更难一些，而拒绝一个根本不像词的非词（如 ensprie）就比较容易。

3. 词素复杂性（morphological complexity）。词汇是由词素组成的，词素是词的基本单位。词汇的词素结构影响词汇的提取速度。就学习者而言，熟悉的高频词（如 impossible）是作为一个整体单位储存在记忆中的，也就是说词汇是整存整取的。对于不熟悉的低频词则是以词素为储存单位的，词根和词缀分别储存。

4.语义性效应（semanticlity effect）。语义性效应是指语义启动（semantic priming）。当出现在前面的词能激活与其语义相关的后面的词汇，那么语义启动就出现了。语义相关的词汇能够促进目标词汇的提取。

5.语境效应（context effect）。语言中存在一词多义的现象，意义的选择取决于语境的作用。语境能够促进单词的识别。当语境需要提取词汇的中心意义时，词义提取较快；当语境需要提取词汇出现频率较少的次要意义时，提取就较慢。在一定的语境下，我们能够激活多义词的具体意义。语境能够帮助我们解决词汇歧义的问题。

（二）词汇提取模型

以上提到的影响词汇提取的因素能够通过词汇提取模型来解释。下面我们介绍两种模型。认知心理学家和语言学家提出了不同的词汇提取模型。根据提取方式，词汇提取模型主要有两大类：一类是串行搜索模型（serial search model），另一类是并行提取模型（parallel access model）[96]。

1.串行搜索模型

串行搜索模型中最具代表性的是 Foster 的自动搜索模型[97]。该模型包括两个阶段，第一个阶段是检索阶段，该阶段受词频的影响。然而，在检索过程中，我们虽然不是直接检索到词汇本身，但是一个抽象的位置定位标记能够表明单词储存在哪里。当标记被提取后，词汇就会被提取，这就是第二个阶段——词汇提取。有很多提取文档（如词形提取文档、语音提取文档、语义/句法提取文档）可以通往词汇的储存文档。每一个路径只使用一次。Garman 将该过程比作在图书馆寻找某本书[98]。当我们在图书馆找书时，我们并不是直接找到书所在的书架，而是通过该书的目录来查询。图书馆是按照不同的主题将书储存在不同的楼层。通过对目录的检索，我们可以定位到书的位置，在此过程中，我们提取的不是书本身，而是书的位置标记，通过该标记我们可以找到要检索的书。该模型假定词表是按照词频从高到低排列的，词汇提取是按照某个词列在词表中逐项进行，所以可解释为词频效应。但该模型的不足之处在于它对词汇提取过程中的其他现象解释较弱，并且忽视了词汇认知和使用时的语境。

2. 并行提取模型

与串行搜索模型不同的是，并行提取模型中词汇不同提取阶段是混合的，而且是并行的。也就是说，前一个阶段的信息会为下一个阶段提供帮助。在并行提取模型中，Morton[99]的词汇发生模型（the logogen model）和 Marslen-Wilson[100]的交股模型（the cohort model）最典型，前者主要用于视觉词汇辨认，而后者主要用于听觉词汇辨认。

在 Morton 的词汇发生模型中，心理词库中的每一个单词或词素都有一个词汇发生器（logogen），它会标明单词的不同特征（如语义特征、词形特征和语音特征）。词汇发生器通过其中一种方式被激活：感觉输入（sensory input）和语境信息（contextual information）。在感觉输入路径中，当输入的词形或语音特征被发现时，它们就会与词汇发生器进行匹配。词汇发生器就像一个容器，哪个词汇发生器达到词汇激活的临界值（threshold），哪个词汇就被提取。在语境信息路径中，一个句子的语义和句法结构可能会影响一个特定单词的词汇发生器激活。在词汇发生模型中，两个路径是并行的，当很多感觉特征被发现后，单词就会被激活。如果感觉特征和语境特征同时被发现，单词就更容易被激活。

Marslen-Wilson 的交股模型主要用于听觉词汇辨认。根据这一模型，词汇通过三个阶段被激活。首先，激活与刺激词的声学 - 语音特征相符的一系列的候选词汇，这是起始交股（initial cohort）。这一阶段严格按照自下而上的方式进行处理。其次，对起始交股进行筛选，选出一个进行进一步分析。最后，被选择的词项融入到它的语义和句法语境中去。词项的激活水平受词项与输入信号的相似度影响。与输入信号相似的词项容易被激活，其他起始词汇候选项就会被逐渐删除掉。词汇候选项被删掉的原因要么是口头句子的语境限制了起始交股，要么是更多的语音信息输入时，词汇候选项被丢弃。

与串行搜索模型相比，并行提取模型中的两种模型似乎更合理，更趋于现实。所有影响词汇提取的因素几乎都可以通过这两种模型来解释。除了能解释词频效应外，词汇发生模型和交股模型还能解释语义启动效应，而串行搜索模型就不能很好地解释语义启动。尽管这两种模型都还不完善，但在 Carroll[86] 看来，交股模型最适合解释词汇提取的因素。

以上我们从宏观上简单地介绍了词汇提取影响因素词汇提取模型。当然这些理论在一定程度上还存在争议，很多研究者通过不同的心理语言学实验来进一步验证这些理论。然而这些理论为我们解释二语词汇发展提供了理论基础，对我们的二语词汇习得和教学都有一定的借鉴意义。

四、心理词库的组织

词汇提取是研究心理词库组织的基础。根据对词汇提取过程中的表现，研究者们意识到所有的词汇构成一个表示各种关系的网络。网络中各个要素是各节点 / 概念，它们之间相互联系。心理词库组织主要有两种网络模型：语义记忆的层级网络模型（hierarchical network model of semantic memory）和扩散激活模型（spreading activation model）。

（一）语义记忆的层级网络模型

在层级网络模型中，网络中的各元素之间按照某种关系分层排列，这就像语义场理论中的上义关系、下义关系和并列关系一样。Collins 和 Quillian[101] 是该模型的代表,他们提出的层级网络模型如下（见图 2-4）：

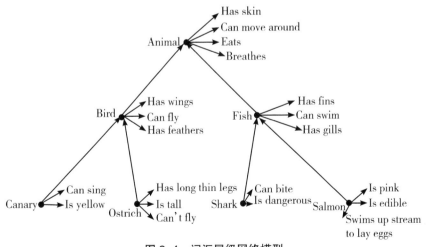

图 2-4　词汇层级网络模型

在该模型中，语义记忆可以看作是一个概念相互连接的网络。在这一模型中包含许多节点，而它们又与词和概念相对应。每个节点通过线索与相关的节点相连接，或通过其他节点彼此连接。因此，与所给词汇或概念相联系的节点，加上与第一个节点相连的指向其他节点的线索，组成了关于这个词或者概念的语义记忆。与人们知道的所有词和概念相联系的节点组合在一起，就形成了语义网络。节点的组织是按层级进行的。大部分节点都会有上位层级的节点和下位层级的节点。上位层级的节点是下位层级节点所代表的那一种事物的种类名称，下位层级节点则代表上位节点所指事物的成员。该模型体现了范畴关系和属性关系。处于较高位置的词是一些覆盖面较广的、上层的概念（如 animal），而较低位置的词则是更为具体的下属的概念（如 canary、shark），居中的则是基本层面的范畴（如 bird、fish）。

虽然该模型能够解释一定语义关系，但也具有一定的问题，如该模型不能解释为什么同一层次的词汇提取速度有所不同。如图中的 shark，salmon 处于同一层次，属于同一范畴的具体事物，其提取速度理论上应该是相同的，但是实验发现提取速度不同。针对这一现象，Collins 等人又提出了扩散激活模型。

（二）扩散激活模型

扩散激活模型是 Collins 和 Loftus [102] 提出的。该模型保留了层级网络模型中网络的概念，但是摒弃了分级的概念以及所有同级之间的联系都相等的概念，同时考虑了词的概念知识、词的句法和语音知识。该模型认为词汇不是严格地按照层级网络结构来排列的，心理词库组织更像一个相互连接的网络，网中的节点代表词的概念，节点之间的距离是由结构特点（如分类关系）和相关概念的联系程度决定的。也就是说，有些节点比较容易提取，提取程度与使用频次和典型性有关。当某一个单词被提取时，单词所在的节点被激活，然后通过网络扩散到并行的节点。激活的程度随着距离的增加而减弱，因此近相关的概念比远相关的概念更容易激活。具体模型示例详见图 2-5。

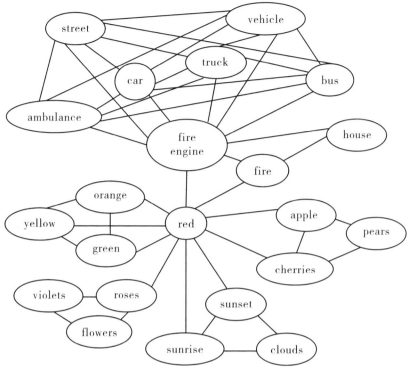

图2-5　扩散激活模型

该模型的优点在于不但考虑了词频因素，能很好地解释词频效应，而且考虑了概念结构特点、概念的典型性和概念之间的关系。然而该模型也有局限性，虽然该模型是语义网络，但是不包含单词的其他属性，如语音、句法和形态等心理词库中词条的重要信息。在某种程度上，该模型属于概念模型而不是词汇模型。

针对扩散模型存在的问题，Bock 和 Levelt[103] 提出了修改的扩散激活模型，该模型将词汇和概念结合在一起。他们认为词汇知识分为三个层次：概念层（the conceptual level）、词目层（the lemma level）、词位层（the lexeme level）。概念层包含许多代表不同概念的节点，这些节点通过各种关系相互联系在一起。这一部分与 Collins 和 Loftus[102] 的模型相似。第二层是词目层。词目是指词汇句法方面的知识。第三层是词位层，它是指单词的语音方面的知识，或者是单词如何发音。Bock 和 Levelt[103] 修改的扩散激活模型综合了概念、句法和语音知识，这种描述符合我们对于词汇知识的讨论，即对一个单词并不是完全知道或者完全不知道，而是语言使用者对于词汇知识的不同层次具有不同的认知程度。图 2-6 为该模型的示例。

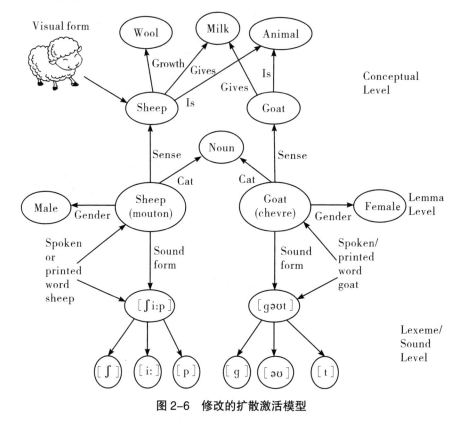

图 2-6　修改的扩散激活模型

五、二语学习者的词汇习得模型

在讨论二语词汇习得模型之前，有必要弄清楚母语词汇的内部结构包括哪些内容。在母语习得过程中，人们除了关注单词的形式外，更主要的是理解和掌握该词的意义及与其有关的其他信息。随着母语词汇使用的增多，人们就会基本掌握词条内容的各类知识并日趋完善。Levelt 提出了词条内部结构模型[104]，该模型认为词条（lexical entry）包括词目（lemma）和词位（lexeme）。其中词目包括语义和句法信息，如词的含义和词类知识。词位包含形态及语音、拼写等信息，如词的不同形态变化、读音和拼写形式等。模型示例如图 2-7：

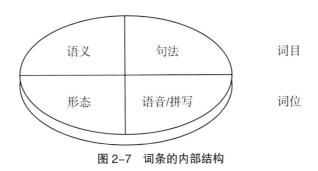

图 2-7 词条的内部结构

根据这一模型，母语的有关词项或词条的知识构成某一语言的心理词库。词库是一个发音、意义和数量方面呈变化的系统。在 Levelt 关于母语词汇内部结构模型的基础上，Jiang 构建了一个二语词汇习得模型：形式阶段（formal stage）、母语词目中介阶段（L1 lemma mediation stage）、二语整合阶段（L2 integration stage）[61]。下面我们逐一介绍。

（1）第一阶段：形式阶段

在母语词汇发展过程中，词汇习得的目的是了解和习得单词的意义以及其他词汇特征，但是在二语词汇习得中，词汇习得目的是记忆单词。母语单词是通过语义和形式特征来学习的，但是二语词汇只通过形式特征来学习，因为词义只需要与母语翻译的对应词相连接或直接通过词的定义就可获得，而无需像儿童习得母语单词那样通过语境习得词汇的全部内容。在这一阶段，二语学习者关注的是单词的形式特征（拼写和发音），因此这一阶段，二语词条只包括形式特征，很少有内容信息。词条中也包括一个指示器（pointer），把注意力指向母语翻译的对应词。指示器在二语词汇和母语对应词中间起连接作用。根据 Levelt 对词条中的词目和词位的区分，在此阶段，二语词汇被认为是没有词目的，或者说词目结构是空的。在这一阶段，二语词汇的使用包括激活二语词汇和母语翻译对应词汇之间的联系，如图 2-8 所示：

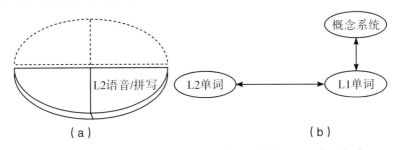

（a）　　　　　　　　　　　　　　　　（b）

图 2-8 二语词汇发展第一阶段心理表征（a）和处理过程（b）

虽然在第一阶段的二语词条中很少有句法、语义和形态信息，这并不意味着这类信息是学习者无法获得或完全没有的。这可以由二语词汇与母语对应词汇之间的联系而激活。学习者可以学习这些单词的显性语法规则。然而在这一阶段，这些语义和语法信息都不是二语心理词库中整体知识的一部分，它们只是作为一般记忆的一部分被储存在心理词库之外的某些地方，在正常的实际交际中是无法被提取的。从某种意义上讲，这类信息知识是词汇知识的一部分，而不是词汇能力的一部分。

（2）第二阶段：母语词目中介阶段

随着二语学习经验的增长，二语词汇和母语翻译对应词汇之间的联系进一步加强。这种紧密的联系意味着在二语词汇使用中，二语单词词形和母语对应词的词目信息同时被激活。二语词形和母语词目信息反复地同时被激活导致二语词形和母语对应词目之间的联系更加直接和紧密。在这一阶段，母语词目信息被复制到二语词形中，因此形成了具有二语词形的词条，而该词条具有母语翻译对应词的语义和句法信息，因此该阶段被称为"母语词目中介阶段"。在这一阶段，二语词汇的词目空间被母语翻译对应词的词目信息所占据，而母语词目信息调节二语词汇加工过程。

该阶段词汇心理表征的另一个特点就是，词条中没有词形说明。词形信息不像语义和句法信息那样能与母语语义系统共存，因为每一种语言的词形系统都是特定的，一种语言无法向另一种语言迁移词形系统。该阶段的第三个特点是二语词项与二语概念表征之间的联系非常弱，二语词项的词目信息是从母语翻译对应词复制过来的，而不是在二语学习过程中创造出来的，在这一过程中，部分信息在过渡时丢失了。

二语词汇习得第二阶段是母语中介语阶段，如图 2-9 所示：

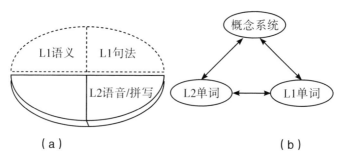

图 2-9　二语词汇发展第二阶段心理表征（a）和处理过程（b）

（3）第三阶段：二语整合阶段

词汇能力的完全发展需要进入到二语词汇发展的第三个阶段。在这一阶段，二语词汇语义、句法和词法说明从语言接触中抽取出来，并融入到二语词条中。这一阶段称为"二语整合阶段"。在这一阶段，在词汇表征和加工过程方面，二语词条与母语词条非常相似，二语学习者能够用二语进行思维，二语词汇的语义与二语概念直接相通，而不是通过母语对应词或者微弱地与二语概念相连接。该阶段模型如图2-10所示：

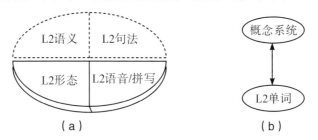

图2-10　二语词汇发展第三阶段心理表征（a）和处理过程（b）

通过以上讨论，可以看出二语词汇发展可以看作是综合的三个阶段，如图2-11所示：

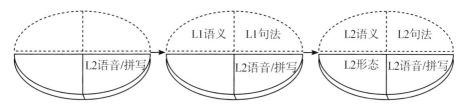

图2-11　二语词汇发展阶段：从形式阶段到整合阶段

在形式阶段，带有形式说明和指示器的词条在二语心理词库中形成。随着语言学习经历的增长，母语翻译对应词的语义和句法说明被复制到二语词条中，从而形成包含二语词形和母语词目的词条。在整合阶段，二语词汇的语义、句法、词法和形式信息在词条中完全形成。

以上三个阶段可以解释在学习过程中某一个具体单词是如何学习的，而不能解释学习者的词汇能力是如何发展的。学习者心理词库很可能包含处于不同阶段的多个词汇。只有当学习者心理词库中大部分词汇处于某一阶段时，我们才能说学习者的词汇发展达到某一阶段。更重要的是，三个阶段的分界不是非常清晰。当词汇从一个阶段过渡到另一个阶段时会有一些灰色地带。这也说明二语学习者词汇表征的形成和发展是一个动态的过程，这一过程同时也解释了学习者二语词汇能力的发展路径。在学习二语词汇的过程中，二语词汇的形式表征逐渐稳固，与相应概念的连接逐渐加强，最终能够摆脱对母语的依赖，完成从词汇连接到概念调节的转变。

六、扩大心理词库的方法

学习者了解了心理词库，二语词汇教学和学习就会取得更好的效果。本部分探讨如何扩大学习者的心理词库。

（一）建构和重组二语概念

有研究表明，在二语词汇的学习过程中，词汇形式最初是和已有的母语概念相关联的，然后二语语义网络逐渐形成。二语学习的过程可看作是二语形式和意义相互作用的过程，在这期间，对意义的解释能够体现最终的语言能力。因此语言习得过程实际上是二语概念表征建构的过程。对于中国学习者来讲，二语词汇具有独特的特点。但这并不意味着二语的独特特征会阻碍学习者达到像其他双语者同样的语言水平。但是不同水平的学习者在概念表征上确实有区别。因此，概念网络的成熟度是实际语言能力的一个体现。

二语和母语两种语言之间，并没有完全一一对应的关系，这与多种翻译的可能性和语言相对性的观点有关。当翻译不能将两种语言紧密联系在一起时，说明母语和二语之间的思维还是有差别的。为了更好地理解二语，在语义结构重新连接的过程中学习者需要大量地练习和接触二语。因此，在二语学习中，由于意义和理解的微弱差异还是存在的，二语概念的重组也是需要的。总而言之，概念表征是能力的一种体现，这可以通过语言教学和测试来展示。

由于二语学习环境与母语习得环境不同，若二语输入不足，二语心理词库就不会像母语心理词库那样自发地、无意识地进行重组。我们可以有意识地、主动地采取措施，以调整二语心理词库的重组。第一，学习者应该意识到母语心理词库和二语词汇之间在组织结构上的差异性，在二语学习中克服这些弱势，在词汇知识的质和量两方面进行提高，以接近母语心理词汇水平，尤其是要注意在概念层次上接近二语词汇，直至达到母语水平。第二，以行之有效的方法把已经掌握的二语词汇进行整理分类。认知心理学认为经过组织的材料更容易储存在长时记忆中，便于检索。第三，建立有效的词汇联想机制。单词之间都是有某种联系的，每个单词都可以在这个互相联系的网络中得到更深刻和更准确的解释，使用起来也就更贴切。

（二）调整课程大纲以适应二语词汇发展

不同类型的词汇对二语组织可能会产生不同的影响。影响词汇学习过程的两个维度分别是词频和具体性。词频影响二语词汇习得各个方面，如发音、拼写、词法、语法、句子产出、句法、阅读等。高频词更容易学习，主要是由于学习者对高频词的所指更熟悉。换句话说，代表熟悉概念的二语词汇要比代表陌生概念的二语词汇更容易学习。词频效应也是在实际课程中要考虑的一个因素。由于学习者对这些词较熟悉，那么它们也就更容易学习和掌握。当二语学习者掌握大量的高频词时，他的二语覆盖面就会很广。课程的目标是较快地提高学习者二语覆盖面，所以重点就是要接受高频词。关于具体性，具体的词汇不仅比抽象的词汇更容易加工，而且也更容易学习。因为具体的词汇要比抽象的词汇意义更丰富。

如果我们接受难度不同的词汇应该按不同的顺序来教授这种观点，那么在设计课程大纲时，考虑词频效应和词汇具体性就很有意义了。例如，设计课程大纲的原则就是习得过程要从较简单的材料开始，具有具体所指的高频词应先被教授。同时，二语词汇知识的内部结构以及二语和母语的连接性都应考虑在内。课程的目的是建构二语词汇，这些词汇单元要按着意义进行组织。单词之间的关系，如同义词、反义词、一词多义等在词汇结构中应该重新考虑。同时，考虑到连接水平和词汇变量效应，母语和二语词汇的相互联系也应予以重视。

（三）加强二语词汇学习的语境作用

众所周知，母语学习者从语境中学习大部分单词，而在教学中学到的词汇较少。要了解语境对词汇增长的作用，就要了解词汇教学的局限性，尤其是传统的基于定义的教学方法的不足。基于定义的学习只是记忆简单的单词解释，这些解释只是单词的一个意思，或者只是词汇知识的一小部分。定义的作用是较小的，因为它们很抽象而且脱离语境，然而真正的词汇知识是基于语境的，因为这依赖于情境和意义协商，词汇的意义光靠定义是很难把握的。

Singleton 也认为语境法在语言使用中学习和处理单词意义是有价值的，这与自然情境下学习词义的方式是一致的[96]。语境中的语义和语用线索能够促进对词义的推断，当在语境中遇到生词时，这些线索也可以帮助学习者获得词义。在语境中，学习者主要是将生词与周边的材料和已有的知识建立联系，然后推测出单词的意义。很多研究者也持有类似的观点，在学习二语时语境能够提供新词的出现情境，大部分是通过阅读来完成，这样可以鼓励学习者从语境中推测单词的意义。

语境包括目标词前后的词、句子甚至是语篇。大的语篇更能真正代表语境，因为只有在语境层面上才包含较完整的图式。对于缺乏目标语学习环境的中国学习者来说，学习词汇的一个有效且简单的方法就是大量阅读。当然，阅读具有不同的目的和方法。我们提倡在语境中直接学习词汇，既要知道文章意义，也要了解具体单词的意义。一般来讲，学习者可以根据语境，先推测或猜测文章的大意，这是间接学习；然后可以借助词典验证和学习文中的生词，这是直接学习。直接学习和间接学习相结合，精读和泛读相互补充，有利于词汇的学习和掌握。

（四）提高母语和二语语义差异的意识

众所周知，传统词汇学习的技巧主要是背诵单词表。课本中大部分的词汇只标有一个意思。借助于母语的翻译进行二语词汇学习在早期阶段确实是一个方便且有效的方法。母语中词汇的意义和意义层次在二语者中已经内化，并且经过少许调整已经在二语中得以使用。然而，这会误导学习者认为两种语言的词汇存在一对一的语义对应关系。实际上，除了一些单义词，如科技名词和专有名词，一种语言中的大部分单词和另一种语言的单词并不是完全对等的。由于并不是所有的二语单词都有相对应的母语翻译词，并不是所有的母语翻译都能找到语义相同的二语单词，那么根据二语单词是否有对应的母语翻译和母语翻译在多大程度上与语义说明相匹配，二语单词可分为三类。

第一类，没有母语对应翻译的二语词汇。这一类词表达的概念对于母语文化是陌生的，或是抽象的，或是具体的。这些往往与宗教信仰、社会习俗、当地食物等有关，或者专指某一具体文化的概念。这种情境下，学习者往往利用语境来推测词汇的意义和信息，这也是词义创造的过程。一旦这一过程完成后，学习者就会使用准确和自动化的词汇。

第二类，这一类词不仅有对应的翻译词汇，同时也与翻译词汇具有较高程度的语义一致现象。在开始阶段由于这些词汇具有对应的翻译词汇，因此学习者很容易学习，很容易掌握。不同的语言可能存在一些具有相似意义的词汇，但是这只会是短暂的，经过更长时间的学习后，二者的差异就会凸显。

第三类，一些二语词汇有对应的母语翻译，但是语义层次不一样。如 pursue 和 chase 都有"追求"的意思，但在使用中不一样，如 pursue wisdom、pursue knowledge、chase burglars 等。二者虽然翻译成汉语都有"追求"之意，但是语义完全不同。在二语词汇学习中，学习者意识到这些差别，有助于更好地掌握词汇。

通过对以上的分类，学习者能增强词汇意识，避免母语的干扰，进而能更加准确地掌握和使用词汇。

（五）加强词汇语义网络知识

在实际学习中，一个单词与其他的单词同时可以有很多联系。因此，我们可以把心理词库看作是一个网络系统，而不是词典中的词条。单词不能单独学习，要考虑如何将单词和其他的单词联系在一起进行储存。有些情境下，如果不了解单词周边的搭配词或有联系的词，很难理解该单词的意思。如 orange 与 red、yellow 出现时，可以表示"颜色"，而与 hot、cold 出现时，可以表示"温度"。

虽然，学者们对心理词库中单词的组织结构争论不断，但是大都同意母语者心理词库中的词汇联系是以语义为主，而二语学习者心理词库中的词汇组织联系较弱。根据词汇 – 语义理论，人类先获取单词，然后随着单词数量的增加，头脑中词汇系统建立起来，这可以使词汇有组织地提取。因此，人类心理词库被视为相互联系的网络，或者说有内在联系的网状结构。

所以，学习一个单词不仅要知道词典中对其的定义，也要知道该词在语言中是如何与其他单词相联系的，它们是如何在句子中被使用的。

单词之间以多种方式进行连接，这也是词汇被记忆和储存的方式。有些学生还是将二语词汇与母语翻译对应词结合来记忆词表，这意味着词汇学习中一次只是记忆单个单词。实际上，词汇之间的关系也像词汇的意义一样重要。学习一个单词不仅要记忆它的对应翻译词、记忆单词的解释，还要学习语境中各个单词之间的联系。

词汇学习不仅是将词义和词形对应的过程，而且也是建立语义网络的过程，因为单词的意义在某种程度上是由与其有关系的单词来决定的。因此，词汇学习不仅要记忆单词的意义，而且要掌握单词前后或语境中的单词语义关系。词汇学习也可以看作是将词汇的语义和形式特征添加到心理词库中节点的过程。扩散激活模型认为在心理词库中的学习过程是个动态的过程。例如，起初两个单词被储存时是毫无联系的，然后通过一个形式或语义特征进行联系，最后通过更多的特征相联系。而所有联系的强度可能会不一样，随着时间的推移，每个联系的强度可能会增强，也可能会减弱。

很多心理语言学和神经语言学研究表明，词汇是按着某种语义关系储存在大脑中的。也就是说，语义关系是心理词库中的重要组织原则。所以建立语义关系不仅能够促进词汇记忆，而且也能促进词汇的提取。

本章小结

　　本章先讨论了语言学习的认知观，在此基础上讨论了二语词汇习得认知观。结合认知语言学，从不同的视角讨论了二语词汇习得的认知解释，最后分别讨论了二语心理词库和二语词汇习得，以及扩大心理词库的方法。在此基础上，我们能够更好地了解词汇学习的认知过程。在以下几章，我们将分别介绍词汇教学的内容和方法、词汇教学理论、词汇测试等。

第三章　英语词汇教学的要求和意义

英国著名的语言学家 Wilkins 指出，没有语法我们只能表达很少的内容，而没有词汇则什么也不能表达[105]。由此可见，词汇在语言教学和学习中的重要性。

为适应我国对人才的培养需要，英语是我国各个教学阶段所开设的一门必修课程，在教学、考试、录取、人才选拔中起着重要作用。而英语词汇又是英语学习的关键，因此，为了更好地指导教学和考试，国内外各级教学和考试机构都会针对各级教学和考试颁布相关的课程要求或考试大纲，课程要求或考试大纲对词汇有详细的要求和规定。教材的编撰或试题的编写都会以此为依据，所以了解课程要求和考试大纲对词汇的要求和规定，对教学、考试和自我评价都会有所帮助。但随着社会的发展，对词汇数量的要求也随之变化，多少词汇量才能符合相应要求呢？词汇量要求过低，会导致学习者产生懒惰的学习情绪；要求过高，又不利于教学和考试。我们应根据具体的社会需求、教学需要、考试要求等，对词汇量和词汇使用提出具体的要求，并制定具体的、可行的词汇表。本章首先介绍词频和词汇表的概念，然后分别介绍国内外各级教学和考试对词汇数量和使用的要求，最后讨论词汇学习的重要性。

第一节　词频和词汇表

词频，即词汇在语言中出现的频次，是词汇教学和评价中重要的指标[106]。词频经常与其他词汇特征有一定关系，如词汇意义、词语搭配、词汇长度等。在语言应用中，高频词一般很少有语域标识（register marking），所以能够在更广的语境中使用，而低频词往往具有语义和搭配的限制，局限于某一特定的语境使用；高频词一般较短，低频词一般较长；口语中的高频词和书面语中的高频词具有一定的差异。高频词一般是语言中最基本的、最重要的词，是各类交流的基础。

词汇频度表和单词在文章中的涵盖量上的分析使得研究人员建立起作为语言表达的听、说、读、写四种技能各自所需的最低标准。Nation提出 2000~3000 最常用词族的知识就足够进行成功的写作，而 2000 最常用词族的知识足以让人们自如地进行口语交流[3]。Nation 还声明仅达到阅读理解的一半词汇量就可以听懂和理解口语所表达的内容[3]。Schmitt认为前 2000 词族是高频词，能涵盖 99% 的口语词汇，80% 的写作词汇[106]；在学术语篇（academic context）中，第一个 1000 词族能涵盖 70%~75%的词汇，第二个 1000 词族能涵盖 5%~8% 的词汇[107]。Nation 指出在英语环境中需要 6000~7000 词族才能有成效，对于写作要达到 8000~9000词族，9000 词族以上属于低频词[108]。而 2000~8000/9000 属于中间词频，这一区间的词汇要引起重视，有助于学习者掌握更多更好的词汇。

词表是指一种语言或其语域最基本、最重要的单词列表，一般作为语言教学的基础，或者用于编写教学材料的依据。词表一般根据词汇频率制定，并常由其他衡量单词重要性的一些方法作补充[87]。学习词汇是个复杂的过程，因为学习者需要掌握大量词汇的形式和意义。而对于初学者来讲，主要的问题是从何开始。词表根据不同语境中出现的词频为学习者提供可供参考和学习的词汇。虽然英语学习中词表的数量很多，但是对各个阶段的词汇数量和要求大都不一样。

那么，国内外教学标准和考试对英语词汇数量和使用要求是怎样的呢？下面我们分别介绍。

第二节　国内各级教学和考试对词汇的要求

在日常生活和学习中，需要掌握多少词汇量才能够完成学习和交流任务呢？这要视情况而定。如上文所述，不同任务需要不同的词汇量。其实，"英语入门阶段的核心单词约为 2000 个。在英语中，最常用的 100 个词差不多占了大部分文字材料字数的一半。目前很多专家推荐至少 3000 词为基础词汇，并认为专门学科必须具备 5000 以上的词汇"[109] 16。词汇学习历来是我国英语教学中教师和学生非常重视的问题，词汇量的多少，也常常被用来衡量一个人英语水平的高低。

现在让我们先回顾一下我国中小学英语词汇教学对词汇量要求的变化状况[109] 16（见表 3-1）。

表3-1　我国中小学英语词汇教学对词汇量要求的变化状况

年代	教学大纲/课程标准	学制	词汇量要求
1963	全日制中学英语教学大纲（草案）	6年	3500~4000
1978/1980	全日制十年制中小学英语教学大纲（试行草案）	8年	2800
		5年	2200
1982	全日制六年制重点中学英语教学大纲（征求意见稿）	6年	2700~3000
1986	全日制中学英语教学大纲	6年	1800~2000
1993	全日制高级中学英语教学大纲（初审稿）	6年	1200+800
2000	全日制普通高级中学英语教学大纲（实验修订版）	6年	1200+750
2001	全日制义务教育普通高级中学英语课程标准（实验稿）	6~12年	2500（7级）
			3000（8级）
2003	普通高中英语课程标准（实验稿）	6~12年	2500（7级）
			3300（8级）
			4500（9级）

从表 3-1 可以看出，虽然我国多次对教学大纲或标准进行修订，但中学英语基本词汇量要求均在 2000~3000 之间。考虑到我国对外改革开放的需要和我国外语教学的实际情况，中学毕业生词汇量应该能够达到七级要求，能掌握基本核心词汇，达到基本的英语要求。

我国各级教学和考试机构都有自己明确的教学和考试大纲，一般也都规定了相应的词汇要求和词汇表。以下是我国现行中小学课标对英语词汇的具体要求（见表3-2）。

表3-2 现行中小学课标对英语词汇的要求

层次	作者	目标要求	词汇数量
义务教育小学（二级）	中华人民共和国教育部[110] 18	1. 知道单词是由字母构成的 2. 知道要根据单词的音、义、形来学习词汇 3. 学习有关本级话题范围的600~700个单词和50个左右的习惯用语，并能初步运用400个左右的单词表达二级规定的相应话题	约600~700个单词
义务教育初中（五级）	中华人民共和国教育部[110] 19	1. 了解英语词汇包括单词、短语、习惯用语和固定搭配等形式 2. 理解和领悟词语的基本含义以及在特定语境中的意义 3. 运用词汇描述事物、行为和特征，说明概念等 4. 学会使用1500~1600个单词和200~300个习惯用语或固定搭配	约1500~1600个单词
普通高中（七级）	中华人民共和国教育部[26] 14	1. 理解话语中词汇表达的不同功能、意图和态度等 2. 运用词汇给事物命名、进行指称、描述行为和特征、说明概念等 3. 学会使用2400~2500个单词和300~400个习惯用语或固定搭配 4. 了解英语单词的词义变化以及日常生活中新出现的词汇	约2400~2500个单词和300~400个习惯用语或固定搭配
普通高中（八级）	中华人民共和国教育部[26] 16	1. 运用词汇理解和表达不同的功能、意图和态度等 2. 在比较复杂的情况下，运用词汇给事物命名、进行指称、描述行为和特征、说明概念等 3. 学会使用3300个左右的单词和400~500个习惯用语或固定搭配	约3300个单词和400~500个习惯用语或固定搭配
普通高中（九级）	中华人民共和国教育部[26] 17	1. 学会使用4500个左右的单词和一定数量的习惯用语或固定搭配 2. 能根据交际话题、场合和人际关系等相关因素选择较为恰当的词语进行交流或表达	约4500个单词

　　由表 3-2 可知，课标详细规定了中小学英语教学各阶段学生需要掌握的词汇数量以及使用要求，包括识别字母、单词、习惯用语和固定搭配。教育部从 2001 年规定从小学三年级起开设英语课程，《义务教育英语课程标准（2011 年版）》中第二级为六年级结束时应达到的基本要求。该级别目标涉及两项内容，一是词汇学习的数量，二是基本的词汇意识。初高中阶段，不仅强调单词的具体用法，更强调单词的功能，如会用单词去描述事物和概念等抽象功能。虽然课标规定了具体的词汇数量和具体的使用要求，但实际教学的情况如何？如果学生都能按照课标要求掌握各个阶段的词汇，那么学生的英语词汇就能满足日常交流的基本要求吗？事实并非如此。

　　下面请看我国现行的其他教学标准和考试对词汇的要求（见表 3-3）。

表3-3　国内其他各级词汇表要求

层次	作者	目标要求	词汇数量
大学英语	教育部高等教育司[111]3-5	一般要求：高等学校非英语专业本科毕业生应达到的基本要求。掌握的词汇量应达到约4795个单词和700个词组（含中学应掌握的词汇），其中约2000个单词为积极词汇，即要求学生能够在认知的基础上在口头和书面表达两个方面熟练运用的词汇	约4795个单词
		较高要求：为有条件的学校根据自己的办学定位、类型和人才培养目标所选择的标准而推荐的。掌握的词汇量应达到约6395个单词和1200个词组（包括中学和一般要求应该掌握的词汇），其中约2200个单词为积极词汇（包括一般要求应该掌握的积极词汇）	约6395个单词
		更高要求：为有条件的学校根据自己的办学定位、类型和人才培养目标所选择的标准而推荐的。掌握的词汇量应达到约7675个单词和1870个词组（包括中学、一般要求和较高要求应该掌握的词汇，但不包括专业词汇），其中约2360个单词为积极词汇（包括一般要求和较高要求应该掌握的积极词汇）	约7675个单词

续表

层次	作者	目标要求	词汇数量
英语专业	高等学校外语专业教学指导委员会英语组[112] 6-7	入学要求：认知词汇不少于2000个；掌握1200个左右的常用词和一定数量的习惯用语及固定搭配，并能在口语和书面语中运用；认识740个左右的单词和一定数量的习惯用语及固定搭配，能根据上下文的提示理解其含义	四级：5500~6500个单词
		二级要求：通过基础英语课、阅读课和其他途径认知词汇达4000~5000个（含中学已学的2000个），正确而熟练地使用其中的2000~2500个及其最基本的搭配	
英语专业	高等学校外语专业教学指导委员会英语组[112] 6-7	四级要求：通过基础英语课、阅读课和其他途径认知词汇5500~6500个（含二级要求的4000~5000个），正确而熟练地运用其中的3000~4000个及其最基本的搭配	八级：10000~12000个单词
		六级要求：通过课堂教学和其他途径认知词汇达7000~9000个，且能正确而熟练地使用其中的4000~5000个及其最常用的搭配	
		八级要求：通过课堂教学和其他途径认知词汇达10000~12000个，且能正确而熟练地使用其中的5000~6000个及其最常用的搭配	
PETS	教育部考试中心[113] 10	一级：该级考生应能适当运用基础的语法知识，掌握1500个左右的词汇以及相关词组，掌握基础的功能和意念的表达方式	1500个左右的词汇以及相关词组
		二级：该级考生应能适当运用基础的语法知识，掌握3500个左右的词汇以及相关词组，掌握基础的功能和意念的表达方式	3500个左右的词汇以及相关词组
		三级：该级考生应能熟练运用基础的语法知识，掌握4500个左右的词汇以及相关词组，掌握较广泛的功能和意念的表达方式	4500个左右的词汇以及相关词组
		四级：该级考生应能熟练运用基础的语法知识，掌握6000个左右的词汇以及相关词组，掌握广泛的功能和意念的表达方式	6000个左右的词汇以及相关词组
		五级：该级考生应能熟练运用基础的语法知识，掌握8000个左右的词汇以及相关词组，掌握广泛的功能和意念的表达方式	8000个左右的词汇以及相关词组

续表

层次	作者	目标要求	词汇数量
高职高专	教育部高等教育司[114]2	入学要求：认知英语单词1000个（较低要求）~1600个（标准要求）	1000~1600个单词
		A级：认知3400个英语单词（包括入学时要求掌握的1600个词）以及由这些词构成的常用词组，对其中2000个左右的单词能正确拼写，英汉互译。学生还应结合专业英语学习，认知400个专业英语词汇	约3400个单词
		B级：认知2500个英语单词（包括入学时要求掌握的1000个词）以及由这些词构成的常用词组，对其中1500个左右的单词能正确拼写，英汉互译	约2500个单词

　　表3-3中前两项主要针对大学非英语专业和英语专业学生的词汇要求，而PETS考试涵盖了初、中、高级的英语学习者，高职高专的要求相对较低，经过课程学习后，A级为标准要求，B级为较低要求。从表3-3中可以看出，各级标准都是要求学生"掌握"一定量的词汇。什么程度算是掌握了一个单词呢？"掌握"是个难以界定的概念。例如我们可能知道某个单词在某个语境中的一个意思，但是换了另一个语境，又不知道它的意思了；我们也许能在书中读懂一个单词的意思，但是在自己使用时没有把握，甚至说或写的时候根本没想起用它；我们也许会在词典中认识很多单词，但在看电视或听到别人讲英语时还是不明白，而如果把文字材料给我们看时，才知道这些单词是"见"过的。如此种种，很难说怎样才算是"掌握"。Richards认为掌握一个单词，意味着知道这个单词会跟哪些词一起连用，在句子中的位置，在不同的语境中如何使用，它的语义特征，与其他词语联合成词等[5]。

　　根据教育部考试中心[113]对PETS的考试要求，PETS一级是初始级，其考试要求略高于初中毕业生的英语水平。通过该级考试的考生，其英语基本符合诸如出租车司机、宾馆行李员、门卫、交通警察等工作，以及同层次其他工作在对外交往中的基本需要。该级考生应能在熟悉的情景中进行简单信息交流，例如询问或传递基本的事实性信息，能适当运用基础的语法知识，并掌握1500个左右的词汇以及相关词组。PETS二级是中下级，相当于普通高中优秀毕业生的英语水平。通过该级考试的考生，其英语水平基本满足进入高等院校继续学习的要求，同时也基本符合诸如宾馆前台服务员、一般银行职员、涉外企业一般员工，以及同层次其他工作在对外交往中的基本需要。该级考生应能在熟悉的情景中进行简单对话。由此可以看出，PETS 一级相当于课标的五级，而 PETS 二级相当于课标的高中要求。由于课标和 PETS 的目的不同，侧重点不同，虽然二者对词汇数量的要求相似，但对词汇使用的要求略有差异，PETS 更注重日常交际。

除此之外，为适应上海市社会和经济发展的需要，培养优秀的、高质量的外语人才，上海市教委还制定了《进一步加强上海市中小学外语教学实施意见》的文件，规定小学毕业生至少掌握 1000 个单词，初中毕业生至少掌握 3000 个单词，高中毕业生至少掌握 5000 个单词，优秀者争取达到 6000~7000 个单词，力争英语在高中基本过关[115]。可以看出，上海市中小学的英语词汇要求要比国家统一要求高，这也在一定程度上反映出上海的经济水平和英语教学水平较高，对英语掌握的要求也较高。同时，上海市也颁布了《上海市大学英语教学参考框架》。《框架》认为大学英语教学应分为一般级和较高级，一般级对词汇的要求为"能掌握词汇学习的各种策略，包括词汇记忆、上下文猜词意技巧等。除此之外，还要求接受性词汇量能达到 8000 个左右，能在说和写的交流中使用最常用的 3000 词族的至少一种用法。这 3000 产出性词汇除包括最基本词汇外，还包括 570 个频率最高的学术词族和本学科或专业领域里使用频率最高的学术词汇"。而较高级目标是在完成一般级目标基础上提出的更高教学要求，具体对词汇的要求为"在掌握一般级的词汇技能基础上，接受性词汇量能达到 10000 个左右；能掌握 3000 个最常用词的各种搭配并能在各种口头和书面的学术交流场合中使用；能掌握自己学科或专业领域里常用的专业词汇"。可见，上海市对各级英语词汇教学提出了更高级别的要求，不仅有词汇量的要求，而且也提出了词汇学习策略以及词汇使用的要求。

另外，从以上总结可以看出，目前我国国内外语教学级别和考试种类较多，每个教学级别和考试级别都对词汇掌握情况做了具体的要求，除本书已列举的之外，还有职称考试、研究生入学考试等一系列英语考试，均对词汇做了详细要求和规定。然而，是否每个级别都能有序的衔接？不同教学级别和考试级别之间可比性有多大？教学种类和考试级别众多，是否有一个统一的衡量标准？英语考试种类繁多，如果不是业内人士，很难准确把握每种教学和考试的具体要求，所以，建立一个统一的中国外语能力测评体系十分重要。所幸的是，目前，在我国教育部的领导下，我国一批英语专家、学者正在加紧该体系的建设。2016 年 11 月，教育部副部长林蕙青在第二届语言测试与评价国际研讨会（杭州）上谈到，中国外语能力测评体系建设的目标是在建立国家外语测评标准的基础上，推动考试内容和形式的改革，完善开发系统性的考试项目，推动形成性评价与终结性评价相结合的研究，到 2020 年，基本建成标准统一、功能多元的现代化外语测评体系。目前中国英语能力等级量表已完成主体研制，预计 2017 年正式公布，而国家英语能力等级考试的研发也在顺利开展。这将为我国高考英语改革，完善我国英语等级考试制度，进一步明确各级英语教学要求等提供借鉴和帮助。

介绍完国内各级教学和主要考试对词汇的要求，下面我们介绍一下国外相关教学和考试对英语词汇的要求。

第三节 国外各级教学和考试对词汇的要求

国外各级教学和考试机构也都有明确的教学和考试大纲并对词汇的使用都有具体的要求，如 Canadian Language Benchmarks[116]，National Curriculum in England：English Programmes of Study[117]，English Language Arts Core Curriculum[118]，CEFR[119]，Cambridge English，BEC 等；虽然国外的机构很多提到各级别词汇使用应达到什么要求，但很少有具体的词汇表。

1. 加拿大：Canadian Language Benchmark（CLB）（2012）（见表 3-4）

表3-4 加拿大语言标准对词汇的使用要求

级别	词汇使用要求
第一阶段	1. 能够识别描述与个人相关的基本事实的词和表达方式，例如，地址、种族、家庭、学校环境、社区设施、日常行为、职业、住房、食物、天气、衣着、时间、日期、季节、节假日、活动、度量衡、购物及付款方式 2. 能够使用讨论时间、时间顺序、需求和个人经历，以及描述人、事物、情境和日常事务的单词 3. 能够认识表达日常经历的基本词汇和表达方式，如求生词汇和标识（如危险、洗手间、出口）以及表示个人身份、天气、穿衣、假日、家庭活动、兴趣爱好的高频率词 4. 能够使用词汇和表达方式写出熟悉的、日常的话题，如购物、住房、日常活动、日期、银行、食物、医疗、教育、工作、商业、家庭、习惯、天气、穿衣、旅游、安全和居民
第二阶段	1. 能够识别与话题相关的词和表达方式，如普通内容、学术、职业、社会活动 2. 能够用一系列抽象的、专业的习语和概念词汇来报道和讨论个人和事实信息，表达想法、观点和对熟悉的话题的感受 3. 能够识别和理解抽象的习语和专业词汇并用它们来表达常识、事实、观点、感情、想法，以及关于计算、科学技术、社会观点、加拿大居民、文学、媒体、医疗、教育、职业、金融和消费服务等相关的基本情况 4. 能够使用与很多主题相关的大量词汇，如普通话题和职业话题

续表

级别	词汇使用要求
第三阶段	1. 能够理解用于表达在学术和职业场景中特定话题的词和词组 2. 能够准确使用一些语法和词汇结构，包括发生在学术和职业场景的具体的话题 3. 能够识别和理解复杂的、多音节的和专业的词和词组 4. 能够使用一系列的表达同义、抽象概念、专业的和文学语言的词汇（如暗喻、明喻）

CLB 并非一个标准的语言考试，它的对象是在加拿大国内以英语为第二语言的学习者，它是教授及评测在加拿大生活或工作的学习者语言熟练程度的标准，是对语言能力的描述量表。加拿大移民部评估移民及入籍申请时，常以 CLB 为基准。为了推广 CLB，加拿大相关部门将 CLB 与雅思考试对应起来。CLB 针对阅读、写作、口语、听力 4 个方面进行评估，共分为 12 个等级，归为 3 个阶段。1~4 级为基础程度，5~8 级为中等程度，而 9~12 级属进阶程度。其中，基础程度的 CLB 四级，相当于雅思听力部分的 4.5 级、阅读部分的 3.5 级、写作部分的 4 级以及口语部分的 4 级。中等程度的 CLB 5 级，分别对应雅思分数，则是听力、口语、写作 3 部分都要取得 5 分，阅读部分取得 4 分。日常社交必须是 5 级的程度，具备中等程度的成人表示能够充分参与社交、教育及与工作相关的活动。CLB 7 级相当于在雅思考试中各个部分考取 6 分。具有 7~8 级能力的人士，将可应付大专及大学课程。9~12 级属进阶程度，相当于雅思 8 分以上。

CLB 是以交际能力和任务为基础，通过任务，学习者展现自己的语言能力和技巧，是加拿大语言教育的国家标准，可作为学习、教学和评估加拿大二语成人学习者的参考框架。正因为如此，与国内课标不同的是，CLB 对学习者的词汇要求是能够完成具体的交际活动和任务，能够满足在加拿大学习和生活的需要。

2. 美国：English Language Arts Core Curriculum（2005）（见表 3-5）

表3-5 美国英语课程标准对词汇使用要求

级别	词汇使用要求
幼儿园学龄前至一年级	1. 能区别字母和单词 2. 能识别字母表中的字母 3. 能根据首字母按字母顺序拼写高频词 4. 能认识高频词的单数和复数 5. 能正确拼写高频词 6. 能使用高频词的单复数 7. 能按照词类把单词以句子形式进行排列 8. 能使用和年龄相符的词汇
二至四年级	1. 能够读词，比较同义词，把词拆成更小的词，能找出词根、词缀 2. 能够借用语境、词典以及其他课堂资源来确定陌生词的意思 3. 能正确拼写常用单词 4. 能够将表示头衔、节日和产品名称的词的首字母大写 5. 能使用和年龄相符的词汇
五至六年级	1. 能借助语境、词典或术语表来确定陌生词的意思 2. 能够识别信号词，例如 finally、in addition 等，这些词能提供结构格式上的线索 3. 能够认识与具体内容有关的词汇或术语 4. 能听出陌生的单词并找到其意思 5. 能将专有名词的首字母大写，例如在文学、书名、语言和历史事件中的关键词 6. 能正确拼写经常误拼的词、同义词和某一具体内容相关的词 7. 能正确使用各种词类的语法结构，如名词、形容词、副词、代词、连词、介词及其词组和感叹词 8. 能正确使用信号词来提供结构形式的线索
七至八年级	1. 能借用语境、词典、术语表和词的结构（词根、词缀）判定陌生单词的意思 2. 能区分单词的字面意思和言外之意 3. 能识别表达比较或对比的转折词或词组 4. 能辨认与具体内容相关的词或术语 5. 能将专有名词的首字母大写，如地名、学术课程、组织名称 6. 能正确拼写经常误拼的词、同义词和某一具体内容相关的词 7. 能正确使用各种词类的语法结构，如名词、形容词、副词、代词、连词、介词及其词组和感叹词，以及用连接词连接观点 8. 能正确使用信号词来写出有组织的、连贯的篇章，如 first、next、in addition

续表

级别	词汇使用要求
九至十二年级	1. 能借助课堂或其他资源判定陌生词的意思 2. 能区别作者语言的表面意思和言外之意 3. 能辨认使文章连贯的转折词或词组，如 finally、in addition、in contrast 4. 能辨认与具体内容相关的词、术语或适用于特定群体的行话 5. 能将专有形容词、人名或头衔、引文中词的首字母大写 6. 能正确拼写经常误拼的词、同义词和专业术语 7. 能正确使用各种词类的语法结构，如名词、形容词、副词、代词、连词、介词及其词组和感叹词，以及用连接词连接观点

English Language Arts Core Curriculum[118]是基于标准的文件，由纽约州政府 1996 年开始实施。该标准提供了英语语言学习的具体标准，详细规定了从幼儿园到中学 12 年级每个阶段学生应该掌握的内容。虽然没有具体的词汇量和词汇表，但该标准详细阐释了每个阶段学生对词汇的掌握情况，以及运用词汇所能做的事情。这与我国的课标有相似之处，但比我国课标对词汇使用要求的规定更加具体。

3. 英国：National Curriculum in England：English Programmes of Study（2014）（见表 3-6）

表3-6　英国国家英语课程标准对词汇使用要求

级别	词汇使用要求
第一阶段：一年级	1. 能读一般的特殊词语，注意拼写和语音特殊的对应 2. 能读包含字形和语音相对应的单词，以及以 -s, -es, -ing, -ed, -est 结尾的单词 3. 能读其他包含一个音节以上的并且具有字形和读音相对应的单词 4. 能读带有缩写的单词（如 I'm、I'll、we'll），并知道撇号代指省略的字母 5. 能拼写包含所教授的40个音位中的任何一个音位的单词 6. 能拼写表示星期的词，能读字母表中的字母 7. 会添加前缀和后缀（会使用前缀un-；会按照规则使用 -s, -es 表示名词的复数和动词的第三人称单数） 8. 能将词语连起来，并会使用 and 连接复合句 9. 能把表示人名、地名、星期的词的首字母大写，并会大写人称代词 I

续表

级别	词汇使用要求
第一阶段：二年级	1. 能够准确读两个音节以上的单词 2. 能读带有普通后缀的单词 3. 能进一步读准一般的特殊词语，注意拼写和语音特殊的对应 4. 能准确快速地读出大部分单词，当它们多次在一起出现时，没有明显的混淆 5. 能学会拼写一般的特殊词汇 6. 能学会拼写更多的带有省略的单词 7. 学会带有 's 的单数所有格，如 girl's book 8. 区分同音异形词和相近的同音异形词 9. 能通过添加后缀如-ment，-ful，-ess，-ly 拼写更长的单词 10. 学会使用拓展的名词短语来描述和说明（如 the blue butterfly） 11. 学会正确使用现在时、过去时和进行时
第二阶段：三至四年级	1. 会使用词根、前缀和后缀 2. 能进一步读准特殊词汇，注意字母和语音的特殊对应 3. 能进一步使用前缀和后缀，并懂得如何使用 4. 能进一步拼写同音异形词 5. 会正确拼写经常被误拼的单词 6. 会正确使用复数的 s' 表示名词复数的所有格（如 boys'），以及不规则名词复数的所有格（如 children's） 7. 能通过某个单词的前两个或三个字母确认该单词在词典里的正确拼写 8. 正确使用动词的现在完成时并能与其过去式区分 9. 选择合适的名词或代词使句子清晰、连贯并避免重复 10. 能使用连词、副词和介词表示时间和原因
第二阶段：五至六年级	1. 能使用词根、前缀和后缀的相关知识 2. 能进一步使用前缀和后缀，并理解添加词缀的规则 3. 能拼写带有不发音的字母的单词，如 knight 4. 能进一步区分同音异形词，以及其他经常混淆的单词 5. 会使用词典确认单词的拼写和意思 6. 会使用动词的完成时表示时间和原因的关系 7. 会使用拓展的名词词组来准确传达复杂的信息 8. 会使用情态动词或副词来表示可能性的程度
第三阶段	1. 能通过阅读和听力使用新的词汇和语法结构，并且能有意识地在写作和口语中使用，达到特殊的效果 2. 知道并理解书面语和口语的差异 3. 在写作和口语中自信地使用标准的英语 4. 自信、准确地使用语言学和文学的术语来讨论阅读、写作和口语交流

续表

级别	词汇使用要求
第四阶段	1. 能够分析作者的词汇、语法和结构使用特点，并评价它们的使用效果和影响 2. 能通过阅读和听力使用新的词汇和语法结构，并且能有意识地在写作和口语中使用，达到特殊的效果 3. 能分析口语和书面语中的差异，包括正式和非正式语体的差异，以及标准英语和其他种类英语之间的差异

National Curriculum in England：English Programmes of Study[117]
是英国国家英语课程标准，详细规定了英语学习各个阶段听、说、读、写的要求，以及词汇使用的要求。该表体现了英语词汇学习循序渐进的要求，从单词的读音开始，到单词拼写、单个单词的使用，到语篇中单词的使用。

4. 英国：Cambridge English（http://www.cambridgeenglish.org/）（见表3-7）

表3-7 剑桥英语各级词汇要求

级别	词汇使用要求
少儿英语一级 （Starters）	1. 能够识别英语字母表中的字母 2. 能写英语字母、拼写自己的名字和简单的单词 3. 能读短的、简单的单词，以及表示动物、玩具和衣服等物品的名称 4. 能跟老师听读本阶段的单词和词组 5. 能认识从课本中抄写的单词、词组和短语
少儿英语二级 （Movers）	1. 能用所给的词写出简单的句子 2. 能用所给的词写出业余时间喜欢做的事情 3. 能将已经开始的故事或文章用英语继续写下去或给缺失的信息补上词
少儿英语三级 （Flyers）	1. 即使不认识所有的词，也能理解关于日常话题的较长的文章 2. 能使用词典帮助自己理解陌生的词 3. 能用想法、图片或者教师给的词语编写英语故事
基础级 （Key for school）	1. 词汇包括母语为英语的国家的人日常使用的词汇 2. 能知道与个人有关的适当的词汇，如国籍、爱好、喜欢和不喜欢 3. 可以接受美式的发音、拼写和词汇 4. 能恰当使用词汇讨论日常情境 5. 能恰当使用基本词汇（A2）

续表

级别	词汇使用要求
初级 （Preliminary）	1. 词汇包括母语为英语的国家的人日常使用的词汇 2. 能知道与个人有关的适当的词汇，如国籍、爱好、喜欢和不喜欢 3. 可以接受美式的发音、拼写和词汇 4. 大体上能恰当使用日常词汇，偶尔会过度使用某些词汇 5. 能使用合适的词汇就所熟悉的话题给出观点并进行交流（B1）
中级（First）	1. 能恰当使用一些日常词汇，偶尔在使用不常见词汇时会不够准确 2. 能使用一些词汇就大量所熟悉的话题给出观点并进行交流（B2）
高级 （Advanced）	1. 能够恰当地使用大量词汇，包括不常见的词汇 2. 恰当地使用大量词汇就熟悉的和陌生的主题给出观点并进行交流 （C1）
熟练级 （Proficiency）	1. 能够有效地、准确地使用大量词汇，包括不常见的词汇 2. 恰当地使用大量词汇就陌生的和抽象的主题给出观点并进行交流 （C2）

5. 英国：Business English Certificates（BEC）（见表3-8）（http：//www.cambridge-english.org/）

表3-8　剑桥商务英语等级考试词汇使用要求

级别	词汇使用要求
商务英语初级	1. 大体上能恰当使用日常词汇，偶尔会过度使用某些词汇 2. 能使用合适的词汇就所熟悉的话题给出观点并进行交流（B1）
商务英语中级	1. 能恰当使用一些日常词汇，偶尔在使用不常见词汇时会不够准确 2. 能使用一些词汇就大量所熟悉的话题给出观点并进行交流（B2）
商务英语高级	1. 能够恰当地使用大量词汇，包括不常见的词汇 2. 恰当地使用大量词汇就熟悉的和陌生的主题给出观点并进行交流（C1）

英国剑桥大学推出了一系列剑桥英语学习及剑桥商务英语考试。剑桥英语按照学习者水平将学习者分为8级，从少儿英语一级到初级到高级和熟练级。剑桥商务英语考试分为初级、中级、高级。我们可以看到每一级都有词汇使用要求。为了使剑桥英语更具推广性和可比性，剑桥英语和《欧洲语言共同参考框架》（简称"欧框"）进行了对应，比如剑桥商务英语考试初级、中级、高级分别对应欧框的B1、B2、C1。

下面我们来看一下《欧洲语言共同参考框架》对英语词汇的要求。

6. 欧盟：Common European Framework of Reference（CEFR）（2008）
（见表 3-9）

表3-9 "欧框"对词汇的要求

级别	词汇使用要求
C2	熟练掌握丰富的常用和特殊表达法，而且熟知其中的语义内涵
C1	熟练掌握丰富的词汇，会借助迂回说法轻松弥补表达的缺陷，几乎看不出需要选词说话，懂得运用回避策略并熟练掌握成语和俗语
B2	就自己的专业和一般话题拥有比较丰富的词汇，能变换措辞，以免经常重复，但受词汇量的限制，会采用迂回说法，并且时显迟疑
B1	拥有足够的词汇，通过迂回说法，能进行有关日常生活的交际，如谈论家庭、兴趣爱好、工作、旅行、时事等
A2	拥有足够的词汇，能在自己熟悉的语境中就自己熟悉的话题处理一般的日常事务
	拥有足够的词汇，满足基本的交际需要
	拥有足够的词汇，满足最基本的生活需要
A1	会基本的单词和表达法，可进行一些具体的对话

由于欧盟成员国之间的英语水平和教育水平不一，为了使各成员国之间的英语水平具有可比性和参考性，欧盟开发了 CEFR。CEFR 将英语等级划分为三等六个级别，分别为初级使用者（A），包括入门级（A1）和基础级（A2）；中间级使用者（B），包括进阶级（B1）和高阶级（B2）；熟练使用者（C），包括流利运用级（C1）和精通级（C2）。值得注意的是以上六个级别并不是各自封闭的，我们还可以根据每一等级的标准在其基础上继续细分。它只是一个标准框架，是可修改和可扩展的。CEFR 将语言能力分为一般语言能力和语言交际能力。前者包括知识、技能、个性、学习能力等；后者包括语言学能力、社会语言学能力和语用能力三方面。CEFR 以行动为导向（action oriented），采用 can-do 模式，它把语言交际活动分为语言理解、语言产出和互动，强调通过现实的语言交流来实现交际任务。CEFR 将语言突出为一种交流的工具，注重语言的社会效用，它把语言运用的环境分成了四个方面：个人交际环境、公共场合的交际环境、工作环境和教育环境。CEFR 强调语言运用环境，因为语言是帮助学习者在特定的环境下完成特定的交际任务。具体到词汇要

求上，CEFR 各级别中对词汇使用要求的描述并不详细，尤其是高级别的要求中更加明显。这或许是因为 CEFR 是以 can-do 为基础，更重视交际活动，将词汇含了在了听、说、读、写当中的缘故。

　　以上英美等国具有代表性的课程大纲和标准均提出具体的单词使用要求，但是都未提到具体的词汇量。然而，国外有些按照词频编排的词表，如通用术语基本词汇表（General Service Word List）[120]，该词表包括 2000 个英语单词，常被用于英语课程简易读本的编写依据；大学词表（University Word List）[121]，该表包括 836 个英语基本词汇，每个英语词汇后面都标出单词出现的次数，Allen[122] 也为我们列出了 300 个常用的形容词和 1200 个常用的名词和动词。

　　此外，朗文高级英语应试词典[123]2781-2783 列出了学术词汇表。学术词汇表是新西兰梅西大学的 Averil Coxhead 于 2000 年编制。学术词汇表列出了 570 个常在学术文本中使用的词族，通过对大量书面学术文本的研究核对选定。这些词汇在人文科学、商业、法律和科学四个学术领域的文章中均有使用。学术词汇表针对书面学术文本中最常用的单词。这些词也用于报纸中，但不如在教科书中使用频繁，在小说中出现的频率更低。学术词汇表按照词族分类，以 maximise 一词为例，它的同族词包括动词的屈折变化，如 maximised、maximises 和 maximising，以及名词 maximum、maximization。假如学习者学会了动词 maximise，那么在阅读中遇到其同族词时便会认识。这些词紧密相关且意义很可能相同或相近。还有一些学术词汇没有词族，它们独立使用，没有屈折变化，如 nonetheless、so-called、behalf 等。学术词汇表旨在做参考使用，针对正在接受或准备接受用英语进行高等教育的学习者。学术词汇表重点关注非特定学科的词汇，任何学科的学生想要写出条理清晰的论文都应掌握这些词汇。学术词汇对于讲英语的大学生非常重要，尤其是阅读和写作。英语为母语者到 18 岁已掌握大约 18000~20000 词；在学校用英语接受了几年教育，每天上课两三个小时的学习者已掌握 2000~3000 词。两者相比差距很大。为了顺利地读、写，应该尽可能通过教科书学习单词并在论文中尽可能多运用。词汇量越大，越能应对学习时高要求的读和写。

　　柯林斯词典[124]对所有单词的释义及用法说明均以对英语语言实

际应用的分析研究为基础，在所使用的语料库 The Bank of English 中得到了充分展示。该词典按照单词出现的频次将单词分为五级。第一级属于使用频率最高的单词，包括 of、the、as 等语法词以及 seem、arm、interest 等十分常见的词。该级别包含近 700 词条，词形超过 1500 个。这些词是数量最少的一类词，但是由于使用频率最高，在实际语言中占的比例非常大。第二级别的词条超过 1000 个，包括 arrive、measure、promise 等单词。这些词条衍生出近 2500 个词形。该级别的词条与第一级的词条一起在全部英语语言使用中占 75%，构成了最核心的英语词汇。第三级和第四级的词条共有 4400 个，这些词语能够扩展谈话的主题范围，但我们读到或听到这些词的频率低于前两个级别的词。第五级属于低频词，有些词在使用语境上略受限制，有些可能多用于文学作品或某一专门领域。该词典中列出了属于前三个词频级别的词目词，数量超过 3000 个，如果将各词条的屈折变化形式或派生词计算在内，词形近 10000 个。

对比国内外的各种教学标准和量表后可以发现，国内的课程标准通常规定了具体的词汇数量，但是对使用词汇能做什么，达到什么样的结果并没有说明，国外的课程标准虽然很少规定具体的词汇数量，但明确说明要求学习者能够使用词汇做什么。这也与英语学习环境有关，国外多把英语作为一语（L1）或二语（L2）来学习，目的是在学校、生活及各种语境中能使用英语进行交流。而我国把英语作为一门外语学科，主要在课堂内进行学习。由于缺乏真实的语境，学习者虽掌握一定的词汇量，但不代表他们能实际应用。

目前国外使用较多的词汇表，如大学词汇表、通用术语基本词汇表，以及朗文词典和柯林斯词典根据语料库词频所列的单词表等，都为我国英语教学提供参考，是教师教学、考试、教科书编写以及词表编撰等的重要参考依据。

由上可知，我们在英语教学过程中，除按照我国各类标准要求进行教学之外，还可以参照国外的相关教学标准和量表，了解同级别的学生中，国内外学生在词汇数量和使用上分别有何具体要求。通过这种方式，取长补短，我们可以促进我国英语教学的发展。

第四节　词汇学习的意义及影响因素

了解了国内外各类课程标准对词汇数量和使用的要求后，我们来讲一下词汇学习的重要性和意义。英语学习为什么要学习词汇？

词汇是语言的三大要素之一（词汇、语音、语法），是语言的基本材料，是一切语言活动的基础，离开词汇就无法表达思想。词汇学习是英语学习的重要组成部分，掌握一定的词汇量有助于我们提高阅读、交流等水平。

作为语言学习，单词是基础，没有一定的词汇为基础，就像是没有一砖一瓦，难建成大厦。要学好英语就必须掌握一定量的词汇。任何一门语言的掌握和运用——不管是书面语还是口语，不论是写作还是翻译，都离不开词汇，所以词汇能力直接影响到一个人的听、说、读、写、译的能力，只有掌握了充足的词汇，才能听懂和读懂他人的话语和文章，才能畅所欲言地表达自己的思想，才能在交际中得心应手。实际上，人们在交际中的困难和障碍也大多是因词汇不足造成的。一般认为，词汇量越大，学习者的阅读水平就越高；口语表达就会越准确；写作时可写的内容就越多，表达的思想就越丰富，文本质量就会越高；翻译时，翻译的水准就越高、越准确。索恩伯里[1]认为如果你用大部分精力学习语法，你的英语不会提高太多；如果你多学些单词和表达方法，你的英语会有很大的长进。用语法进行的表达很有限，但是有了词汇，你几乎可以表达任何事。如果说语法是英语学习的骨架，那么词汇就是流通全身的血液。词汇的掌握直接影响听、说、读、写各项能力的发展。

此外，对英语词汇的学习和掌握，有利于我们了解英语这一语言的内部结构、词汇发展历程和单词的构词规律并有效地扩大词汇量。通过了解词汇的发展史，我们可以更好地理解单词的发展、词义的变化、语体的运用、语义特征、语义关系等，有助于学习者用词更加恰当。另外，词汇学习有助于我们更好地了解国外文化、科技、教育等。随着科技、社会的发展，新鲜的词汇不断涌现，我们只有掌握基本词汇，随时更新自己的词汇库，扩大自己的词汇量，才能更好地了解国外文化，与国外进行交流合作。

在生活和学习中，我们经常看到，学生学习英语时把大量的时间都用在背单词上，以为掌握单词英语水平就一定会提高。从小学到中学到大学，很多学生手头都有好几本词汇书，虽然背了很多单词，但是仍然不会用，英语水平也没明显提高。主要体现在：听力反应慢；口语表达困难，不会选择合适的用词；写作用词单调，句子简单；翻译时要么词不达意，要么译不出来。我们说英语词汇量是提高英语水平的重要条件之一，但不是唯一条件。词汇的学习和应用是提高英语水平的必备条件之一。

那么，影响我国中学词汇教学的主要因素有哪些呢？

首先，一方面由于目前教科书使用不统一，一些教科书中的生词率较高，复现率较低，不少师生面对严峻的挑战感到缺少对策；另一方面由于我国各地经济发展不平衡，各地中小学师资水平等不均衡，要中学生普遍达到课标要求的八级及以上要求目前确实有相当大的困难。虽然课标要求从小学三年级开始开设英语，但有的发达地区在小学一年级，甚至幼儿园，就开始学习英语，那么小学毕业时，学生词汇量就可能超过600~700的范围。然而，有些地区由于缺乏师资等因素，学生词汇量却达不到要求。针对我国发展不平衡的实际情况和教学条件，我们建议对不同地区（沿海、内地、农村和边疆）提出不同的要求，允许条件较差的地区逐步改善条件达到要求。另外，目前我国中小学教学应试教育还比较明显。以往研究表明3000个词汇能满足基本的英语日常交流，也就是说，高中毕业的学生应该基本达到自由交流的水平，但实际上中东部、沿海地区中学生能运用基本词汇进行交流的也不是很多，更不用说经济欠发达地区的中学生了。学生要有效掌握词汇，不能只会做题，而应在具体的语境中使用，在生活中多使用，熟能生巧，通过实际运用更能有效记忆单词，扩大词汇量。

其次，影响词汇学习和教学的另一个问题是时长的问题。Clark认为儿童学习母语的最初三四年里，大约需要10000小时来学习、练习和使用母语[125]。但是，儿童直到大约五岁时才可以进行基本的产出和交流，而这需要掌握大量的词汇和句法。此外，要想成为专家、熟练的语言使用者，学习者还需大约 25000 小时的时长来接触母语，并且进行大量地、不断地练习。那么，在我国外语课堂环境下学习语言，我们花了多长时间呢？如果我们每天课堂学习 1 小时，每周就是 5 小时，每学年以 40 周来算的话，总时长就是 200 小时。我们从小学三年级开始学习外语到高中毕业需要 10 年，也就是说，我们课堂学习外语的时长大约为 2000 小时。这远远低于学习母语的儿童最初 4 年的学习时长。我国学习者用儿童学习母语的 1/5 的时间去掌握 3300 个单词，并能"运用词汇理解和表达不同的功能、意图和态度；运用词汇描述比较复杂的事物、行为和特征，说明概念等"。这对于一些学习者来说确实有些困难，更不用说我国学习者学习时间是断断续续的，不是短期强化的学习了，加上实际上我国中小学课堂英语教学的时长还远远没有达到这个数量。

本章小结

　　本章在介绍了词频和词表的基础上，对比了国内外主要教学课程标准和考试对词汇数量和使用的要求，发现国内课标和考试大纲都有具体的词汇量要求，对词汇使用要求较宽泛；而国外的课标虽然大都没有具体词汇量要求，但是对词汇使用都有具体的要求，更加强调语言交际。词汇学习无疑是英语教授和学习中不可或缺的部分。英语教学出现了各类理论，那么，这些不同的教学理论如何与词汇教学联系在一起？掌握一个单词的标准是什么？英语词汇教学教什么？英语词汇学习有没有策略和方法？我们将在以下几章介绍。

第四章　相关理论指导下的词汇教学

　　对于外语学习者来说，词汇学习占据着非常重要的位置，词汇能力是构成语言能力的重要因素。20世纪80年代以来，关于词汇教学的研究逐渐繁荣起来，国内外研究者逐渐提出了词汇教学中的一些具体方法。然而，由于种种原因，我国目前的英语词汇教学效果还不是很理想，词汇学习仍然是大多数学生学习英语过程中遇到的主要问题。本章介绍几种主要的语言学及二语习得理论指导下的词汇教学方法。全章共涉及五种理论，对应的内容依次为词块理论与词汇教学、图式理论与词汇教学、任务型语言教学与词汇教学、认知语言学与词汇教学，以及语料库语言学与词汇教学，旨在为我国的英语词汇教学提供理论上的指导与支撑。

第一节 词块理论与词汇教学

随着语料库语言学的迅速发展，许多学者在基于大量的语料统计分析的基础上指出，人们自然话语中大约 70% 是由固定或半固定的词汇板块构成的，因此，语言教授和学习的一个焦点应放在固定搭配、成语、固定或半固定性短语等常用、典型的词块上。以语法为中心的传统教学理论认为词汇是相互孤立的单个词的集合，词汇的作用是表义，用来说明语法的意义和范围。词块理论则认为词汇和语法并不是相互孤立的，它们之间还存在许多同时兼有词汇和句法特征的半固定结构，是语法、语义和语境的结合体。本节将重点介绍词块理论及其对词汇教学的启示。

一、词块的定义

为了更好地理解词块，我们在此再一次详细介绍词块的定义和类型。词块这一概念最早是由 Becker 在 1975 年提出的，是集词汇和语法特征为一体的语言组块。由于这些组块使用的频繁性和有效性，它们在语言的记忆和存储、输出和使用中经常被当作一个词或一个单位直接提取。Becker 认为，当人们需要进行语言表达时，可以从记忆库中整体调取那些预制的语块，然后经过细微加工，就可以产出流利地道的语句[126]。Wray 则把词块定义为"一串预制的连贯或不连贯的词或其他意义单位，它整体存储在记忆中，使用时直接提取，无须语法生成和分析"[35]9。Lewis 把这样的词汇组合称为"词汇组块"[7]（lexical chunks），简称"词块"，其他学者还赋予了它各种不同的名称。

Wray 发现至少有 50 多个术语可以指代多词单位现象[35]。例如 chunks、formulaic speech、multi-word units、collocations、formulas、prefabricated routines、conventionalized forms、ready-made utterances 等。Schmitt 借用盲人摸象的故事来形容这种状况[106]。他认为研究者似乎关注了词块使用的不同方面。例如，Nattinger 和 DeCarrico[32] 强调语言及其功能使用，因此称为"词汇短语"（lexical phrases）。搭配

（collocations）则强调词与词之间的关系。预制短语和语块则强调语言形式的整体存储。国内学者马广惠指出，国内也存在英语术语译法不一的情况，这种状况不利于多词单位的理论研究和习得研究，也不利于人们对不同研究进行比较并从中得出普遍性的结论，更不利于指导二语教学[127]。简言之，词块就是那些事先预制好的被频繁使用的多个词的组合，这种词汇组合有自己的特定结构和稳定的意义。

二、词块的类型

根据研究角度和侧重点的不同，词块可以有不同的分类方式。不过Wray 强调，词块是一个复杂的连续体，不同的类型之间并没有一个绝对的界限，可能会有重叠现象[35]。目前经常使用的分类法是 Nattinger 和 DeCarrico[32]提倡的四分法，他们从结构和功能的角度把词块分为四类：多元词词块（polywords）、习俗语词块（institutionalized expressions）、短语架构词块（phrasal constraints）、句子组构词块（sentence builders）。多元词词块是指由一个以上单词组成的不可拆分、不能替换其中的任何一个词的固定短语，作用相当于一个单词，如 for example、at once、once upon a time 等。习俗语词块是指那些整体储存在记忆库中，不允许有任何变动，可以作为独立句子使用的语言构块，一般包括谚语、警句和约定俗成的交际套语等，如 "Like father, like son." "As you make your bed, so you must lie on it." "How are you？"等。短语架构词块是指一些半固定性的框架式短语，其中的某些词汇可以被同类型的词或短语替换，如 as far as I'm/ learning English is concerned 等。句子组构词块是指那些用在句首，为整个句子提供框架结构的短语和可根据具体情况填入适当的单词、短语或从句等，可变性较强，如 "Could you possibly..." "My opinion is that..." "Let us start with..."等。

依照词汇内部的语义联系和句法功能，Lewis[7]把词块分成四类：（1）聚合词（polywords），如 pen、by the way 等能在字典直接查到的单词和固定组合。（2）搭配词（collocations），如 achieve success、learn by heart/from experience 等固定或不固定的搭配。（3）惯用话语（institutionalized utterances），如："What's the matter？" "If I were you，I'd…"等更具口语特征的句型。（4）句子框架和引语（sentence frames and heads），如："It is true that…，but…"等书面语特征的句型。

索恩伯里[1]认为，在不同的类型的词块之中，下列类型就教学目的而言最为重要。（1）搭配，如 widely travelled、rich and famous、set the table；（2）短语动词，如 get up、run out of、go on about；（3）习语、谚语，如 hell for leather、as old as the hills；（4）句子结构，如"Would you mind if…？""The thing is…""I'd…if I were you."；（5）社交套话，如 see you later、have a nice day、yours sincerely；（6）话语标记语，如 frankly speaking、on the other hand、once upon a time。

三、词块的功能

词块在语言的使用中之所以如此普遍，原因在于它们可以实现大量的指称、语篇以及交际功能。词块可以用来指称某个概念，表达某一事实或建议，提供寒暄语表达，表示语篇组织等。当考虑语用功能时，语块在语言的使用中变得更为重要。根据已有的关于词块研究的文献，词块主要有以下三种功能。

首先，词块的使用可以降低学习者语言加工的时间，可以提高语言使用者的流利性。Pawley 和 Syder 认为，母语说话者在加工语言方面存在认知局限，但是他们似乎可以产出超出限制的语言[128]。通常来讲，母语者能够加工的新的最大的话语单位是 8~10 个单词长度的小句。但是，母语说话者却能够流利地讲出类似以下多个小句的话语。

（1）You shouldn't believe everything you hear.

（2）You can lead a horse to water，but you can't make him drink.

上面的两个例子中例（2）包含的单词比例（1）多，超出了 8~10 个单词的限制。然而，母语说话者却能够毫不犹豫地讲出上面的句子。Pawley 和 Syder 认为，说话者能够流利地产出上述话语的原因在于它们已经被作为预制的短语储存在记忆中，当说话者产出语言的时候，他们可以立即提取这些词块，而不需要将单个孤立的词进行组装。说话者储存了大量的词块目的就是弥补有限的工作记忆容量。

其次，词块有助于提高学习者语言表达的地道性。词块是本族语使用者在长期的使用中形成的习惯表达，是本族语者的思维方式和造词倾向的反映。学习者在使用词块进行交流时，可以避免母语的干扰和语境的使用不当，这是因为词块具有较强的语用功能，在某种特定语境下反复使用这些词块，便会使语言的运用更为得体。例如：在交际出现困难时，我们通常可以这样说"Excuse me. I'm afraid I can't follow you.""I beg your pardon？""Pardon？"。而在请求允许时，则使用诸如"May/Can/Could I…""I wonder if you could…""Do you mind if I…"等词块。

最后，词块有利于提高学习者的组织能力和语篇理解能力。无论是在书面语篇还是口语语篇中，词块都是一种常见的表示语篇组织的方式。例如：in other words、in conclusion、as I was saying 等。有些词块具有话语设置功能，在整个语篇中起衔接、组织作用。例如："as far as I'm concerned""in my opinion"表示表达说话人自己的观点；"for one thing…, for another…"表示列举两个原因；"not only…but also …""what's more""in addition"则用来表示递进的内容。了解这些词块，可以帮助学习者从宏观上把握语篇，了解语篇的逻辑关系，从而促进对整个语篇的理解。

除上述在语言学习中的三大功能之外，词块还可以被用来实现一些其他的功能。这些功能包括：（1）言语行为。比如 I'm very sorry to hear about… 可以用来表示同情，I'll be happy/glad to… 可以表示回应某一请求。由于某一言语社团的成员熟悉这些表达方式，它们成为产生相关的言语行为的可靠的途径。（2）社会互动。在日常生活中，人们常常会产生很多简短的对话，这些对话的目的并不是真正传递信息，而是表达彼此的一种团结。例如，"Nice weather today.""Cold, isn't it？"。（3）准确的信息传递。这一点尤其体现在科技词汇方面。

四、词块理论指导下的词汇教学

词块在语言习得和语言行为中起着至关重要的作用。在词汇和语法学习中把单词放在词块中和具体语境中学习，在使用中掌握，使词汇意义、语法作用和语用意义有机地结合在一起，可以提高学习者运用词语的能力。一方面，教师应尽力帮助学生找出语言材料中的词块。另一方面，教师应当给学生提供相关语境从而让学生对这些词块进行大量的训练。只有这样学生才能从实践中感知词汇的生成规律和作用，才能在语言的具体运用中获得语言能力，语言才能真正为学生所掌握。在实际的教学中，基于词块理论的词汇教学可以分为三个阶段，即树立词块意识、辨认与讲解词块、巩固和运用词块。

首先，教师应有意识地提高学生对词块的敏感性，逐渐培养学生对词块的识别能力和应用能力。教师应该让学生注意、接触和积累大量的真实性语言材料中的词块。歌曲、广告词等都可以成为含有词块的真实语料。下面的例子选自歌唱组合 Spice girls 的一首颇受欢迎的歌曲 *Wannabe*，歌词如下所示：

Yo, say you what I want, what I really really want,

So tell me what you want, what you really really want,

I'll tell you what I want, what I really really want,

So tell me what you want, what you really really want,

I wanna, I wanna, I wanna, I wanna, I wanna really

really really wanna zigazig ha.

If you want my future, forget my past,

If you wanna get with me, better make it fast,

Now don't go wasting my precious time,

Get your act together, we could be just fine.

If you wanna be my lover, you gotta get with my friends,

Make it last forever friendship never ends,

If you wanna be my lover, you have got to give,

Taking is too easy, but that's the way it is.

What do you think about that now you know how I feel,

Say you can handle my love, are you for real,

I won't be hasty, I'll give you a try.

If you really bug me, then I'll say goodbye.

跟很多流行歌曲一样，上面的歌词含有大量的词块，其中有句式 "I'll tell you what I" "What I really want(is…)" "If you wanna … better …" "If you really ..." "then I'll ..."；也有很多的搭配，如 waste my precious time、take it easy、give you a try；还有流行语，如 better make it fast、get your act together、that's the way it is 等。

学生在预习课文时，不仅要获取课文相关背景信息，而且还要自觉标出文中每个段落出现的词块，增加词块的库存。教师可以让学生画出文字中的词块，可以要求阅读水平较低的学生只画出名词－名词、动词－名词、形容词－名词等由基本词构成的常用词块。这样既可以增强词块意识又可以熟悉常用词块。

事实上，词块识别可能是词汇研究中最大的问题。目前，最普遍的识别词块的方法就是利用语料库统计的方法。该方法的基本思想是，以频率为基础识别那些在语料库中重复出现的序列。使用语料库的好处是可以快速地自动生成结果。教师可以使用索引工具从语料库中提取数行某词构成词块的索引行，展示词块出现的语境，让学生去发现它组合的规律，从而让学生可以更准确地掌握词的意义和用法。例如，图 4-1 是关于单词 take 的索引行，教师可以让学生找出 take 的常用搭配，并进行讲解。

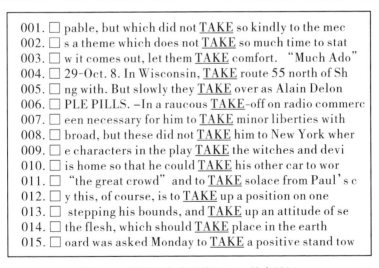

```
001. ☐ pable, but which did not TAKE so kindly to the mec
002. ☐ s a theme which does not TAKE so much time to stat
003. ☐ w it comes out, let them TAKE comfort. "Much Ado"
004. ☐ 29-Oct. 8. In Wisconsin, TAKE route 55 north of Sh
005. ☐ ng with. But slowly they TAKE over as Alain Delon
006. ☐ PLE PILLS. –In a raucous TAKE-off on radio commerc
007. ☐ een necessary for him to TAKE minor liberties with
008. ☐ broad, but these did not TAKE him to New York wher
009. ☐ e characters in the play TAKE the witches and devi
010. ☐ is home so that he could TAKE his other car to wor
011. ☐ "the great crowd" and to TAKE solace from Paul's c
012. ☐ y this, of course, is to TAKE up a position on one
013. ☐ stepping his bounds, and TAKE up an attitude of se
014. ☐ the flesh, which should TAKE place in the earth
015. ☐ oard was asked Monday to TAKE a positive stand tow
```

图 4-1 语料库中关于单词 take 的索引行

此外，教师应努力创造机会让学生产出词块。教师除督促学生识记词块外，还应该为学生创造更多的词块产出机会，鼓励学生在操练中巩固词块。在课前预习时，教师可针对文章内容设置一些问题，让学生运用文中的词块进行回答。教师给出一段文章，让学生快速浏览后进行词块完形练习，或将某些关键词块隐去，让学生根据上下文将其补全。这样既巩固了语言知识，又提高了语言应用能力。词块练习可以有很多种形式，以下介绍常用的一些形式供教师在实际教学中参考。

1. 多词组合练习

请将以下第一栏中的短语与第二栏单词进行配对，使其与第三栏中的单词意思相对应。

List 1	List 2	List 3
（1）by and	end	immediately
（2）every now and	run	occasionally
（3）once in a blue	then	repeatedly
（4）in the long	again	ultimately
（5）in the	away	rarely
（6）straight	now	eventually
（7）there and	moon	immediately
（8）time and	large	previously
（9）up to	then	generally

答案：

（1）by and large：generally

（2）every now and then：occasionally

（3）once in a blue moon：rarely

（4）in the long run：ultimately

（5）in the end：eventually

（6）straight away：immediately

（7）there and then：immediately

（8）time and again：repeatedly

（9）up to now：previously

2. 搭配练习

以下每组词中均有一个词与所给的大写单词不常搭配使用，请将这个词找出来。

（1）BRIGHT　idea　green　smell　child　day　room

（2）LIGHT　traffic　work　day　entertainment　suitcase　rain

green　lunch

（3）NEW　experience　job　food　potatoes　baby　situation　year

（4）HIGH　season　price　opinion　spirits　house　time priority

（5）MAIN　point　reason　effect　entrance　speed　road　meal course

（6）STRONG　possibility　doubt　smell　influence　views coffee　language

（7）SERIOUS　advantage　situation　relationship　illness crime　matter

答案：（1）smell；（2）entertainment；（3）baby；（4）house；（5）speed；（6）doubt；（7）advantage

3. 句子排列

请将以下带有 get 的句子进行合理排序，使其符合固定的用法。

（1）Things much can't worse get.

（2）What we to there are supposed time get？

（3）We've we as as the for can far moment got.

（4）We be to don't anywhere seem getting.

（5）What you I can get？

答案：

（1）Things can't get much worse.

（2）What time are we supposed to get there？

（3）We've got as far as we can for the moment.

（4）We don't seem to be getting anywhere.

（5）What can I get you？

4. 相关动词练习

请以 speak、talk、say 和 tell 四个词的正确形式补全下列句子。

（1）Did you enjoy your trip？ You must _____ us all about it.

（2）If I may _____ so, that doesn't sound a very good idea to me.

（3）She gets very lonely since her husband died. She has nobody to

_____ to, you see.

（4）I can't _____ for anyone else, but I think it's a good idea.

（5）If you think it would help, you know you can _____ to me about it at any time.

（6）It's still a secret, you know. I hope you didn't _____ anything to anybody.

（7）Could you _____ me the time, please？

（8）He _____ about football all the time. It gets very boring.

答案：（1）tell；（2）say；（3）talk；（4）speak；（5）talk；（6）say；（7）tell；（8）talks

5. 意大利面式匹配练习

请根据下面的图找出所给的形容词与名词的搭配。

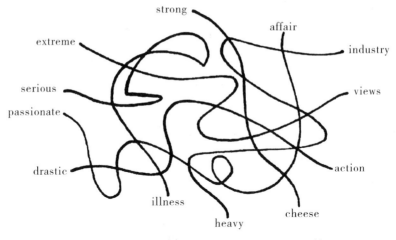

如 serious illness、drastic action、extreme views 等。

其他形式的词块训练还包括汉英词块配对练习、改正错误搭配练习，这样的练习可以让学生更好地了解英语和汉语不同的搭配，消除错误印象，强化正确搭配。高水平的学生可以多做习语搭配的练习，或者在读文章或听文章、对话后多做概括大意训练，以使短时记忆中的词块在语言输出中得以强化。

第二节　图式理论与词汇教学

图式理论是理解认知过程的著名的理论框架，最近二三十年图式理论在我国得到了很大的发展。图式理论因科学地反映了人们的认知方式而被广泛地应用在各个领域，在英语阅读、听力等教学实践应用中都发挥了积极的作用。图式理论应用于词汇教学，将为词汇教学带来新思路和新方法，为改变词汇教学既有模式提供理论基础和实践依据。

一、图式的概念

图式(schema)最早由哲学家康德提出。他认为，新的信息、新的概念、新的思想只有与个人已有的知识建立起联系才具有意义。现代心理学研究中则是英国心理学家 Bartlett 最早应用图式概念的。Bartlett 认为图式是对先前反应或经验的一种积极组织，也就是说图式是由过去的经验组成的。图式会对获得的材料进行重建和改造，使人的认识受先前经验的影响。美国人工智能专家 Rumelhart 把图式概念发展成了一种完整的现代图式理论，并为完善这一理论做出了重要贡献[78]22-58。他把图式称为以等级层次形式储存在长时记忆中的一组"相互作用的知识结构"或"构成认知能力的建筑砌块"。Malley 等人认为，图式是长期记忆中信息储存的一种方式，是围绕一个共同题目或主题组织起来的大型信息结构，其规模大于命题网络[129]232。图式的典型结构是按层次组织，使信息子集归入更大、包容更广的概念之中。而 Anderson 则用更为专业化的术语将其描述为一种范畴的体现（ representation ），包括其为何物、通常具有哪些部分，具有何种典型特征[130]。

人们大脑中储存着各种各样的图式，每一个图式，无论在哪一个层次上，都各自代表着一个知识单位，或一个字母形状及发音，或一物体外形及其特征，或一概念，或一命题，或一角色，或一事件，或一场景，或一故事，或对世界总的看法等[132]。尽管这些图式数目庞大，层次繁杂，但它们都是有组织、有系统地排列在一起的，其中任何一个都或密或疏地与另外一个相连接。每当有新的知识进入大脑，就有新的图式被编入这个巨大的网络中。图式是认知构架，它使信息有条不紊地储存在长时记忆中，它给读者的预测提供依据，给读者提供一种参考。没有图式基础，就不能对外部信息的输入进行交互作用的认识。图式是人脑对过去知识的储存方式，它与人类的记忆结构相联系，所以图式对语言认知具有指导和组织作用。

二、图式的分类

总的来说，图式被看作是一个复杂的网络体系，学者们也提出了不同的图式分类。Carrell 将图式划分为关于认知世界的内容图式和关于修辞结构的形式图式[132]。内容图式是关于文本内容的背景知识或者是一个文本谈论的话题，包括具体的知识体系、价值观、文化习俗、先前经验等。任何一种语言都不是单词、句子和句法的简单组合，它同样传递了关于一个民族的文化内涵。例如关于婚礼这一话题，美国人可能想到的有关词汇是求婚戒指、单身派对、结婚蛋糕等；而对于中国人想到的可能是嫁妆、婚宴、旗袍等，情况就大大不同了。形式图式是关于不同类型的文本中修辞结构的背景知识。比如信函、故事等，都有其约定俗成的结构，正是这些如惯例般的知识帮助人们去理解新的知识和回想旧知识。总的来说，不同类型的文本在文本组织、语言结构和正式程度方面不尽相同。例如当书写一篇小说的时候，我们会给出时间、地点、人物、事件等诸多要素；但当书写一篇商务信函的时候，我们就该遵循完整、清晰、具体、准确、礼貌的原则。

Cook 将图式分为三种：语言、文本和世界图式，对应的内容分别是语言、文本结构（类型、风格等）和世界共有的文本知识[133]。在不同的领域，学者们根据研究的需要对图式进行了不同的分类，这使人们对图式有了更加全面的了解，从而更好地利用图式。在语篇理解研究中，Bower 和 Cirilo 把图式分成故事图式（story schema）和说明文图式（expository schema）两种类型[134]。Kramsch 则认同语篇图式（text schemata）、风格图式（genre schemata）和内容图式（content schemata）这样的归类方式[135]。Howard 总结了五种类型的图式：场景图式、事件图式、故事图式、人物图式和行为图式[136]。场景图式用于描述在垂直或水平的空间维度中事物的安排。事件图式是对典型活动中的先后次序有组织的认识。故事图式可以帮助人们理解存在于不同文化中的故事，这类图式可以被特定的信息表达，例如环境、主要人物、片段等。通过填充动机、兴趣、个性特征等的空位，人物图式能够让我们理解和预言他人的行为。行为图式可以被看作是一种事件图式，只表示一些程序的知识，比如打网球。

三、图式理论指导下的词汇教学

图式理论为外语教学提供的重要启示之一就是重视学习者已有的知识在学习过程中的作用。为了使学习者能够有效地对信息进行加工，教师应该努力激发学习者大脑中与新的学习内容有关的图式。正因为如此，很多的学者倡导培养学习者的元认知策略，以便能够激发学习者已有的图式。例如，教师在阅读教学中指导学生阅读文章标题或利用文中的图片对文章内容进行推测。学习者须在语言学习过程中尽可能建立相应的适当的语言图式，而教师可以帮助学习者激活已有的图式，利用新图式培养学习者对新词词义的理解能力，以此提高其记忆效率。在实际的教学中，教师可以利用下面的方式帮助学习者提高英语词汇量。

（一）借助语境猜测词义

简言之，图式是人脑中先前知识的结构，是一种背景知识。阅读对象即文章本身不具备任何意义，意义蕴藏在读者的脑海里，读者对文章的理解程度取决于读者阅读过程中对大脑中相关的图式知识的激活程度。如果读者大脑不具备相关的图式，或者读者虽然具备了相关图式，但由于种种原因未能激活它，那么文章的各个方面就得不到解释说明。图式阅读理论还认为，图式的激活存在两种情况：一种是自下而上的（被称为"材料驱动"），另一种是自上而下的（被称为"概念驱动"）。概念驱动是一种预期驱动，也就是顶层的图式知识可以用来对阅读内容进行预测。如一篇文章的题目，从表面上看只不过是几个字，但从心理上它唤起了一系列关于该文章所述主题的图式知识，从而激活了一系列低层次的图式。读者的丰富图式知识可以弥补其低层次的字面解码能力的不足。换句话讲，就是利用图式帮助理解低层次的词汇知识[131]。

比如阅读下面一个以"Seeing the Doctor"为标题的对话，虽然有新单词，但我们可以借助大脑中的图式来猜测词义。

Doctor : What's the matter with you ?

Patient : I coughed and coughed and I feel terrible. I have a fever. I have a sore throat.

Doctor : Let me feel your pulse.

Patient : What's wrong with me ?

Doctor : Not serious, you've got a flu. I'll give you some medicine first, if it doesn't work, I will give you an injection.

Patient : Thank you, doctor.

在这样一个对话中，虽然 sore、pulse、flu、injection 是新单词，但即便是初学者也能利用丰富的图式猜测词义。一提到看病，大脑中会有相关图式，咳嗽（cough）会导致嗓子发炎、肿痛（sore）。诊断病情，医生先会把脉（pulse）。咳嗽、发烧等是流行感冒（flu）的症状。

再比如，以下几个例子都可以为我们提供语境知识，帮助确定词义。

（1）He is good at cutting woods or stones, so he can certainly carve your name on a pen for you.

通过上文 cutting，推测出 carve 是"刻写"之意。

（2）Most of us agreed ; however, Bill dissented.

由表转折的词 however，可推出 dissented 就是"不同意"的意思。

（3）Was the peach ripe or green ?

句中 ripe 是"成熟的"的意思，依上文可推出 green 是"生的，未成熟的"之意。

（4）Edison is famous for his hundreds of inventions.

通过 Edison 这个人，联想到他一生的成就，则可知 inventions 是"发明"之意。

同样地，语境还能够帮助消除由于一词多义所产生的歧义。例如，country 既可以指"国家"，也可以指"农村"。如果只给出一个独立的句子 I love the country，就可能使人产生歧义。但是若在句子后面增加修饰语 whose independence I have been fighting for，那么句子中的

country 就是"国家"之意。但是如果添加修饰语 where rolling fields disappear into the distance，那么句中的 country 就表示"乡村"。

综上所述，利用图式，在语境当中猜测词义是词汇习得的一个策略。创造丰富的词汇语境，提高词汇的可理解性，对词汇习得有促进作用。教师要鼓励学生在语境中通过认知来接受词汇知识。

（二）创建图式学习单词

词汇的学习需要丰富的语境，同一个词在不同的语境中，表达的概念意义、感情色彩等不同。图式在阅读中被普遍看作是一种背景知识。我们在学习、记忆词汇时也需要一种背景作为依托，因此将不同的语境有机地联系在一起，构建成以目标词为核心的图式，为词汇学习找到丰富的语境，提高词汇复现率，从而有助于词汇的记忆及其产出能力的提高。教师可以创设语境加深对词汇的理解。例如，学习 made up 这个词组时，教师在一个语境中可以综合多个用法。如：

I made up this morning for the date with my boyfriend. We quarreled yesterday, because he made up a lie on his being late. He said sorry and made up a funny joke to please me, so I made up my mind to forgive him.

在上面的段落中，make up 总共出现了四次。整段话通俗易懂，学生可以较为容易地理解 make up 不同的意思。同时，目标词汇不同的意义又联系在一起构成一种背景知识，目标词以后无论以哪种意义出现时，都会激活整个图式中关于 make up 的其他义项。

英国语言学家 Lyons John 指出每一种语言在词语上的差异都会反映出使用这种社会语言的社会事物、习俗以及各种活动在文化方面的重要特征。英语和汉语在文化中存在差异的现象随处可见，同样的一个单词在两种语言中有着不同的文化内涵，例如中西方对于颜色的感知就大相径庭。在汉语中，蓝色往往象征着宁静、安详，而在英语中蓝色象征着忧郁和感伤（blue mood，即"忧郁的心情"）；红色作为中国文化中最被人崇尚的色彩，象征了吉祥、喜庆、繁华、热闹，而在西方文化中，红色却多和血腥、暴力、恐怖和危险联系起来（red ruin，即"火灾"）。英语的发展离不开宗教的影响，所以很多古希腊神话以及圣经中的典故都极大地丰富了词汇的含义，而这一类的神话或典故对于中国的学生来说完全是文化缺失的一部分。在词汇的教学过程中，教师通过对两种不同文化现象的对比或者对文化缺失的弥补，帮助学生在激活已有图式的基础上，积极构建新的图式，从而更好地记忆和理解英语词汇。

以人民教育出版社出版的高中英语教材第三册第一单元"Festivals around the world"为例，课文中介绍了各国的节日，其中包括中国的春节和西方的圣诞节。虽然都是对新年的庆祝，但是两种节日却承载了不同的文化内涵，尤其是圣诞节，具有浓厚的宗教色彩。中国的春节所涉及的词汇主要有水饺（dumpling）、压岁钱（lucky money）、舞龙（dragon dance）、鞭炮（firecracker）等。而一提到圣诞节，人们想到的肯定是圣诞老人（Santa Clause）、圣诞袜（Christmas sock）、圣诞树（Christmas tree）、火鸡（turkey）等。所以，两种节日的对比更进一步体现了两种文化的差异，从而形成新的文化图式和词汇图式。

（三）借助词汇语义场学习单词

20 世纪 30 年代，德国语言学家 Trier 提出了语言词汇结构的语义场（semantic field theory）理论，该理论认为语言词汇中的各个词在语义上互相关联、相互制约，共同构成一个完整的、不断变化的词汇系统。它们不是彼此孤立地存在着，而是在一个共同概念的支配下结合在一起组成一个语义场，有的词表示种概念（species），有的词表示类概念（genus）。例如，当提到 student 人们很容易首先会联想到 teacher、classmate、classroom、school、book，还会联想到 maths、Chinese、subject，进而会联想到 read、study、test、exam 等。

词的概念在记忆中以网络形式存在，而网络是有层级的。记忆中的每个词都表现为网络中一定层级上的一个节点，并以上位－下位的形式连接成为有逻辑联系的层次网络。利用上下义关系把词汇用组块化排列后归类在同一概念支配下的语义场内，便于学会词汇和丰富词汇。我们能够记住大量的词语，就是因为这些词语是根据语义特点储存在长时记忆中的。因此，学生只要掌握某些语义图式，产生语义记忆，他们就可以利用推理、分析、对比等方法理解和记忆单词，即可以将图式的推论作用和语义记忆的推论作用相结合，去激活语义场图式，提高记忆效率。

学习者可以利用单词间的同义关系、反义关系、范畴关系来进行联想记忆。在词汇学习过程中通过这些关系将所学词汇分门别类，触类旁通，以便记得更多更牢。第一种是由某一个词联想到与其词义相近的旧词，如学习 merry 时，引导学生回忆相近的词，如 glad、happy、nice等。第二种是由某一个词联想到与其词义相反的旧词，如学习 employ 时，引导学生去想其反义词 fire。第三种包括（1）由某一个词联想到与其同类的词，如学习 geography 时，可联系 history、chemistry、biology、mathematics、physics；（2）以某一个词为中心联想到与其相关的所有的旧词，形成一个大的语义场，如由 body 引导学生联想到身体的各部位及动作，想到人的穿着、活动、各种修饰词等。这种语义联想有利于拓展学生的思维空间，对所学单词进行归类记忆，以丰富词汇。

教师可以通过树形图、图表等形象手段对各个语义场进行分类、归纳，帮助学生理解、消化所学习的词汇。比如，在给学生讲解上下义关系时，教师可以提醒他们在必要时使用上义词来概括同一类事物，使行文更加简练。例如，可以使用 furniture 来概括 chairs、tables、desks、beds、cupboards 等单词；用 stationery 来概括 pens、pencils、paper 等；用 organ 来概括 heart、liver、kidney、stomach 等单词。除此之外，教师也可以引导学生运用主题联想策略深化对词汇的学习。目前，大多数教材一般都是围绕话题呈现词汇，这样的教材设计方式更注重词汇的关联性，有利于学生建立"场"的概念和意识。例如，高中英语教材中关于计算机方面的词汇较多。教师可以围绕中心词 computer 引导学生联想更多的相关词汇，并形成多个语义场：与计算机用途相关的语义场，包括 drawing and designing、playing games、searching for information、sending and receiving emails、word processing 等；与计算机操作相关的语义场，如 input、output、store、delete、insert、download、copy、operate 等。

教师可以采用头脑风暴的教学方法，充分调动学生的积极性并引导学生积极思考。通过话题对词汇进行分类处理，既能帮助学生扩展词汇，预测或复习课文内容，又可以帮助学生建立起新旧知识之间的联系，深化对课文内容的理解。利用这种语义场图式可避免孤立学词的缺陷，把有关的词串联起来便于记忆，可以成批地掌握词汇，而且还可以在这些材料的基础上大量进行问答等言语实践，使所记的词汇得到充分的复习和运用，内化并牢固地储存在记忆中，从而提高运用语言的能力。图式理论在强调背景知识对人的认知活动起决定作用的同时，并没有忽视图式的基础部分，即语言因素（特别是词汇的）作用，因为词汇毕竟是表达、建立、调整、修改和完善各种图式的基础。因此，用图式理论指导词汇教学不仅是必要的，而且是行之有效的。

第三节　任务型语言教学与词汇教学

任务型语言教学是20世纪80年代兴起的一种外语教学法。它以设计、执行和完成任务为教学的主要手段和目的，关注学习者的学习过程。任务型教学模式区别于其他交际教学模式最根本的特点就是它更强调采用具有明确目标的任务来帮助语言学习者更主动地学习和运用语言。任务型词汇教学指的是在进行词汇教学时渗透任务型教学理念，在词汇的呈现、讲解和复习等各个环节设计一系列有意义的任务和活动，让学生在完成任务的过程中加深词汇的理解和记忆，掌握词汇的意义和用法。基于任务的词汇教学主要是指学习者在完成任务过程中的词汇附带习得。

一、任务与任务类型

尽管"任务"在语言教学文献中是一个流行词，但使用者对这一术语的理解或解释却不尽相同。Prabhu将任务定义为需要学习者通过一些思考的过程由所给的信息而达到某种结果的一种活动，并且教师应对这一过程进行控制或调控[137]。Candlin将任务定义为一组涉及学习者的认知和交际过程，以集体的形式对已知和新信息进行探究，在社会语境中完成某一预期或临时目标的可区别的、相互关联的问题指向型活动[138]。Nunan给交际任务下的定义是：在课堂上用目的语做一件事，涉及对语言的理解操作、运用和学生之间的互动。学生的注意力主要集中在意义的表达上，而不是在形式上，任务应该意义完整，可作为交际行为独成一体[139]。Skehan认为任务应该是这样一种活动：意义是第一位的，活动总应该由一些交际方面的问题去完成，与现实中的活动有某种联系，应以完成任务为重点，任务应按结果去评价[62]。

按照不同的维度，任务可以分为很多不同的类型。依照任务聚焦的语言技能的不同，可以分为听力任务、口语任务、阅读任务和写作任务。Willis把任务活动分为以下六种类型：编目（listing）、排序与分类（ordering and sorting）、对比（comparing）、解决问题（problem solving）、个人经历（personal experience）、创造性任务（creative tasks）[140]。这六种类型的任务可以用于各种话题以及听、说、读、写各类语言技能的培养。这六种类型的任务既可以单独进行，也可以组合进行。Pica、Kanagy 和 Falodun 按照互动的方式将任务分成五种：拼图式任务（jigsaw tasks）、信息差型任务（information-gap tasks）、解决问题型任务（problem-solving tasks）、选择决定型任务（decision-making tasks）、交换观点型任务（opinion exchange tasks）[141]。Ellis 将任务分为聚焦型任务（focused tasks）和非聚焦型任务（unfocused tasks）[142]。聚焦型任务引导学生加工某些特定的语言结构，而非聚焦型任务则不要求学生使用某些特定的语言结构或特征。

二、词汇附带习得及其影响因素

关于词汇学习的方式，Hulstijn 分为有意学习和附带学习两种[143]。有意学习是指学生刻意地背记单词，如通过背词汇表或者做词汇练习来记单词；而词汇附带习得是指学习者在进行有意义的语言使用活动或学习活动时（如阅读文章、听英文歌曲），其注意力并非在词汇上，却无意中增加了词汇知识，是一种注意力聚焦于其他活动时顺带发生的词汇认知活动。Schmitt 认为，学习者不大可能仅通过显性学习的方式掌握大量的词汇[144]。除显性学习之外，附带学习也是词汇学习的一个重要形式。

已有的研究表明，二语词汇附带习得的效果受很多因素的影响，而且这些因素之间又相互作用。苗丽霞指出影响因素研究大体分为两类：学习者因素研究和语篇因素研究。学习者因素包括语言和非语言两个方面，主要指学习者二语水平、元认知策略、词汇学习动机，以及词汇学习策略等；语篇因素主要指文本的类型、目标词的复现频数，以及文本输入模态等。[145]盖淑华认为影响二语词汇附带习得过程的因素来源可以分为三种：语篇因素、学习者因素和词汇本体因素。其中，以下三个方面的影响比较突出[146]。

（一）学习者已有的词汇量

Laufer 通过词汇水平与阅读能力的相关性研究发现，只有当学习者达到 3000 词族的词汇水平后，才有可能将其母语阅读中所具有的阅读策略运用到外语阅读中，阅读能力也随之稳步增长[147]。否则，母语阅读能力很难在英语阅读中发挥积极的作用。其他研究者如 Nation 等认为，外语学习者至少需要具有 5000 词族的词汇量才能像母语学习者那样充分理解文章并通过语境习得新词[107]。词汇量大的学生能够充分利用上下文信息推测生词含义，从而附带习得词汇。而词汇量小的学习者就很难运用文章中的语境线索猜测词义，因为这些线索本身对他们来说也是陌生的。

（二）学习者的猜词能力

猜词能力是一种外语学习能力，它的强弱与外语水平的高低有着密切的关系，它主要体现在猜词策略的运用上。附带习得很大程度上依赖于猜词能力，学生在猜词过程中都会出现不精确、误猜等情况，但是词汇量大的学生往往能够充分利用语境提供的所有线索，筛掉不确定的意思，从而猜出生词可能的含义和用意。要进行高效的阅读和词汇学习，综合运用各种猜词策略的能力是不可或缺的。Hulstijn 探究了猜词能力与词汇习得的关系，研究发现，猜词能力强的学生在阅读中能够习得较多的生词，他们比猜词能力弱的学生更容易扩大词汇量[143]。

（三）任务造成的投入量

Laufer 和 Hulstijn 提出了"投入量假设"（involvement load hypothesis）这一概念[148]。他们认为阅读促成的词汇附带习得与阅读任务有很大关系，对于不同的阅读任务，学习者付出的努力即"投入量"是不一样的。投入量从心理过程的三个方面进行量化，即一个动机成分"需求"（need）、两个认知成分"查找"（search）和"评估"（evaluation）。需求是指任务是否可以引导学习者注意到目标词，产生情感上的关注。查找是指通过查字典或问老师等方式来找出生词的意义。评估是指通过比较一个词和其他单词或比较一个词的各个义项的含义来判断这个词是否符合当前语境。这一假设认为投入量越大，学习者对生词的加工层次越深，词汇附带习得的效果也越好。

三、听力任务与词汇教学

与阅读任务研究相比，考察听力任务对学习者二语词汇学习作用的研究相对较少。为了考察二语学习者是否能够同时加工形式和意义，

VanPattern 要求学习者听三分钟的短文并完成不同的任务。结果表明，当学习者专注于意义驱动的听力理解时，他们仍然能够注意到重要的词汇，这说明了通过听力任务进行词汇学习具有一定的效果。[149] Toya 的研究发现听力输入能够促进词汇习得，同时输入频率对词汇的习得有着重要的作用。不过也有研究表明单纯依靠听力任务对学习者的词汇学习作用不大 [150]。Vidal 发现学习者从 15 分钟左右的学术报告中学习到的词汇很少，总的来说，学习者能够辨认出听到过的大部分目的词汇。然而，在大约 4~8 周之后，学习者仅能够保留增长的词汇知识的一半。[151]

除关于听力任务有效性的研究之外，还有研究考察了能够促进词汇学习的听力条件。Joe 发现积极地听小组讨论能够有助于词汇学习[152]。在 Ellis 和 He 的研究中，学习者被要求根据所听到的信息完成图片内容的填充任务，根据是否可以互动提问和不同的任务指令，学习者需要在不同条件下完成听力任务。结果表明，可以互动提问的学习者词汇学习效果更好。[153] 此外，Barcroft 等的研究表明，当听力任务包括更多的不同的说话者和声音类型时，词汇学习效果似乎更好[154]。这为任务材料的编写者提供了重要的启示。除单独使用听力任务之外，在实际的教学中教师还可以将听力任务作为阅读任务的有效补充。研究表明，阅读与听力相结合比仅阅读的方式更能够促进学习者的词汇学习效果[155]。

四、口语任务与词汇教学

口语任务同样可以用来进行词汇教学，这主要是指利用互动任务促进词汇的学习。Ellis，Tanaka 和 Yamazaki 考察了口语任务对二语词汇学习的作用[156]。研究发现，学习者互动（尤其是对词汇项目的协商）对词汇学习具有较大的促进作用。Newton 认为，词汇的协商能够促进词汇学习原因之一是学习者能够利用口语任务交际所提供的语境线索，其次是由于小组内成员比个体学习者拥有更大的词汇量[157]。Newton 的研究很好地证明了这一点[158]。在该项研究中，8 名成人英语学习者被分为两组，每组 4 人，分别完成四项交际任务，这些任务涉及 109 个低频词。大部分学习者仅能够识别 50%~60% 的低频词汇，但在每组中有一名学习者可以识别近 90% 的词汇。研究者发现，在不借助外部帮助的情况下，只要学习者能够充分地合作，他们在互动交际中就有足够的资源应对大部分不熟悉的词汇。如下例所示：

S7：Do you know what is number nine？ Yeah.

S5：This one？ Dolphin，you know dolphin？

S7：What animal is that？

S5：Yeah，sometimes they show it in the performance.

S8：Like swimming pool.

S5：Yes，swimming pool they jump up and they catch the…

S8：Yes？

S5：…ball

S7：Just something fish？

S5：Like a shark but they are not dangerous.

S8：Oh yeah，it's funny.

S6：Dangerous.

在上面的例子中，学习者在互动中澄清了 dolphin 一词的意思，高水平的学习者描述了海豚的行为与典型环境（水中表演、跳跃接球）、类属（鱼类），以及其他典型特征（有趣、不危险）等。正是通过这些语言的描述，学习者习得了 dolphin 一词的意义，并且能够在新的情境中进行应用。上面的例子充分地说明了口语互动中的意义协商对学习者词汇习得的作用。然而，并非所有的口语交际任务都能够带来关于词汇意义的协商。有时学习者并不能够如期望的那样关注某些词汇的意义。因此，教师应该选择那些词汇意义对达成交际目标非常重要的口语任务。

在不同的语境下多次碰到新学习到的单词会在很大程度上促进单词的学习效果[159]。这样的机会在内容依托型或主题结构型大纲中尤其普遍。Newton 认为以时事新闻等为基础的任务同样能够提供这样的机会，学习者可以在不同的消息或故事中遇到所学的中心词汇[157]。Newton 还推荐了其他可以提供这样的机会的一些活动，比如涉及新词复习和分析的小组活动、小测验、词汇日志等。词汇日志主要是用来帮助学习者通过记录在交际中碰到的新的词汇形式来强化词汇学习，同时也可以帮助学习者确定一个复习新词的计划。词汇日志允许学生选择自己认为有用的单词和复习单词的方式，以此为自己的学习负责。学生复习单词的方式可以包括查询词典、使用单词讲述故事，或同学之间相互检测等。如下例所示：

请你回顾在完成这个任务中第一次遇到的词汇，从中确定几个你认为对你有用的词汇，并完成表4-1。

表4-1　词汇任务表

1	new words	definition	collocation	example sentence
2				
3				
4				
5				

将你所列出的单词展现给另外一名同学，并向对方说明你的单词复习计划。

鉴于口语任务对学习者词汇学习的作用，Schmitt 认为可以采用很多方法通过口语的形式促进学习者的词汇学习，如在课堂中使学习者使用英语的机会最大化，通过小组互动的形式学习词汇，鼓励学习者尽可能地多与高水平学习者进行交流，或在英语国家或地区生活一段时间。[144] Schmitt 认为，学习英语最有效的方式就是能够在英语国家居住一定的时间。Milton 和 Meara[160] 研究发现，在英国居住过 6 个月的学习者词汇量平均提高 1326 个词。然而，这样的方式对大部分学习者而言毕竟不是很现实。因此，阅读仍然是提高学习者语言接触量的最实际的方式。

五、阅读任务与词汇教学

外语阅读研究已经证实，词汇知识和阅读理解之间存在互惠的关系[107，161]。根据以输入为导向的语言习得理论，学习者通常被认为可以通过大量的阅读提高词汇知识水平。目前，外语习得研究领域已经有大量的研究探讨阅读任务对学习者词汇附带习得的有效性。虽然阅读任务能够促进学生的词汇学习，但是教师不能盲目地在教学中使用阅读任务。我们认为，以下几点能够帮助教师在实际的教学中使用阅读任务促进学生的词汇学习。

（一）选择学生感兴趣的阅读文本材料，并对阅读材料进行简化

研究表明，学习者感兴趣的阅读文本能够更有效地促进词汇的附带习得。因此，教师应该选择学生感兴趣的文本，而不是漫无目的地随意选择文本供学生阅读。同时，通过阅读进行词汇学习最好选择学生熟悉的题材或难度不高的文章。难度太大的文章对词汇学习的帮助甚微，和背单词没有多大的差别。Nation 认为需要对阅读文本进行简化的主要目的是去除或减少过多的低频生词和学习者未学过的语法结构[3]。简化了的文本还能够让某个单词在具体的语境中反复出现，以强化巩固该词，给学生带来愉悦感和成就感。常用的阅读材料的简化方式主要是对材料使用的语言进行简化，包括对词汇、结构和修辞的简化。简化的方法可以有很多种，比如用简单的词汇代替不常用的词汇，用释义法而非另寻他词法解释生词，或者删除含有可以被忽略的词汇的段落。当然，一般而言，对语言的简化都是建立在一定的词汇表的基础之上。对于英语水平不是很高的学生，我们推荐使用分级读物作为阅读材料。这些读物通常经过科学的改编，并且内容广泛，能够为学生提供大量的语言输入。比如剑桥英语读物、牛津书虫和培生企鹅读物等都是很好的阅读材料。

（二）引导学生猜测词义

学生在阅读过程中不可避免地会遇到生词，如果每次遇到生词就去查字典就会打断阅读思路，因此，通过上下文猜测词义对英语词汇学习和使用非常重要。猜测词义能够使学习者很好地记忆词汇，因为学习者在积极地寻找、发现和描述词义的过程中，同时牢固地记下那些生词。教师应帮助和引导学生增强语境意识，培养学生发现和利用语境线索来推断和猜测生词词义的能力。通常来讲，语境线索在文章中经常出现。常见的语境线索有：解释性线索（如 to be called、that is to say、to mean、to refer to 等）、同义词线索（如 or、like、likewise、similarly 等）、反义词线索（如 yet、but、unlike、however、although、while、instead of、on the other hand、on the contrary、in contrast、rather than 等）、例证性线索（如 for example、for instance、such as、like 等）。除此之外，教师还可以帮助学生利用逻辑关系线索等进行词义猜测。例如，在例句

"Since I could not afford to buy the original painting, I bought a replica. An inexperienced eye could not tell the difference." 中，根据 since 引导的原因状语从句来看，因为作者买不起原画，所以买了 replica，而后一句又进一步说明"没有经验的人看不出差别"，所以很容易推断 replica 的意思应该是"复制品"。

（三）充分利用阅读后活动或练习巩固词汇学习

阅读后活动是阅读任务的延伸和拓展，也是信息输出和反馈的过程。充分而科学的阅读后活动不仅能使学生深化对阅读内容的理解，巩固阅读效果，还能内化语言知识，提高学生的综合语言技能。例如，教师可以运用语篇填空的形式检查学生对语篇的理解和词汇的掌握情况。在设置语篇填空时，教师可以充分利用课文语境、内容、语言等信息，适度变换文章中的任务角色、情景、体裁和词汇语境，考查学生对阅读文本内容的理解和语言形式的运用。教师还可以通过让学生复述课文的形式帮助学生巩固词汇学习。教师可以根据文本的框架结构或文章脉络，提供话题的核心词汇或句式，要求学生连词成篇，口头复述课文或某一段落。除口头形式的活动之外，教师还可以采用让学生进行课文改写或续写的方法巩固词汇学习效果，如给学生提供一些关键词，让学生根据文章主题和大意缩写课文或写概要。

六、写作任务与词汇教学

将接受性词汇转变成产出性词汇是词汇学习的最后阶段，写作任务能够为这种转变提供一个很好的情境。除此之外，外语写作研究表明，词汇水平是写作整体质量最好的预测指标[162-163]。鉴于外语词汇与写作的这种相互促进的关系，研究者同样以实证的方式考察了写作对外语词汇学习的作用。

Brown 等比较了写作任务和谈话游戏两种形式对词汇附带习得的不同影响，结果表明写作组的成绩高于另外一组[165]。Laufer 和 Hulstijn 通过一项实验研究比较了写作任务和阅读任务的不同作用。受试者被分为三个组，分别完成三项不同的任务：阅读理解、阅读理解并完成完形填空、写作任务。词汇测试结果表明，写作任务组的学习者词汇测试表现更好。[148]雷蕾等对非英语专业大学生通过写作附带习得词汇进行了实证研究。该研究考察了两种不同的作文任务（查字典理解生词后写作文和根据生词注解写作文）对我国英语学习者附带习得词汇的影响，并将之与阅读任务对学习者附带习得词汇的影响进行对比，以验证任务诱发投入假设。结果显示，我国英语学习者不仅可以通过写作来附带习得词汇，而且其附带习得的词汇量和一周后的保持量都比完成阅读任务时的要大。[166]这说明学习者通过写作习得词汇比通过阅读习得词汇效果更好。殷小娟、林庆英对比了涉及不同投入量的三种学习任务（阅读理解任务、目标词概要写作任务和目标词自由写作任务）对中国英语专业学生英语词汇附带习得的影响[167]。

　　总体而言，国内外研究者关于写作任务影响的考察基本以"投入量假设"为基础，研究结果部分地支持了该假说，但是具体研究发现也表明该假说并非完全正确。在实际的教学中，教师可以设计多种学习任务来促进学生的词汇学习，可以给学生设计投入量较大的学习任务以达到更好的词汇保持效果，可以尝试让学生用目标词进行自由写作以帮助学生保持较高的词汇习得率。此外，学生自由发挥想象进行写作不仅可以实现对词汇知识进行多方面的认知加工，而且对学生的思维能力也是一种锻炼，教师应该鼓励学生采用这种词汇学习方法。

第四节 认知语言学与词汇教学

认知语言学是二十世纪七八十年代开始流行的一种新的语言理论，是认知心理学与语言学相结合的边缘学科。认知语言学是在反对以生成语法为首的主流语言学的基础上建立起来的，与以哲学和主流语言学为基础的研究有很大差别。随着认知语言学的快速发展和研究的不断深入，其研究成果不断地被广泛应用于教学研究和实践领域。由于认知语言学认为语言本质上是符号系统，这就决定了认知语言学是以意义为中心的。认知语言学使人们加深了对语言学习和语言运用的认知过程的了解，对于探寻新的教学方法，提高教学质量具有积极的意义。近三十年来认知语言学理论在中国的研究不断深入，在英语词汇教学方面得以广泛应用。本节主要介绍三个认知语言学理论对词汇教学的启示，即基本范畴理论、原型范畴理论和隐喻理论。

一、认知语言学主要观点简述

认知语言学接受了认知心理学中关于原型和范畴的研究，其研究范围包括范畴化和原型理论、隐喻概念和认知语法等[168]。一般来说，认知语言学分为两大领域，其一为认知语法，其二为认知语义学。认知语法的奠基人和代表人物为 Ronald Langacker，认知语义学的奠基人为 George Lakoff。以认知科学为依托的认知语言学认为，语言中的词是基于人们对客观世界的体验而形成的认知范畴的体现，认知范畴作为认知概念储存于大脑中，其外部表现为语言中的词[82]。对外部实体，对词汇进行分类、命名、习得的过程，是一个范畴化的认知过程。

文秋芳指出，认知语言学与其他学派最突出的差异是认知语言提出了语言的三大特性：体验性、隐喻性和理据性。语言的体验性是指语言是基于感知和体验基础上的高级认知活动，语言的隐喻性是人类进行高层次思维和处理抽象概念的一个重要手段，语言的理据性是指语言的形式和意义之间是有理据的。这三大特性之间有着密切联系。语言的理据性源于语言的体验性和隐喻性,语言的隐喻性又基于语言的体验性。[169]认知语言学认为,人类身体的感知和体验是高级认知活动必要的基础。只要略加注意,我们可以很容易发现语言中有很多示例反映着我们身体的体验。例如英语中有 face to face、hand in hand 等说法,中文中也有"面对面""手拉手"等说法。根据认知语言学,语言中的概念隐喻是人类进行高层次思维和处理抽象概念的重要手段。例如,我们会把时间概念理解成身体能够感知、接触到的空间体验[170]。语言的理据性可以体现于意义与意义的关系、形式与意义的关系和形式与形式的关系[171]。意义与意义关系主要体现在语义层面上,例如多义词一般有多个义项,这些义项通常以原型意义为中心,经过隐喻等认知机制,不断向外辐射,最后形成一个语义网络。

进入 21 世纪后,认知语言学受到应用语言学界越来越多的关注。认知语言学在理论上有明显的突破,为认识语言提供了新的手段和视角。文秋芳讨论了认知语言学对外语教学可能做出的贡献,同时指出了认知语言学理论应用的局限性。其贡献主要是为传统的对比分析注入了活力,为解释部分语言现象提供了理据。其局限性主要有:理据不能解释所有的语言现象,理据性知识不是程序性知识,理据解释不完全适合低水平二语学习者。[169]

二、基本范畴理论与核心词汇教学

范畴与范畴化是认识语言学研究的主要对象之一。范畴是指事物在认知中的归类。范畴化是采取分析、判断、综合的方法将千变万化的事物进行分类和定位的过程,是人类最基本的认知活动之一。心理学实验证明,人类对事物分类并形成不同范畴的心理过程具有等级特点。在现实世界中,事物被划分为不同范畴,而同一事物又同时隶属于多个范畴,构成范畴的不同等级。认知范畴可以分为基本范畴、上位范畴和下位范畴。具有典型特点的基本层次范畴是人们用来对客观世界的事物和有机体进行分类的工具。上位范畴是更一般、更抽象的范畴。下位范畴是更具体、更特别的范畴。在这些抽象度不同的范畴层次中,具有最明显的物理区别特征的,首先被人类命名、掌握、记忆的,名称最为简洁、运用频率最高的事物属于基本层次范畴。比如在 furniture → chair → rocking chair;plant → tree → pine 两个例子中,chair 和 tree 就是基本范畴词汇,furniture 和 plant 就是上位范畴词汇,而 rocking chair 和 pine 就是下位范畴词汇。

根据人的一般认知规律,人们先认识基本范畴词汇,然后才认识非基本范畴词汇。这一点对词汇教学非常重要。Rosch 等认为,基本范畴词汇是最先被幼儿习得的指称事物的命名性词语,在指称事物中非常有用,人们在指称事物时更习惯用基本范畴的词语[172]。基本范畴词汇是儿童在语言习得时最早掌握的,也是人们使用频率最高的。这些词大多是常用词汇,词形简单、音节较少、意义较多,但搭配能力很强,具有较强的构词能力。英语中约有 2000 左右核心词汇属于基本范畴词汇。这些核心词汇在日常口语、普通文章中使用频率最高。由此我们可以看出掌握英语基础词汇的重要性。

基于以上的论述,我们在英语词汇教学中应该充分重视基本范畴词汇,将基本范畴词汇的教学放在词汇教学的第一位。教师应该纠正盲目追求词汇量的做法,重视基本范畴词汇的教学。梁晓波以国内参加出国留学考试的考生为例,指出了这一做法存在的问题。很多学生往往不注意对基本范畴词汇的掌握,而宁愿花更多的时间去背一些缺少语用背景的 GRE 或 TOEFL 词汇。其结果是,虽然学生认得的难词很多,但当用极为普通的英文常用词汇口头表达日常琐事,或写一篇记叙文或议论文时,问题层出不穷。这种情况与学生对基本范畴词汇的不重视有很大的关系,如果学生重视基本范畴词汇的学习,重视对基本范畴词汇的多义和词组搭配的学习,学生的基础知识就会更加扎实,在此基础上进一步扩大词汇量,定能收到良好的效果。[173]

通常来讲,基本范畴词汇具有较大的任意性,同时也具有较强的构词能力。基本范畴词汇加上修饰语可以构成复合词,如 tomato juice、wheelchair 等。除此之外,在英语中我们还可以发现由基本范畴词汇为基础派生的大量的词汇,如由 man 一词派生而来的词汇有 manly、manlike、mannish、mankind 等。由 man 构成的复合词也有很多,如 superman、postman、chairman、salesman、fireman 等。鉴于基本范畴词汇具有强大的构词能力，在实际的教学中教师应充分利用这一特点，加强对基本范畴词汇的讲解，一方面运用构词法、联想法和搭配法对基本范畴词汇进行深加工；另一方面帮助学生从横向和纵向两个维度建立基本范畴词汇语义网络，最大限度地发展他们的词汇能力。

三、原型范畴理论与同类词和多义词教学

原型是一个范畴（事物）典型的、一般的范例。原型是该范畴所有范例中抽象的、理想化的代表。如果一个范畴可用多个属性来定义的话，原型就可能具有所有或最多的属性，因此原型是最典型也是该范畴中最常见、最普通的成员。如"鸟"范畴中的"麻雀""黄鹂"。原型范畴理论认为，在所有相关的词义中，有一个是更为中心或核心的意义，因而成为其他词义的原型，其他词义都是在它的基础上进一步延伸出来或辐射出来的，从而形成了词义的辐射范畴。原型是范畴的典型成员，与其他范畴成员享有更多的共同属性，因此，它是范畴的核心成员，其他成员依据与原型成员相似性的多少分别位于范畴的不同位置，构成范畴的边缘成员。从最典型的成员到最边缘的成员，其所具有的家族相似性是递减的。因此，范畴成员的隶属存在等级性，即在一个范畴中，不是每个成员的资格都是相等的。最基本、最核心的义项被称为"核心意义"，其他意义均是通过认知机制由核心意义派生而来的引申意义。

例如"neck"一词，它的最初义项指人或动物的头和身体的连接处。从这个义项可以派生出：（1）长袍的一部分（that part of garment）；（2）动物身体能用作食物的一部分（the neck of animal used as food）；（3）任何物体的顶端和主体之间的部分（a narrow part between the head and body or base of any object），如 the neck of a violin；（4）某物最窄的那一部分（the narrowest part of anything），如 the neck of a bottle, the neck of land, the neck of a strait or a channel。尽管这几个义项不一样，但它们都与核心意义相关。义项（2）是意义转移，义项（3）是意义的特殊化，义项（4）是意义的扩展。由于各义项有家族相似性，而人的记忆又是以最经济的方式进行，因此，大脑无须记忆词汇的所有含义，而是掌握其基础含义并以此推导出其边缘含义。

根据原型范畴理论，学习者在记忆单词时可以以原型词为基点，通过高层次范畴、低层次范畴与原型词汇的关系扩展其上位范畴与下位范畴词汇，逐渐扩大联想范围，从而有效习得与原型词同类的词汇。原型范畴理论强调中心成员与边缘成员的联系，在词汇教学中教师应注意总结同类词汇，帮助学生建立词汇层级结构图和语义联系网，让学生系统地学习词汇。例如，在学习物体名称词时，教师可把它们归纳为动物、植物、食品、服装、交通、自然现象、职业、文具、家庭、教育等基本范畴。如：

Animal : tiger, lion, monkey, elephant, camel, snake, dog, bear...

Food : noodle, hamburger, dumpling, rice, bread, fruit ...

Clothes : suit, T-shirt, sweater, coat, polo shirt, tank top, skirts, dress, jeans, shorts, pajamas...

Profession : teacher, doctor, policeman, worker, clerk, nurse, businessman...

而每一类基本词汇还可以细分，如 fruit（水果）还可细分为：apple、banana、cherry、grape、lemon、mango、pineapple 等。经过归纳整理后的基本词汇，会在学生大脑中形成一条"语链"，然后随着词汇量的增加，逐渐形成一个以这些基本词汇为核心呈发散状的网络。如果形成了这种思维模式，学生碰到一个新单词时就会自然而然地把它归类，并记忆起此类的相关词汇。尤其在非常复杂的动词、形容词内建立板块词汇，更能使记忆和使用相得益彰[174]。

认知语言学家指出掌握了一个多义词的核心意义就等于抓住了它的根本[175-178]。Nation 也提出，学习多义词的一个有效策略是用一个能贯穿于所有意义的词义来定义目标词，这一贯穿于所有意义的词义就是其核心意义或原型意义[107]。因此，原型范畴理论对多义词教学的启示是讲解多义词要以原型意义为基础，从而有利于学习者对其他义项的习得。Verspoor 和 Lowie 通过实验证实，以核心义项为基础讲解多义词时，学习者能更好地习得多义词的其他义项[179]。其原因是在掌握了核心义项后，学习者可以通过类比建立起比喻义与核心义之间的家族相似性联系，从而将比喻义添加进以核心义为中心的语义网络中，这一过程有利于学习者对词汇的记忆与提取。

在实际的教学中，教师不能只是向学生简单地介绍词汇在语境中的具体意义，而忽视了词汇的核心意义。同时，如果教师将某词的所有常用含义一股脑地介绍给学生，不但加重了学生的记忆负担，也使学生抓不住重点，导致学生不能够灵活全面地掌握词汇的意义。因此，根据认知语言学的原型理论，在讲解多义词时，教师应该重点讲解词的原型意义，让学生注意词汇义项之间的关系，培养他们根据上下文猜测词义的能力。这样不但可以使词汇学习重点突出，最终达到灵活掌握，而且也可以减轻学生学习词汇的负担，提高学习效率。

四、认知隐喻理论与多义词教学

隐喻本质上是一种认知现象。它是人类将某一领域的经验用来认知、理解另一领域的经验的一种认知活动。认知语言学家 Lakoff 和 Johnson 更是将隐喻作为人们的思维、行为和表达思想的一种不可或缺的方式[180]。认知语言学认为，隐喻是人类思维的方式，是人类认知、思维、体验、言语和行为的基础，是人们赖以生存的基本方式。作为一种基本的认知模型，隐喻是源域（source domain）向目标域（target domain）的结构映射，其实质是通过一类事物来理解和体验另一类事物。例如，在"Time is money."这个句子中，人们用 money 这个源范畴来思考 time 这个目标范畴。同时，"Time is money."也就蕴含了时间是一种有价值的商品，一种有限的资源。人们通过"金钱"这个具体的概念来理解"时间"这个抽象的概念。

多义词在任何语言中都是很普遍的现象，是语言经济的必然结果。通过赋予同一词形以更多的词义来减少词的数量，从而减轻人们记忆词汇的负担。林正军、杨忠认为，词汇的多义化势不可挡，多义化是满足人们进一步认知世界的简便、有效的途径，优于造词、构词和借词等手段[181]。英语中绝大部分的词都是多义词，单义词极少。人们通常采用以下三个标准来识别一个词是否是多义词：（1）词的多个意义之间相互联系，在这些意义之间有清楚的派生意义联系；（2）词的多个意义必须在词源学上显示出与源范畴有联系；（3）词的多个意义必须属于同一句法范畴。

随着认知科学的兴起和发展，从认知语言学的角度对多义词的研究占据了主导地位。认知语言学认为，多义词的两种或两种以上意义之间是有理据的，而且通过认知语言学可以得到系统的解释。Taylor 认为，如果一个词的不同用法要参照两个不同的域或不同类型的域的时候，这就表明这个词是多义的[178]。隐喻是通过一种事物去理解和体验另一种事物的认知手段，是词义扩展的主要认知手段之一。

通过隐喻从而获得词汇意义的扩展在英语中相当普遍。表示人们身体部位的词，如 body、head、face、eyes、ears、mouth、nose、lips、heart 等几乎都有隐喻意义。以 heart 为例,《朗文当代高级英语词典》（第 4 版）的 1054~1055 页列举了包括单词词义和词组在内共 38 个词条，其中关于单词本身共列举了 9 种含义，即：

（1）[C] the organ in your chest which pumps blood through your body 心，心脏。

（2）[C] the part of your body that feels strong emotions and feelings 感情，内心。

（3）[C] the part of your chest near your heart 胸口近心处,心口处。

（4）[C] a shape used to represent a heart 心形。

（5）（单数）the most important or central part of a problem，question，etc. 中心，核心；关键。

（6）[C] the middle of an area furthest from the edge 中心（地区）。

（7）[C] a heart shape printed in red on a playing card 红心（形）；hearts 红桃牌（总称）。

（8）[C] the firm middle part of some vegetables 蔬菜的中心部分。

（9）[U] confidence and courage 信心，勇气。

匡芳涛认为,在以上 9 种含义中第(1)个义项是 heart 的典型义项[182]。人们运用百科知识了解到心脏是人体最重要的器官。如果心脏停止工作，就会导致人死亡。基于某种相似性，人们常把某系统或组织中最重要、最有影响的部分称为该系统和组织的 heart，由此派生出第（5）个义项。心脏位于胸腔内，几乎处于身体的中央，因此，人们将某个区域内最重要的地方称为 the heart of the place，由此派生出第（6）个义项。由于心脏位于胸腔内，人们也用来指 the area of your chest where your heart is，由此派生出第（3）个义项。由于人们相信，情绪受心脏的控制，尤其是爱情之类的情感，因此通过隐喻得到了第（2）个义项。人们从心脏联想到心的形状，由此产生了第（4）个义项。同样处于某种相似性，第（4）个义项派生出了第（7）个义项；在第（6）个义项的基础上又派生出了第（8）个义项。

从某种角度来讲，词汇能力不仅涉及词汇知识的问题，而且更是语言使用者思维能力的培养和提高的问题。认知语言学的隐喻理论对于词汇教学的重要启示就是要培养学习者的隐喻思维能力。这样不仅能够帮助学习者了解词汇意义扩展的内部机制，使他们获得词汇的深度知识，而且能够促进学习者形成抽象思维能力，从而提高学习者理解和运用语言的能力。比如，根据 MORE IS UP 这个方位性隐喻，high 就可以用来表示数量，如 high number、high temperature、high price、high speed、high pressure 等。根据 GOOD IS UP 这个方位性隐喻，high 既可以用来表示积极的评价，如 high standards、high quality、high opinion、high moral value；也可以用来表示崇高的情感状态，如 high hopes、high expectation 等。了解到 high 背后的隐喻机制，就能够很自然地理解 high 的各种搭配，从而全面掌握 high 的各种不同的词义。

在词汇教学中，教师要重视培养和提高学习者的隐喻思维能力，帮助学习者了解语言背后的隐喻思维模式，提高他们的想象力和创造力。在词语学习中，应该告诫学生在掌握基本词义的过程中，还要重视词语隐喻义的掌握，同时，教师也要对词语的隐喻意义进行适度的讲解。隐喻意义丰富的词经常是基本范畴的词，生活中常见的物体经常被用来隐喻指其他意义，因而要特别重视。诸如人的身体部位、颜色、常见动物名称、山川河流、日月星辰、花草树木等蕴含的隐喻意义非常丰富，在学习的过程中要特别关注。教师应引导学习者建立隐喻了解多义词词义扩展的认知机制，帮助学习者增进对一词多义语义网络的了解和把握，促进学习者词汇深度知识的发展。

第五节　语料库语言学与词汇教学

语料库是一个按照一定的采样标准采集而来的、能够表示一种语言或者某语言的一种变体或文类的电子文本集。由于语料库是依附于计算机的，因此，语料库是语言学与计算机科学交叉形成的一门学科。语料库语言学以语料库作为研究对象，可以帮助语言学家分析在真实的语言环境下语言的实际使用情况，克服了语言学家在观察语言现象时的主观性和片面性。尽管语料库语言学还没有十分完备的理论，但它为语言研究提供了一种新的研究手段和工具[183]。随着计算机语言学和语料库语言学的发展，语料库以其具有代表性的宏大数据库为词汇教学提供了可靠、客观的语料，从而为词汇教学提供了科学、直观的教学依据。

一、语料库应用于词汇教学的理据与优势

何安平[183-184]认为将语料库应用于英语教学可以从语言学、心理语言学和教育学等学科找到理论基础。语言学的基础是基于频数的语言观和语言教学观。前者认为语言的结构、意义和功能来源于语言使用的频繁程度，后者认为语言教学首先要从使用最频繁的语言现象入手。认知心理学方面的依据主要与图式理论和"注意"理论等有关。语料库将大量有真实语境意义的实例以数据或语境共现的形式呈现在学习者面前，能够形成一种吸引学习者注意力，有利于强化学习者记忆以及帮助学习者利用语境获取语义和总结规律的学习环境。此外，外语教学中提出的自主性学习模式强调激活学生的语言意识或增强其对语言形式的敏感性。语言敏感性既能够使学生通过大量的语言输入将已有的对语言的潜意识感知清晰化，也能够使学生通过清晰的语言形式呈现形成新的语言意识。语料库特有的语境共现界面不仅能够提供大量以检索项居中的实例，而且还能同时凸显位于检索项两侧的各种语境特征，由此形成一个注意力的焦点。

总体而言，语料库应用于英语词汇教学有如下优势：一是通过词频统计获得不同等级的高频词汇范围与数量，得到高频搭配词项、高频运

用义项以及常见运用词性等，可以较科学地确定词汇教学的内容，找出教学重点，合理安排教学顺序，使学生在有限的时间内最先学到最常用的语言知识并为制定教学大纲和编写教材提供参考。二是学习现实生活中真正高频共现的词项（搭配）可以减少词汇教学中呈现词语搭配的随意性与局限性，加速学生对词语搭配知识信息的掌握，提高词汇教学的质量和英语学习的效率。三是基于语料库的词汇教学模式具有互动性、开放性和分析归类性等特点，学生通过语料库调出大批量的语言实例后，根据其语境特征进行多层次的分类和归纳，逐步将其中带有规律性的东西挖掘出来，从而激发学生的批判性思维和学习的潜能，并使学生词汇自主学习能力得到培养和提高[186]。

二、语料库用于词汇教学中的大纲设计和内容选择

Willis 指出，随意和盲目的语言输入只会收效甚微，应该系统化地组织和安排教学输入的内容和顺序[186]。如果教学过多关注不常见的语言现象而忽视常见的语言现象，最后的结果只能是教学实践的投入与回报不成正比。迄今为止，英语教学大纲和教材的设计多数还是依靠建立在有限语料基础上的传统语言描述，主要依靠经验和主观判断来认定语言特征和词汇的难度、重要性和学习顺序。这种依靠有限经验设计的英语教学大纲和词表缺乏系统和科学客观的依据，必然存在其局限性和不足之处。何安平指出，在制定教学大纲的过程中，语料库提供的信息是非常重要的参照。它关系到是否能让学生在有限的时间内最先学到最常用也往往是最有用的语言知识[183]。潘璠也认为，基于语料库的研究发现和频率信息应该广泛地被应用到大纲设计、教材编写和课堂应用等重要的外语教学领域[187]。

目前，语言学界已经达成的共识是：在初级和中级阶段，在教材内容、大纲顺序和教学重点上，高频语言特征应该是教学的重点，而不是难度较高的语言特征[188]。如果能够将教材编写和教学的重点放在高频的语言知识上就可以减少教学的盲目性，让学生学到真实的、自然的和在实际交际中使用的英语。对英语学习者而言，学习重点应该是最常见的单词、常见单词的主要使用形式和核心搭配[189]。外语教学大纲和词表如果能够

建立在设计科学的大型语料库的研究成果基础上，将大大提高教学大纲和词表的可靠性和指导性。重视典型现象的原则同样也应该体现在测试和练习中。教师应该避免考查较为生僻的词汇，否则不但达不到考查学生的目的，而且也会偏离教学的主导方向，使学生因为挫败感而丧失学习外语的信心。

选择难度合适的阅读篇章对于词汇教学效果而言非常的重要。如果没有客观的量化标准，就不能保证所选文本真正符合教学需要。而语料库软件 RANGE 在选取文本方面可以发挥重要的作用。该软件由新西兰维多利亚大学语言学及应用语言学系的 Paul Nation 和 Averil Coxhead 共同设计，主要作用包括比较不同文本的词汇量大小和措辞的异同等。使用 RANGE 软件可以分析待选文章的词汇深度和广度，以确定其词汇难度，从而选取难度适中的文章，并确定该文章在教学中呈现的先后顺序。RANGE 软件可以从 Paul Nation 的个人网站（www.victoria.ac.nz/lals/staff/paul-nation.aspx.）下载使用。该软件操作较为简便，基本上可以采用软件提供的缺省设置。RANGE 分析词汇的基本原理是将要分析的文本中的词汇与参照词表进行比较，分析文本的用词情况。RANGE 内置三个等级的基础词表。第一等级包含约 1000 个最常用的词族，第二等级包含约 1000 个次常用词族，第三等级包括前两个等级之外的学术英语词表。经过分析后，通常得到如表 4-2 所示的结果。

表4-2　RANGE 文本分析结果

WORDLIST	TOKENS %	TYPES %	FAMILIES
BASEWORD1	209/82.28	105/76.09	105
BASEWORD2	8/3.15	8/5.80	8
BASEWORD3	22/8.66	13/9.42	13
NIL（not in the list）	15/5.91	12/8.70	/
Total	254	138	126

根据所得到的分析结果，可以很容易判断文本所包含的词汇难度，因此有助于教师在教学中做出合理的选择。除分析单一的文本之外，教师还可以将两个或多个文本进行比较，从而确定讲解的顺序。此外，从教学的角度来说，该软件还提供了 Mark Texts 功能，使用该功能可以将

文本中的生词和难词标记出来，教师可以将这些词作为上课讲解的重点，从而使得课堂词汇教学更具针对性。

三、语料库用于词汇搭配教学

搭配知识是指研究哪些词汇形式"频繁与其他词汇形式共现，以及在句中怎样组合"的知识。可以说，具备词汇搭配的知识是学习者语言能力的一种重要体现。词汇搭配往往是学生英语写作的难题，由于受到母语的影响，学生经常会创造出一些本族语者很少使用甚至从来不用的搭配。很多的研究者发现，无论是二语学习者还是外语学习者，语言精通者和非精通者的明显区别就在于前者相对于后者能够使用更多的搭配。而对于学习者而言，搭配错误也是最经常出现的错误。例如，桂诗春和杨惠中对中国学习者英语语料库的分析表明，搭配错误的确也是中国英语学习者一种主要的错误类型[190]。Altenberg 和 Granger[191]以及 Nesselhauf[192]发现，即使是高级英语学习者使用搭配也会存在一定的困难。使用语料库的检索工具，可以帮助学生通过了解本族语者对某些词汇搭配的使用倾向而建立词汇搭配的使用频率的概念。所谓语料库索引，是选定一个目标单词并利用语料库的索引功能对该单词在语料库文本数据范围内进行检索，检索结果会出现若干条包含这个单词的完整或不完整的句子。该目标单词也被称作"关键词"（key word）。语料库索引最常见的显示方式是若干行的带有上下文的同一关键词的罗列，即 KWIC（key word in context）。这样，语料库索引可以提供给学习者大量的以句子结构形式存在的真实语言数据，从而帮助使用者轻松快捷地得到关于关键词搭配用法的信息。因此，KWIC 这种语料库索引显示方式使得语料库成为词汇搭配教学的有效教学工具[193]。

词语的搭配是中国英语教师词汇教学的一个重点和难点。他们通常的做法是先呈现词语的音、形、义，然后介绍与目标词语相关的词组、短语，却很少涉及其他方面的搭配形式。这种教法至少存在两个方面的问题：其一，搭配的概念范围太狭窄。换言之，在谈到词语搭配问题时，教师应该充分考虑"习惯性共现"的各种可能的情况，不仅仅局限于约定俗成的词组。其二，这些与目标词语有关的词组或短语大多是基于词典知识，或者从个人经验中提取出来的搭配形式。它们在语法上是正确的、无可挑剔的惯用法，但在日常生活中是否得到广泛地使用却不得而知。例如大家知道 rain cats and dogs 是"大雨倾盆"之意，因为几乎在所有的英语词典里都列举了这一搭配，并且教师在教学中大多会提到它。但是在现代英语中，人们已经几乎不使用这个搭配了。据统计，在 1000 万词语的口语语料库中，它一次也没有出现过，在 9000 万词的书面语料库中，只出现了一次。所以，学习此类过时的搭配已不具备实际使用意义，因而没有太大的价值。

网络语料库为解决以上两个问题提供了便利。语料库索引检索功能为"型式化词块"的整体形式输入、储存和提取提供了强有力的支持，也为解决多年来一直困扰着教师和学习者的词汇教学中心问题，即多词搭配习得，提供了现实基础[194]。教师可以利用 http : //corpus.byu.edu/bnc/ 这样的免费的大型英语母语语料库 (本部分仅以免费的在线语料库应用为例，关于其他学习者语料库和语料库检索工具的使用，读者可以参考由国内相关学者如何安平[183]、梁茂成、李文中、许家金[195]，潘璠[187]等编写的论著)，通过索引行分析，概括出相应的典型用法，并获得典型例句。例如，为了更好地考察与 knowledge 一词搭配的动词，可以先点击 Collocates 并在方框中输入 knowledge，选取左侧一个词，然后点击 Find Collocates，便可以得到与 knowledge 经常搭配的动词 (见图 4-2)。

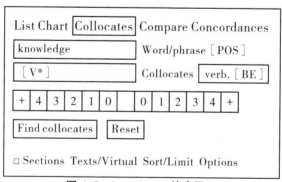

图 4-2 knowledge 检索图示

图 4-3 显示了检索的结果。由图 4-3 可以看出，与 knowledge 搭配的动词通常有 have、acquire、gain 等。该图按频率高低呈现了检索的结果。

SEE CONTEXT: CLICK ON WORD OR SELECT WORDS + ［CONTEXT］［HELP...］

	☐	CONTEXT
1	☐	HAVE
2	☐	IS
3	☐	HAD
4	☐	ACQUIRE
5	☐	HAS
6	☐	REQUIRES
7	☐	GAIN
8	☐	DETAILED
9	☐	BE
10	☐	DENIED
11	☐	GAINING
12	☐	ACQUIRING
13	☐	ACQUIRED

图 4-3　knowledge 搭配检索结果

若想进一步了解词语搭配的具体语境，可以点击表中出现的动词。比如，点击 acquire 便可以看到如图 4-4 所示的带有语境的例句。

natural enough for them to want to <u>acquire knowledge</u> from their elders. But it is unreasonable
o go anywhere much beyoud their own frontiers to <u>acquire knowledge</u> or to find riches; to the e
m that contains generalized strategies used to solve problems to <u>acquire knowledge</u> and to inte
c instincts which force us to work, to <u>acquire knowledge</u> and to co-operate, eventually the altrui
Organisations with charitable status operating in a particular field often <u>acquire knowledge</u> a
breadth is also wider. The student is expected to <u>acquire knowledge</u> and has also to prove a
ethod of learning can only help the student to <u>acquire knowledge</u>, not practical experience. Pro
ans for patients. Feedback suggests that students enjoy the experience, <u>acquire knowledge</u> abo
s Us studies to show that capacity to learn new skills, <u>acquire knowledge</u> and new attitudes in n
cle. Reasoning in this way, we <u>acquire knowledge</u> of an effect or appearance from knowledge of

图 4-4　acquire knowledge 搭配句子示例

通过以上检索，教师可以获得大量的关于词汇搭配的信息，并根据教学目的和学生的水平选取例句进行讲解。教师还可以选择检索某个词的语境共现。比如，选择 Concordances，然后在检索框中输入 cause 一词，可以自由设置往左或往右第几个与 cause 共同出现的词汇。以 cause 为检索词在英国国家语料库在线语料库进行检索，我们得到了如图 4-5 所示的结果。

mulate during the winter to	cause	clinical	problems	or	productio
orms often overlap and can	cause	confusion	to	the	learner.He
fraid what he has to say will	cause	considerable	distress	, she's	
a reputation that is likely to	cause	consternation	among	IBM	err
nd being aware that he may	cause	death	" ,	manslaughter is exte	
late Emperor, and were to	cause	debate	and	confusion	for mar
re a person's actions either	cause	direct	physical	and	economic
emoved, Removal does not	cause	disfigurement	,	even	after co
g realistic. Even that would	cause	enormous	difficulties	,	I could
With large numbers this can	cause	even	worse	handling	and regis
at it was not his intention to	cause	fear	of	violence	or to provoke

图 4-5　cause 语境共现结果示例

由图 4-5 我们可以清楚地看出常与 cause 共同出现的词汇，当用作动词时，cause 多与表示疾病、伤害、不佳情绪、问题、困难等含义的词语一起出现，几乎全是含有否定和消极的意味，这说明 cause 导致的基本都是坏的结果，语义韵特征上倾向于否定和消极。

通过基于语料库的词语搭配研究，我们一方面可以突破词组 / 短语的局限，获得比较全面的词语搭配信息；另一方面可以去除那些过时的无用搭配，学习现实生活中真正高频共现的词项（搭配），减少词汇教学中呈现词语搭配的随意性与局限性，加速学习者对词语搭配知识信息较为全面的掌握与活化，提高词汇学习的质量和效率[196]。

四、语料库用于同义词、近义词教学

同义词辨析是学生所遇到的最大的问题之一，在回答学生有关同义词、近义词辨析的问题时，教师经常凭借自己的经验和直觉来讲解它们的异同点，但是仅仅用经验和直觉来分析语言往往是不可靠的。将网络语料库引入课堂教学，用来区分同义词、近义词是十分有效的。得益于巨大库容的语料库提供的翔实证据，语料库索引可对同义词群提供丰富的用法和语境，使研究者能够比较和掌握同义词间细微的语义、语用差异，并对此进行客观、全面地描述。

如果我们借助于从大型语料库中提取的语言信息作为依据，通过对大量的、真实的语言实例进行系统分析来揭示语言运用的特征和规律，那么对同义词、近义词辨析的讲解就会更有说服力。语料库索引可对同义词群提供丰富的用法和语境，可以把同义词、近义词作为关键词在语料库中进行搜索，让学生仔细看索引行，从中体会到同义词之间的差别。在区分同义词时，教师可以从语料库中事先提取一定数量的语境共现检索行，稍作处理后用于区分和讲解某几个同义词的异同点，也可以由学生直接提取语料资源，在教师指导下，通过探索式、发现式和"在做中学"的学习活动发现、总结和归纳语言运用的特征和规律，既可以培养、提高学生辨别近义词的能力，又可以激活学生的语言意识，调动其学习积极性。

不少学生在辨别两个意义相近的常用词时感到十分困惑。其实近义词通常有不同的使用倾向，而这些倾向靠查词典或由教师讲解往往过于抽象，学生在实际使用时难免会混淆。通过查询语料库呈现有关近义词的大量语言实例，学生可以自主发现并理解这些近义词之间的差别。在这里，我们同样以英国国家语料在线语料库为例。例如，我们想了解 warm 和 hot 两个词常见的搭配有何不同。我们可以点击 Compare，然后分别键入 warm 和 hot 这两个拟比较的词汇，接下来在下面的数字中选择右面 1（图 4-6），表示两个词后紧接的第一个词，最后点击比较词汇（Compare words）便可以得到如图 4-7 所示的结果。

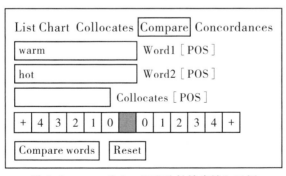

图 4-6　warm 和 hot 词义比较检索输入示例

	WORD	W1
1	WELCOME	172
2	SMILE	42
3	CLOTHING	27
4	GLOW	53
5	HEARTED	24
6	CLOTHES	23
7	THEM	20
8	BEER	10
9	HER	10
10	SUPPORT	10

	WORD	W2
1	PURSUIT	57
2	CROSS	54
3	SEAT	52
4	DOG	32
5	STUFF	29
6	TAP	27
7	FLUSHES	26
8	DOGS	24
9	GRILL	24
10	OFF	24

图 4-7 warm 和 hot 词义搭配比较结果

图 4-7 按频率高低分别呈现了 warm 和 hot 后词汇的不同，warm 后常跟的名词有 welcome、smile、clothing、support 等，而 hot 后面常跟的名词有 pursuit、cross、seat、dog、stuff 等。教师还可以运用语料库检索结果，合理地设置不同的课堂任务，让学生进行探索性学习。这样既能够培养学生辨别词义的能力，也能够提高他们的学习兴趣。何安平曾以 take place 和 happen 两个词的教学为例。take place 和 happen 都有"发生"的意思。教师可以在语料库里搜索"happen"和"take place"，将搭配锁定在"左 3 右 0"（左边的三个词）的位置上，利用 Show Collocates 功能便可以将其左边的三个以内的词调出，要求学生观察出现频率为五次以上的名词和代词，并提出以下问题引导学生对这两个词进行比较。

问题 1：happen 的主语与 take place 的主语有什么区别？

学生很容易发现 happen 之前代词出现的频率非常高，特别是 what 和 it，而名词只有一个，即 accident。教师可以要求学生观察 what 和 happen 共现的例子，例如：

...Bernice : What's happening ? What's going on ? Where's Clive ? He's never been this late before. Do...

...Where's Raul ? What's happening ? I won't leave until you tell me...

...going to give my boy a bird dog. "What happened ? " "He died," I said...

...the roaring in his head. "What happened ? "he questioned...

问题 2：想表达"发生了什么事"，一般用 happen 还是 take place？

教师接着呈现几个 it 和 happen 共现的例子，并要求学生观察 it 之前的语境。例如：

Up to then she'd felt okay, but away from her bed, in the strange room, sitting in her father's favourite chair, she felt lonely and cried. She kicked out at the policemen as they approached. "How did it happen ? "one of them asked.

问题 3：it 经常指代物体还是事件？

问题 4：这些事件与 meeting、election、movement 所指的事件有何不同？

这些问题旨在帮助学生发现规律：happen 之前多用 what 和 it 等代词，用来指代不知道或难以用抽象词描述的事件，而且多为偶发或无计划的事件，而用在 take place 之前的名词所指的多是有计划、有组织的活动。[184]

五、常用语料库资源介绍

（一）英国国家语料库（BNC）

这是目前网络可以直接使用的最大的语料库，它是英国牛津出版社、朗文出版公司、牛津大学计算机服务中心等联合开发建立的大型语料库，1995 年正式发布，有一亿词次，其中书面语 9000 万词次，口语 1000 万词次。来源包括国家和地方各类报纸杂志、理论书籍、通俗小说、大学论文、信件等，口语包括大量正式或非正式的谈话、广播节目和听众来电直播节目等。网上提供全部书面语和口语语料免费检索，每次检索最多显示 50 条结果，以句为单位。

（二）美国国家语料库（ANC）

该语料库 1990 年由美国布朗大学的 Nelson Francis 和 Henry Kucera 开发。其目的在于研究美国当代英语，容量为 1000 万词次。它包含的主要是书面英语，包括了 15 种文体的 500 个文本，这些文本分为标注文本（tagged text）和未标注文本（untagged text）。其 MARC 版本可以支持两种检索方式：从语料库检索完整的句子和关键词、上下文生成索引行。其贡献在于该语料库能反映语言的共时性。

（三）美国当代英语语料库（COCA）

该语料库提供了在线免费使用的良好平台。它是由杨伯翰大学 Mark Davies 教授开发的高达 3.6 亿词汇库容的美国最新当代英语语料库，是当今世界上最大的英语平衡语料库。其界面主要是为语言学家和语言学习者了解单词、短语以及句子结构的频率及进行相关信息比较而设计。它具备了一个好语料库的三项最基本条件：规模、速度以及词性标注。它是一种动态的语料库资源，没有最后的版本，处于不断的更新与发展中，每年更新约 2000 万词汇，而且今后每年至少更新两次。

（四）柯林斯英语语料库（The Bank of English）

柯林斯英语语料库为目前世界三大著名语料库之一，该语料库为英国伯明翰大学与 Harper Collins 出版社合作建立的 COBUILD 语料库的一部分，目前固定在 4.5 亿词的规模，可以在线检索。柯林斯英语语料库是从 20 世纪 80 年代开始在 John Sinclair 教授指导下建立的主要应用于词典编纂的一个大规模语料库。

（五）中国学习者英语语料库（CLEC）

该语料库是国家社科基金"九五"规划项目重要组成部分，是我国第一部中国学习者英语语料库。该语料库由我国中学生、大学生的 100 多万词的书面英语语料组成。编者将库内所有的语料进行语法标注和言语失误标注，工程十分宏大，是世界上第一部正式对外公布的含有言语失误标注的英语学习者语料库。它为编辑词典、编写教材、语言测试的英语工作者提供了丰富而翔实的资源，使用者可利用这些工具和语料获得中国学习者书面英语第一手的资料。

（六）中国学生英语口笔语语料库（SWECCL）

该语料库是北京外国语大学中国外语教育研究中心的资助项目，是国内首个大型英语专业学生口笔语语料库。它包含 1000 多个珍贵的口语语音样本、100 万词的语音转写文本、100 万词的书面作文样本和语料库简介。该语料库内含 1148 个中国学生的英语口语语音样本，以及 200 多万词的英语口语和书面语文字样本。所有文字样本均经过词性赋码，可供大、中、小学英语教师和大学生、研究生、社会各界英语爱好者进行英语教学研究和学习使用，也可作为教材编写、教学测试、师资培训、网络课程建设等的重要参考依据。

（七）中国英语教育语料库（The Corpus of English Education in China）

该语料库是一个大型综合语料库，学习者语料库是其中最重要的一部分，具体包括课堂教学、课堂会话及初高中学习者口笔语语料库。该语料库由华南师范大学何安平教授主持建立，从初中生日常训练和高考试卷中提取语料。

本章小结

　　词汇教学离不开理论的指导，理论既包括语言学理论，也包括语言学习理论。为了更好地为我国的英语词汇教学提供理论上的指导，本章围绕几种主要的理论进行了阐述。这些理论包括：词块理论、图式理论、任务型教学理论、认知语言学理论以及语料库语言学理论。在对每种理论的论述中，我们简要介绍了理论的相关观点，重点呈现了如何将理论应用于词汇教学实践，从而促进词汇教学。

第五章　词汇教学内容、原则和方法

　　外语教学的目标是培养学习者准确流利地运用目的语进行交际的能力，这已是人们的共识。在外语教学中，词汇扮演着重要的角色，所有语言都是由词汇组成的，词汇组成短语，短语组成句子，句子组成段落，最后段落组成篇章。随着社会的发展，新词汇在不断地更新和变化。那么词汇教学主要教授哪些内容呢？从最基本的层面来讲，掌握一个词意味着掌握它的形式和意义[1]。而在实际教学中，教授内容远不止这些，本章将从词汇掌握标准、词汇教学内容、词汇教学原则、词汇教学方法，以及影响词汇学习的因素等方面来介绍词汇学习和词汇教学。

第一节　学习词汇需掌握什么

在英语教学和学习中，掌握一个英语单词的标准是什么？也就是，要学习一个单词，需要学习词汇知识的哪些方面呢？Harmer 认为，要正确理解和运用一个单词，除了应该掌握它的拼写、发音和意义，还要了解它的构词、习惯用法、搭配、语域、词性、词法、句法限制，以及近义词、反义词[197]。

Richards 首先对词汇知识进行了分类，并对本族语者的词汇能力提出了八个假设：（1）本族语者在成年时期其词汇还在增长，然而，其句法知识在青春期就基本完全。（2）知道一个单词，意味着知道这个词在口语或书面语中是否常用，同时也知道这个词的很多常用搭配。（3）由于单词的功能和使用语境不同，知道一个词意味着知道其使用的局限性。（4）知道这个单词意味着知道这个词的句法行为。（5）知道一个词需要掌握它的词根和派生词知识。（6）知道一个词意味着知道在一种语言中，这个词和其他词的联想网络知识。（7）知道一个词需要知道这个词的语义值。（8）知道一个多义词需要了解这个词的多种不同意思[5]83。

结合前人的理论，Nation 对本族语者所应掌握的词汇知识进行了定义。他认为，如果外语学习者在词汇使用方面要达到本族语者的程度，就应该掌握以下八个方面的词汇知识，即词的口语形式、词的书写形式、词的语法结构、词的搭配形式、词的使用频率、该词所应用的文体、词的概念意义、词的语义联想网络[3]。这八个方面的知识既包括接受性知识又包括产出性知识，但这并不意味着本族语者对他们所熟悉的每个词都能掌握这八个方面的知识。实际上，就大多数词来说，本族语者也只能掌握其中几个方面的知识。

Read 从接受和产出两个角度阐述了词汇知识应涵盖的形式、功能和意义三个层面，即掌握一个词不仅要掌握它的发音和拼写形式，还要关注其深度知识，包括语法范式、词语搭配、使用频数、语境特征、功能和语义关联等[4]。

索恩伯里[1]使用了一个思维导图将单词学习的内容做了清晰、详细的描述，本文在其基础上略加修改为图5-1。从该图可以看出掌握一个单词是个复杂的过程。要真正理解和掌握一个单词，需要掌握单词的形式（拼写、词形变化）、词义、搭配、内涵意义、语法形态以及使用的语境等。而在国内，把英语作为外语的学习环境中，有些学生认为学习英语就是将英语单词和汉语意思一一对应，然后记住其释义就可以了。很显然，这种做法简化了单词的记忆过程，对单词的掌握仅仅停留在表面的层面上。依靠母语在一定程度上可以帮助理解和学习单词，但是一味地依赖这种方式不仅会使人在学习英语过程中闹出笑话，甚至还会犯错误。例如get可翻译为"得到"，但是get与介词或副词（to/in/on/up/off/out/by/away/over/through/together等）搭配能构成多个短语，词义各异，甚至同样的短语在不同的语境中意思也不一样。

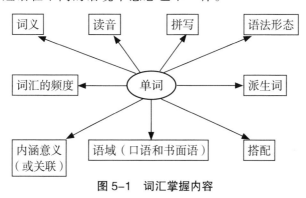

图5-1　词汇掌握内容

我国《义务教育英语课程标准（2011年版）》[110]和《普通高中英语课程标准（实验稿）》[26]对我国中小学英语词汇教学目标要求以及掌握的词汇量做了明确的规定，同时，其他各类英语教学和考试大纲也有明确的目标要求（详见第三章）。

虽然国内外文献对词汇知识的表述不一，但是都表明掌握英语单词所涉及的内容远远超出了词汇表所列出的内容，而绝非只是知道和记忆单词的中文释义和单词的拼写那么简单。掌握一个单词不仅要知道词典中对该词的释义，还意味着要掌握该词的搭配，以及它的内涵意义，包括它的语域和文化底蕴。例如，railway station、father-in-law等这类词，只了解每个词的单独意思并不意味着能知道由其构成的词组或复合词的意思。另外，不同的词与同一介词或副词组成词组后意思会截然不同，如 give up、put up 等。同样，一个词与不同介词或副词组成词组后意思也会截然不同，如 turn on、turn off 等。习惯用语和隐喻也需要用心学习和理解记忆，并且要学习和理解其文化，否则只从字面意思很难猜出它们真正的意思，有时还会闹出笑话。例如，all at sea（茫然、不知所措、迷惑）、on the rocks（陷入困境）、small potato（微不足道的小人物）、hot potato（烫手的山芋、麻烦的事情）、black sheep（害群之马）等。

词汇知识在头脑中是如何组织的呢？从表5-1可以看出，词汇在头脑中并不像在词典中那样储存，而是以一个网络状进行存储。词汇在大脑中并不是随意地存储，也不是以列表的形式展现出来，而是以一种组织紧密而又相互关联的形式存在，即以心理词库的形式存在。刘道义认为，学习外语实际上是在学习一种新的思维体系和构建一套新的词汇网络系统，即一套新的词汇思维系统，构建的方法如下：

表5-1　词汇思维系统

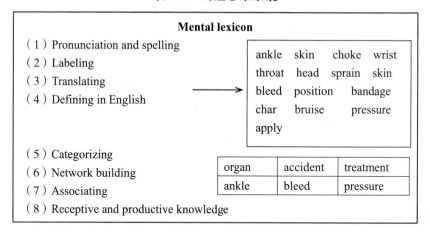

（1）音形（Pronunciation and spelling）：通过模仿学会发音，运用拼读规则掌握拼法。（2）标记（Labeling）：直接在物体上标记英语，音、形、义结合学单词，不用翻译。（3）翻译（Translating）：借助母语翻译理解词义。（4）英语释义（Defining in English）：较准确地理解词义。（5）分类（Categorizing）：按同义或近义、反义、同词性等分类的方法帮助记忆单词。（6）网络的形成（Network building）：运用思维导图成串地学习单词。（7）联想（Associating）：通过一个词联想出更多的同根词、词组、短语、搭配等。（8）领会和运用知识（Receptive and productive knowledge）：理解了词义并能举一反三，融会贯通，加以运用。[109] 15

　　这样，新的英语词汇思维系统就融入了自己的语言机制，并成为其中的一部分。从以上文献和规定中我们可以看出，学会一个词不仅仅是指学会了它的发音、拼写、语法属性和意思，明白怎样和何时用它来表达自己想表达的意思，事实上，学会一个词意味着既要掌握其自身的形式、意义和构词，还要掌握相关的词组、短语、习惯用语和固定搭配等。只有在具体的语境中多看、多用，采用心理词库等手段记忆和理解，才能更好地、更准确地掌握和使用所学单词。

第二节 词汇教学内容

上一节我们讨论了掌握一个单词的标准，包括发音、意义、用法等多方面，那么在词汇教学实践中，应该教授哪些内容呢？我们认为，英语实践教学活动过程中词汇的教学内容主要包括单词读音、结构、词义、搭配、词块、词汇学习策略以及外国文化等几个方面。不会发音，英语的口语学习会受到阻碍。不会单词的形和义，英语的阅读和写作的学习也会有障碍。要使词汇能保持较长时间的记忆，识记单词时学习者要做到眼看、耳听、口读、手写、脑想，即眼、耳、口、手、脑并用，将单词的音、形、义融为一体。只学习单词本身是不够的，还要熟悉单词的相关搭配和所处的文化环境。此外，学习者还需掌握一些词汇学习的策略和技巧才能促进单词学习。

（一）教读音

英语单词是由 26 个字母组成的。在英语学习的初始阶段，教学 26 个字母的同时教给学生各字母在单词中的发音，并正确利用汉语拼音的正迁移作用尤为重要，这可以为学生日后拼读生词、记忆单词打下坚实的基础。语言是有声的，语言教学首先是以语音形式体现的，掌握语音是学好语言的前提。教授英语词汇，首先要教会学生发音，让学生知道常见字母（组合）的发音，掌握同一字母（组合）的不同发音以及不同字母（组合）的相同发音。从语音角度上看，单词有同音词、字母（组合）的相同或不同发音、不发音字母等，可以采用单词部分注音法，即只标注单词核心部分（元音字母）或容易出错部分的读音，以增强学生对单词的记忆能力。学好语音不但有利于正确地以声音的方式表达思想，而且对词汇的学习和记忆大有帮助。教师应从学生学习英语的起始阶段就严格要求学生养成良好的发音习惯，要求每个学生能正确读出 26 个字母，为学习词汇打好坚实的基础。在教学中要注意引导学生掌握字母或字母组合的读音规则，从而帮助他们掌握正确的拼写形式。在教学新词时可用音形结合的方式列出已学过的相似词，逐渐加强对所学新词的音形印象。如教学 march 时，可列出 car、are、arm、art、far、farm、farmer、park、smart、post-card 等单词，进行音、形、义上的比较，记忆效果会更好。教授单词时，教师应做到音、形、义结合，不能孤立地只教某一方面。教授英语发音时，教师的专业素质要高，能够准确地读出字母和单词的发音，以免对学生的发音学习产生负面影响。这就要求教师要提高自身的业务水平，要有扎实的基本功。

（二）教词汇信息

词汇的信息主要包括词的拼写、词根、词缀、词类等，这些是词汇的基本信息，也是词汇学习的基本内容。

教师讲授单词时要以音节（一个或者多个字母构成的组合）为单位而不是以字母为单位，这会使学生背单词轻松很多。尽管并非所有的英文单词都符合拼读规则，但基本的拼读规则适合大部分英语单词。每个英文单词都由至少一个音节构成，而每个音节中有且只有一个元音。英语单词的构词规律也是有规可循的。单词是由词素构成的，词素派生出词义。单词的数量虽然浩瀚，但构成其的词素的数量却是有限的。如果掌握了词素，懂得基本的构词方法，就能容易地识记单词。

词素是由词根和词缀两部分组成的，而词缀又分为前缀、后缀和中缀。词根的意义代表了单词的中心意义，它在单词中占主导地位。词根加上词缀即产生了一个新的单词及意义。所以，只要记住词根的意义，能从单词中辨认出词根的形体，遇到一个新词时就基本能明白它的含义。例如前缀 un- 表示否定，在学习 important、real、clear、fortunate 等词之后，就会知道 unimportant（不重要的）、unreal（不真实的）、unclear（不清楚的）、unfortunate（不幸的）等词的意思。

同时注意词汇的词类。英语中常用的词类有十种。每种词类都有具体的用法，如名词的可数不可数、动词的及物不及物、动词的时态和语态、非谓语动词形式、形容词和副词的比较级和最高级、数词的基数词和序数词，以及常用的介词用法等。对每一种词类的基本用法要讲解清楚，使学生能够清晰地知道每类单词所含有的用法，这样才能在语篇中更好地使用单词。

（三）教词汇意义

根据不同的标准，词汇的意义可以进行多种分类。从语义关系层面来讲，单词的意义包括一词多义、同形异义、同义和反义、上义和下义。在教授英语单词时，教师可以利用单词的语义关系将相关单词放在一起讲解，这样不仅可以扩大词汇量，而且可以对比单词之间的意义，促进单词的记忆和掌握。

一词多义是自然语言中的普遍现象，它是指一种词汇形式拥有两个或两个以上相互关联的义项。一个多义词有多种意思，可根据其使用的频率区分其中心意义和次要意义。次要意义是从中心意义引申而来，它们之间的关系是平行的、相互独立的。如 bachelor 的中心意义是 unmarried man（未婚男子），次要意义是 person with a university first degree（获得学士学位的人）。

同形异义词可包括同形同音异义词和同形异音异义词。前者是指单词的发音和拼写都相同，但意义不相同的单词，如 right［raɪt］adj. 正确的，右方的；后者是指拼写相同，但读音和意义不同的单词，如 record［'rekɔːd］n. 记录，唱片；［rɪ'kɔːd］v. 记载。

同义词指的是两个或者两个以上的词项具有相同或相近的词义，如 large、big、huge、enormous，accept、receive、admit、take。反义词指词与词之间存在着相反或相对的关系，例如，cheap 和 expensive，hard 和 soft，begin 和 finish，after 和 before 等。

英语中有些词的意义、性质、特征、类别等，下属于另一个表示较大范畴的词，较大范畴的词称为上义词，其所包含的部分称为下义词，如 furnitue：table、bed、chair、sofa、shelf 等；food：noodle、fruit、vegetable、dairy 等；country：China、Japan、America、Canada、Greece 等。在这些例子中，furniture、food 和 country 属于上义词，其包含的部分属于下义词。

Leech 将词汇的意义分为七种：概念意义（conceptual meaning）、内涵意义（connotative meaning）、风格意义（stylistic meaning）、情感意义（affective meaning）、联想意义（reflected meaning）、搭配意义（collocative meaning）和主题意义（thematic meaning）[198]。概念意义

是词典里所给的意义，是一个单词最基本、最本质的意义成分，如 tiger（老虎）。内涵意义一般是指附加在概念意义上的意义，如 dog 是指 a kind of domesticated animal，但是其内涵意义是指"intelligent、diligent、faithful"等。风格意义一般是指由于场合的不同，使用不同的词表示不同的层次，如正式用语、口语、俚语等。情感意义用来表达说话者的感情及其对实际事情和事物的态度，它不是一种独立存在的意义，而是通过概念意义、内涵意义或者语调等手段表达出来，如 Aha！（可表示"喜悦、惊奇、轻蔑"等）。联想意义是一种能够让读者或听众产生联想的意义，如通常用 the limbs 代替 the arms and legs。搭配意义是词与词之间搭配而形成的固定组合或习惯用语，如 pretty 和 handsome 虽然属于同义词，但是搭配不一样，如 pretty girl/woman/flower, handsome boy/man/car 等。主题意义是通过词序和各种强调方式表达出来的意义。也就是说在实际交流中，人们可以通过调整语序、变化句子焦点的方式，使表达的要点得以突出。如"John kissed Mary.（约翰吻了谁）""Mary was kissed by John.（玛丽被谁吻了）"。可以看出，在日常教学中，教师要明白词汇的概念意义是基础，同时注意词汇的搭配意义，在适当情况下，引导学生在具体语境中准确地使用单词的其他意义。其最终目标是让学生完全掌握词汇的表达和意义。

另外，教师也可以结合中外文化差异教授单词的意义。在英语学习过程中我们会学习和使用到很多单词。英语中的单词有的可以与汉语一一对应，如 mother（妈妈），river（河流），buy（买）；但有时汉语的一个行为在英语中有多种表达方式，以"吃"为例来说明，吃午饭（have a lunch），吃药（take a medicine），吃苹果（eat an apple），吃亏（suffer losses），吃工资（lean on salary），吃馆子（eat out）等；同时同一个英语单词有时也需要多个汉语来表示，以 have 为例，have a book（有一本书），have a dinner（吃晚饭），have a cup of tea（喝茶），have somebody do something（让某人做某事）等。

然而，有时我们从一种语言中找不到另一种语言的对应词，或者说，不完全对应的词。例如，定冠词 the，英语中的 uncle（可表示汉语中的"叔叔""伯父""舅舅""姑父""姨父"）和 aunt（可表示汉语中"阿姨""婶婶""舅妈""姑妈""姨妈"），但在汉语中这些称呼是有区别的。另外，由于文化的差异，单词所表达的引申意义会有所不同，例如，dog 一词在中英文中隐含义就截然不同。在汉语中，"狗"常用于贬义词组中，如狗仗人势、狗眼看人低、狗改不了吃屎等；而在英文中，dog 常代表友情与忠诚，如"Love me, love my dog.（爱屋及乌）"。

由于词汇的意义是受上下文语境、情境制约的，教师在讲授词汇时不仅要帮助学生理解词义，也要帮助学生理解词义的变化，同时还要说明语境在词汇学习中的作用。词汇教学不能脱离语境孤立进行，否则会事倍功半。

（四）教词语搭配

在英语学习中，我们还要特别注意学习某些固定搭配（collocations），因为如果用错了，词意表达就不准确，甚至引起笑话。例如，汉语中"看"的不同搭配，在英语中用不同的词来表达，看书（read a book），看电影（see a movie），看电视、看戏（watch TV/a play），看黑板（look at the blackboard）。又如，heavy 一词，我们可以说，heavy traffic、heavy rain/snow/fog，但我们不能说 heavy accident 或 heavy wind。当然，固定搭配还包括常用的一些句子结构，比如哪些词后面常用不定式，哪些用动名词，哪些用从句等。例如，（1）后跟不定式的动词有 afford、decide、plan、pretend 等，（2）后跟动名词的动词有 avoid、delay、enjoy、finish、forgive 等。

教师在教学中要强调词语搭配的重要性，鼓励学生多记忆和使用固定搭配，学生在学习过程中也要总结、记忆、使用固定搭配，并且了解同一个单词不同搭配的区别。

（五）教词块

我们已经讨论了词块的定义和分类，词块在英语词汇教学中的意义，以及索恩伯里[1]认为最具有教学意义的词块，不同词块结合的紧密程度的差异。在此不再重复，详细内容请见第四章。

在前面章节我们已经探讨过学习和掌握一定的词块的好处和意义，在英语学习过程中要培养学生的词块意识，大量学习、记忆和使用词块不仅有助于单词学习，而且还有助于培养英语语感。第一，学生应该要有词块意识。在英语学习过程中，尤其是学习的初级阶段，要培养词块意识。在阅读英文读物、看英文电影，甚至听英文歌曲时，学生可以查看是否有熟悉的词块，并摘抄下来。教师可以给学生布置任务，比如在学习课文或者观看英语视频时，找出熟悉的词块，看谁找得多；把学生分成小组，给学生限定时间，让每一组列出尽可能多的词块，列出最多的一组获胜；教师还可以在黑板上写出多个词，让学生从中找出可能构成搭配的词或词块，找得多的学生将获得奖励等。教师在教学过程中要培养学生的词块学习意识，学生在学习过程中要有意识地去掌握出现的词块。第二，学生要频繁接触大量词块。英语词汇的学习要多重复、多使用。教师鼓励学生多阅读英文读物，包括英语课本或课外英语读物，在学习中多使用相关的词块和词组，英语中有句谚语"Practice makes perfect."（熟能生巧）。词块学习，见多了，用多了，自然就学会了。第三，学生要多记忆。英语学习过程中会接触大量固定搭配、句子框架、习语和警句、话语标记语等，学生要适当地记忆和积累。教师可以在教室的墙上贴上常用的句子结构、搭配，以助于学生记忆。学生可以在随身携带的笔记本上写下常用的搭配、习语、句子框架等，以便随时记忆。

总之，词块的教学有助于词汇和英语的学习。我们建议教师要培养学生的词块意识，在课堂上重复多次使用相关词块；学生也要坚持做笔记，记录词块，有意识地注意词块，并且要强化练习和重复使用。

（六）教词汇学习策略

词汇学习策略也应该是词汇教学的一个方面。教师应针对不同的单词和语境给学生介绍不同的词汇学习策略并进行训练。关于词汇学习策略的教学，详见第八章。

（七）教外国文化

不同的地区生活着不同的民族，不同的民族拥有着不同的文化，而语言是文化的重要载体，不同的语言反映着不同的文化，同时文化又会影响语言的发展，并在语言中得以体现。在外语教学中，文化是指所学语言国家的历史地理、风土人情、传统习俗、生活方式、文学艺术、行为规范、价值观念等[26]。接触和了解英语国家文化有益于对英语的理解和使用，有益于加深对本国文化的理解与认识，有益于培养世界意识。

我国《普通高中英语课程标准（实验稿）》将文化意识列入了英语课程的培训目标，并且详细地描述了不同等级中对文化意识的培养目标。该课标要求在教学中，教师应根据学生的年龄特点和认知能力，逐步扩展文化知识的内容和范围。在起始阶段应使学生对英语国家文化及中外文化的异同有粗略的了解，教学中涉及的英语国家文化知识，应与学生身边的日常生活密切相关并能激发学生学习英语的兴趣。在英语学习的较高阶段，要通过扩大学生接触异国文化的范围，帮助学生拓展视野，使他们提高对中外文化异同的敏感性和鉴别能力，进而提高跨文化交际能力[26]。

词汇作为语言的重要组成部分，能很好地反映英美文化的内涵和独特的魅力。胡文仲认为就语言要素与文化的关系而言，语音与文化的关系最不密切，语法次之，而关系最密切、反映最直接的是词汇[199]。在英语词汇教授过程中，教师应培养学生的文化意识，使学生了解词汇含义的起源及其演变，理解英语中常用的词语搭配、习语、成语和俗语的文化内涵以及所表达的意义，并且通过英语教学了解世界文化、风土人情以及禁忌，使学生具有世界意识，同时也可以加强学生对中国文化的了解。由于文化不同，词汇使用差异主要体现在以下方面：

（1）搭配不同。由于文化的差异，词语之间的搭配有些是约定俗成的。比如，汉语中的"红茶"在英语中是"black tea"，而英语中的"black coffee"在汉语中应为"不加牛奶或糖的咖啡"，而汉语中的"浓茶"在英语中是"strong tea"。

（2）词汇所表达的内涵意义不同。"龙"在中国文化中表示"吉利""充满希望"等意思，"dragon"（龙）在英美文化中却是凶残的怪物，是"邪恶"的象征，如果不了解中西方文化，在使用该词时就会产生误解。再如"白象"牌电池是我国著名的电池品牌，如果直接翻译成"white elephant"势必会产生不好的影响，因为在英语中"white elephant"（白象）是昂贵而无用的东西的代名词。

（3）词汇的联想意义不同。由于各民族的社会文化背景和风俗习惯的差异，词汇的联想和比喻意义差别很大。比如在颜色的使用上，汉语中"绿色"常指春天、希望等，而在英语中人们常会联想起"green

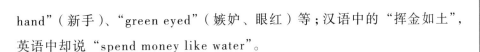

hand"（新手）、"green eyed"（嫉妒、眼红）等；汉语中的"挥金如土"，英语中却说"spend money like water"。

（4）词汇意义所涵盖的范围有差异。由于中西方不同的文化背景，在对同一事物进行表达时，英汉词语概括的程度不一样，最典型的就是表示称谓的词。英语中表示称谓的词要比汉语少得多，如 uncle、aunt、cousin、nephew、niece、sister、brother 等涵盖了在汉语中很多的关系，其中 nephew 可表示"侄子""外甥"等，niece 可表示"侄女""外甥女"等，在汉语环境下使用时，要根据实际情况选择其意义。

由此可见，如果不了解词汇所包含的特定文化内涵和意义而产生理解偏差，在词汇使用中就会闹出笑话，甚至犯错误。教师在教授英语词汇时，不仅教授词汇本身的拼写、发音、词义、短语等，还要把词汇本身所含有的文化内涵和意义传达给学生，加深学生对英语语言、对英语国家文化的了解。

总之，词汇教学不仅涉及词汇本身，教师还要在词汇概念意义的基础上，扩大词汇的认知范围，结合具体语境讲解单词，同时适当地讲解有关国家的文化。学生不仅要记忆单词，而且要能在适当的场合正确使用词汇。

第三节　词汇教学原则

前面我们已经介绍了掌握词汇的标准和词汇教学内容。那么在词汇教学时，我们应该遵守哪些原则呢？

（一）运用性原则

词汇学习的最终目的是运用，而不是存储。词汇教学不只是单词教学，必须给学生提供具体的语境和情境让学生使用单词，因为单词只有在具体语境或语篇中组成句子或话语之后，才能实现其交际功能。离开具体的语境，很难明白一个词表达什么意思。正如索恩伯里[1]所言，Use it or lose it.

因此，教师在确定了单词的语义和用法后，不仅要给学生罗列词义、例句，讲解用法，还要给学生提供具体的语境和情境，以及使用词汇的机会，否则学生很难掌握单词的用法，不利于他们发展口头和笔头表达能力。同时，学生也要加强英语阅读，多参与英语听说读写等活动，多做复述课文、翻译文章、英语写作等相关练习来提高词汇的运用能力。

（二）趣味性原则

对英语初学者来讲，尤其是中小学生，只有感兴趣的东西或者趣味性强的东西，才能更好地激发他们的学习欲望和动力。词汇学习有时是枯燥的、持久的，因此，中小学英语词汇教学应根据学生的兴趣，结合教学内容的特点，安排教学活动，充分利用教具，合理运用游戏，从而激发学生英语学习的兴趣，促进英语词汇的学习和记忆。

（三）直观性原则

具体的、直观的事物和情景更能引起学生的注意，有利于帮助学生理解并记忆单词。教师在教授单词时，应根据单词的特点和内容，用直观的方式如图片、实物、具体情景等，使学生在特定的语境中感知和学习单词，从而加深对单词的理解和记忆。

（四）强化性原则

英语的词汇量大，其拼读方式和拼写形式与汉语有很大差异，这给学生学习和记忆单词带来一定困难。单词的学习，需经过一个理解、消化和巩固的过程，尤其是一些出现频次低、音节较多的词汇，学生很难在较短时间内掌握并记忆。因此，英语词汇的教授应该遵循记忆规律，不断复习，重复使用，使单词得到强化和巩固。

（五）文化性原则

语言是文化的载体。要很好地理解一种语言就必须了解其文化。词汇是语言的最小意义单位，因此，在教授单词时，教师不能只停留在讲解单词的字面意思，要深入单词的使用语境，以掌握单词的文化含义。只有这样才能做到在适当的语境中合理地运用单词，从而有效地进行跨文化交际。

（六）突出重点原则

掌握一个单词包括很多方面，包括词的发音、拼写、意义、搭配等，同时词汇还有接受性和产出性之分。教师在词汇教学时要根据课标、考试大纲和学生实际水平，突出重点、有所选择地教学，应重点讲解词块、词语搭配、常用习语等，避免孤立地讲解单词。在讲解单词的基本意思基础上，逐渐地引导学生学习并掌握单词的引申意义以及特殊用法等。

总之，词汇教学是英语教学中一个重要的环节，忽视词汇教学即忽视了语言教学的本质。教师在日常教学中应引导学生总结规律，利用规律，使英语词汇学习变得轻松愉快，事半功倍。同时，词汇教学不能脱离实用意义，教师要给学生提供有意义的语言材料，让他们在语境中通过认知来接受词汇知识；给他们创造一定的语言环境，让他们把所学到的词汇运用到实际中去。如此反复实践，学生掌握、运用词汇的能力一定会有大幅度的提高，英语交际能力也必然得以增强。

第四节 词汇教学方法

了解了英语词汇教学内容和原则,那么如何才能有效地教授词汇呢?英语词汇教学应结合学生的认知特点和记忆规律,加强引导、帮助和促进学生学习词汇。下面介绍几种常用的词汇教学方法。

(一)直观性教学法

中小学生的思维特点是以直观形象思维为主。在课堂教学中,通过生动形象的直观事物辅助教学是一个十分重要的方法。教师可使用实物、图片、简笔画、教学挂图、多媒体课件、体态语等。直观法能提供形象、直观、多种感官刺激的语言材料;把抽象的单词具体实物化,避免了用中文解释,培养英语思维能力。仅举几例:

1. 名词

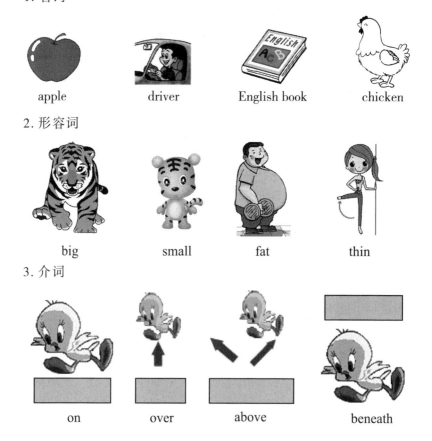

| apple | driver | English book | chicken |

2. 形容词

| big | small | fat | thin |

3. 介词

| on | over | above | beneath |

4.动词

swim　　　　sleep　　　　dance　　　play football

（二）语境教学法

　　单词只有组成句子和话语之后，才能实现其交际功能。孤立地讲解单词属于语义性记忆，而把词语和具体的使用环境相结合，通过生动的实例来讲解单词则属于情境记忆。情境记忆的速度要高于语义记忆，更有助于学生使用词汇。要确定词义和用法，必须有具体的情景和语境。要着眼课堂教学，注意激发学生学习词汇的兴趣的同时巧设情境。课堂是中小学学生学习英语的主渠道，在词汇教学中，应尽量把词汇置于能听、能看、可触摸、可感受的情境中去，使学生不会因为觉得词汇学习单调乏味而失去兴趣。

　　结合对话、课文或生活情境教授单词，有助于学生对词的意义、用法、搭配、句法功能等有感性的认识。教师要多鼓励学生借助已有的知识猜测词义，必要时，可以让学生使用英语词典。例如，英语中的 I 和 me 都是"我"的意思，但是它们在用法上有很大的不同，学生容易因中文习惯混用这两个单词。因此教师在教单词时，最好把这类单词放入句中教学。如"I love you, and you love me."，把单词 love 放在句中，做到词不离句，句不离文，使学生正确理解其用法，培养学生的造句能力。

　　教授单词时，教师也可以结合生活情境和环境，以提高学生英语学习的兴趣。比如大家对 iPhone 都很熟悉，但是 iPhone 中的 i 是指什么呢？是指"我"，还是 innovation，还是 intelligence，还是其他？了解苹果公司历史的人就会知道 i 指的是 internet。下面品牌的来源你们知道吗？联想（Lenovo）是 legend 和 innovation 的缩合，力士（Lux）来自英语 luxury。下面银行缩写的全称又是指什么呢？ABC 全称是 Agricultural Bank of China（中国农业银行），ICBC 全称是 Industrial and Commercial Bank of China（中国工商银行），CCB 全称是 China Construction Bank（中国建设银行）。教师可以让学生自己查找这些词的全称和来源，不仅能激起学生学习英语的兴趣，而且他们的记忆也会更深刻。生活中处处都有英语的存在，学生要善于观察，善于发现，在真实情境中学习英语，效果会更好。

（三）构词法

构词法是通过词本身的内在规律记忆词汇的方法。英语词汇是由词素（词根、词缀）构成的，词义是由词素产生的。教师可以引导学生掌握一定量的词根、词缀，教会学生基本的构词法，使他们能更有效地掌握更多的单词。例如在 port 基础上加上不同的词缀，就会得到不同的单词，如 airport、export、import、porter、portable、transport、transportation、report、support 等。

英语中有大量的词缀，但是学习者并不需要死记硬背。例如，形容词加后缀 -ly 变成副词，importantly（*adv.* 重要地），carefully（*adv.* 仔细地），但并非所有的以 -ly 结尾的单词均为副词，如 friendly（*adj.* 友好的），deadly（*adj.* 致命的）；前缀 re- 通常表达相反或重复的意思，如 reappear（再现），rebuild（重建），retreat（后退），但 research 并不是表示 search again。所以，要避免这样的错误，可以用以下方法来进行教学。首先，了解词类转换的规则，掌握单词的构词法，并理解词缀及其表达的意思。换句话说，先教规则，然后进行细致的分类。如将词按照构成方式分为合成词、转换词、派生词等，然后再区分词缀。另外，学生也可以先接触大量正确的例子，然后从中总结规律和规则。实际上，在英语学习过程中，该方法更符合学习规律。英语学习中会接触到很多单词，无论是简单词还是复合词，我们都将它们作为单独的单词进行学习和记忆。接触每个单词的次数是记忆的关键因素，因此，学习者需要接触大量的词汇，而不是学习并记忆规则。但是，该方法需要学习者接触大量的语言和词汇以进行积累，这样一来学习者的学习进展会比较慢。如果学习者在这个过程中能意识到单词的规则，并且有意识地进行记忆和运用，势必会加快单词的识记速度。

（四）联想法

联想是由当前感知的事物而回想或推想起另一事物的心理认识活动。简单说就是，基于事物的某一特点，把该事物和其他事物之间建立起联系，促进单词记忆。教师可根据需要启发学生的想象力，采用联想的方式激励学生记忆单词，扩大他们的词汇量，这也有助于学生对单词进行归类。下面举几个例子。

1. 词群联想

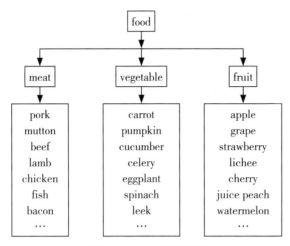

图 5-2 food 词群举例

教师通过上位与下位的层次结构把相关的信息整合起来，可形成一幅概念关系图（见图 5-2）。如当教授 food 时，教师可以列出 meat、vegetable、fruit 等单词，让学生想起有关水果的单词 orange、apple、pear、banana、grape 等，在形象地展现单词的同时激发了学生的联想能力。

教师还可以把意义或形式上有关联的一组词联想在一起，如当谈到学校时，会想到哪些词呢？围绕学校，对相关的词汇展开联想，如图 5-3 所示。

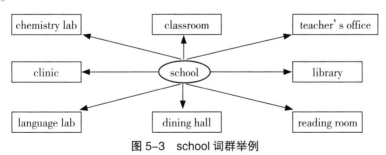

图 5-3 school 词群举例

除使用词汇网络图之外，教师还可以采用关联列举的方式，把与某一单词可以搭配或有关联的单词进行列举，如当给出 money、doctor 等词时，会想出哪些相关的单词呢？所联想到的词不仅要体现与所给词之间的搭配，而且也要体现与所给词之间的语义相关性，如（1）money：pay，lose，withdraw，deposit，save，bank，finance，fee，stock share，scholarship，expensive，cheap…（2）doctor：hospital，nurse，emergency，ambulance，medicine，master，bachelor…

此外，教师可采用扩散激活模型来刺激联想。该模型来自语言心理学中心理词库的组织知识[200]。该模型认为词汇是以网络关系的形式表征的，一个概念的意义是由与它相联系的其他概念确定的。概念之间通过语义联系组织在一起，概念在这个网络关系中用节点表示，概念间的关系用节点之间的连线表示。连线的长短表示联系的紧密度，连线越短，表明两个概念之间具有更多的相似性。第二章已经详细介绍了该模型，具体可参照第二章关于扩散激活模型的论述。该模型具有以下特点：一是节点之间的激活扩散。一旦一个节点被激活，刺激就会传递给相连接的概念的节点。如 fire 被激活，就会将刺激传递给 red，而 red 就可能激活其他表示颜色（orange、yellow、green 等）或水果（apple、cherry 等）的词。二是激活扩展模型的复杂性和可扩展性。各个节点之间相互连接组成一个复杂的网络，但是各个概念还可以进一步扩展和延伸。如 fire 可以和 fire engine 连接，而 fire engine 又与 car、truck 等概念连接。三是节点之间连接的合理性。节点之间是通过概念的相似度建立连接的。节点之间的连线越短，概念之间的相似度就越高。总之，该模型以某一个单词为起点向周围节点扩散，既考虑了单词的概念知识，也考虑了词的句法和语音知识。

2. 包容联想。教师可以写出某个单词，让学生围绕与该词所描写的事物特点有关的词展开联想。如讲解 season 时，教师可以让学生列出一年中四季的名称（spring、summer、autumn、winter）和有关特点，与春天有关的单词有 green、flower、blossom、breeze 等，与冬天有关的单词有 cold、snow、white、wind 等。

3. 纵向联想。教师可事先根据要求准备好框架图，但不能直接展示给学生，先引导和鼓励学生积极思考，然后再让学生与教师事先准备好的框架图进行比对，最后根据学生的回答进行补充。图表框架如图 5-4 所示。

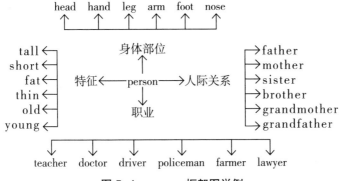

图 5-4　person 框架图举例

4. 情景联想。情景联想是指在日常生活的情景中，往往需要一连串的动作来共同完成的一件事或一项工作。借助情景联想对描述这一连串动作的词汇进行集中学习或复习能够达到加深理解和记忆的目的，如描写 eating out，可涉及以下词汇，如图 5-5 所示。

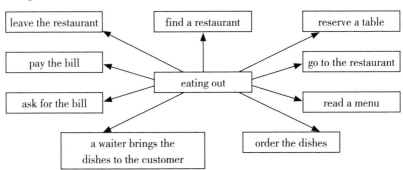

图 5-5　eating out 情景联想举例

（五）对比法

我们可以根据英汉单词和文化的差异，对比英汉的单词及其搭配。主要有以下几种：

1. 一个意思，多种表达。由于文化的差异，某一语言中的表达，在对应的目的语中会有多种表达方式。教师可以给出一个汉语词，让学生自行寻找相关的英语单词，如"看"，教师可以让学生联想英语中有关"看"的表达，如 look at the blackboard，watch TV，see a film，stare at sth.，have a glance at sb.，peep，gaze 等。

2. 一种形式，多个意思。在英语中，一个词可以表达多个意思。如 book（书、预定、赌注、账簿），beat（赢、打击、音乐的拍子），can（能够、可以、金属罐）。在这些例子中，要注意相同的形式不仅可以有多种意思，还可以有不同的词性和读音，如 present［'preznt］adj. 当前的；［prɪ'zent］v. 出席。

3. 用法比较。教师可以根据某一单词的用法激励学生联想，让学生想出尽可能多的搭配以及用法，这样不仅可以掌握单词本身，还可以学习单词的搭配及用法。如 go 的词组有 go to school、go to the park、go to the bank、go to the supermarket、go swimming、go shopping 等。

（六）故事法

对中小学生来讲，尤其是小学生，故事是他们的生活中不可或缺的一部分。故事呈现法就是利用学生对故事有特殊兴趣的这一心理特征，在新单词呈现之前教师用学生能听懂的语言，借助图片、动作、手势等辅助手段讲述故事来激发学生的兴趣，为学习新单词做好铺垫。比如，在食物单词如 cake、hamburger、popcorn、hot dog、bread、French fries 的教学中，教师就可以把这些单词穿插在故事中，并用多媒体课件展示出来：在装饰着小彩灯、各色气球的肯德基快餐店里，动物们将为 Monkey 举行一个 birthday party。随着故事情节的发展，课件上逐渐呈现动物们喜爱的食物，教师逐一教授单词。

（七）分类

心理学研究表明，把相关的内容集中在一起或联系起来学习和记忆，会产生良好的效果。对单词进行分类就是把意思或类别相同或相近的单词放在一起学习。分类的过程也是学习和记忆的过程。如下面的单词都是有关食品的，请按照类别将单词分类[202]。

cabbage　pear　beef　apple　potato　noodles　carrot　pie
orange　juice　rice　Coke　tomato　eggplant　mutton　cucumber
fish　pancake　tea　pork　chicken　chips　coffee　hamburger

表5-2　食品类单词分类表

vegetable	
fruit	
drink	
meat	
staple food	

（八）猜词法

猜词法就是教师利用学生的好奇心和喜欢刨根问底的心理特征，根据教学内容特意制造各种悬疑来激发学生的学习兴趣，启发学生积极思考的一种词汇呈现方法。教师在讲课时给学生设下悬疑，引起学生强烈的破疑意愿。如在教水果类单词时，教师先在黑板上画一个圆，让学生猜猜老师将要画什么，然后再加上寥寥几笔，使它变成 apple、pear、peach、grape、orange、watermelon 等，从而呈现单词。这种呈现法能激发学生的求知欲，主动展开思维来学习新的知识。

（九）游戏法

在英语学习的初级阶段，尤其是对中小学生而言，游戏法教学会起到非常好的效果。教学游戏集智力、活动和竞争于一身，是组织课堂模拟实际活动的有效辅助手段，是实现多样化、趣味性以及提高课堂教学质量的途径。游戏化教学符合中小学生活泼好动的心理特点，让学生乐于接受，有助于学生高效地学习单词。游戏既可以让学生在轻松的气氛中掌握并运用新词汇，又能调动他们的学习积极性，还可以培养他们学习英语的兴趣。适合英语词汇教学的游戏很多，如抢读单词、看图猜词、看图写词、单词拼写比赛、单词接龙、猜袋中物、Bingo 等，教师可以根据教学需求和学生特点，选择合适的游戏调动学生的积极性，进行词汇教学。

（十）语料库应用

在第四章我们已经介绍了语料库与词汇教学。语料库是一个由大量在真实情况下使用的语言信息集成的、可供计算机检索的、专门供研究使用的巨型资料库[184]。它为教学提供丰富的、真实的词汇使用环境，可以在词汇搭配、词形、词义以及词的语体特征等方面提供真实的情景，有助于词汇教学。具体来讲体现在以下几个方面。

（1）词的形式和结构方面。在学生学习和掌握了词汇基本的拼写和发音后，老师可以引导学生利用语料库资源来丰富和扩大词汇量。教师本身也可以利用该资源组织词汇练习和备课。比如，在教授单词 compete 后，教师可以在语料库中输入 com，搜索以 com- 作为前缀的单词，电脑会显示很多以 com- 为前缀的单词，以便教师可以和学生一起学习该前缀的内涵。然后继续输入 compet，又会得到很多与其相关的派生词，如 competent、competence、competitive、competition、competitiveness 等，教师可以根据所出现单词所处的语境，对单词的词性、用法进行分析讲解。

（2）词汇的搭配方面。语料库相关检索软件如 Wordsmith、AntConc 等以及本身自带的 Collocation 功能，能帮助学习者展现词的共现行为，完整地了解词汇的搭配情况，可帮助老师和学生在学习了某一个单词意义基础之上，进一步了解目标词在不同的语境下、不同的语义下以及不同的语法结构中的搭配规律和使用情况。语料库软件一般都带有索引功能，键入关键词后，语料库会自动检索出包括关键词在内的一定数量的语境词，并且以关键词居中显示，以关键词为中心的左右 3~4 个词数构成关键词的"跨距"，跨距中的词语就构成了关键词的语境，该语境是连续文本。语料库可以围绕关键词，从关键词所在行、段落甚至语篇进行扩展显示，有助于英语词汇、语法和语篇的学习。

（3）词汇的意义方面。前面我们讲过词汇的意义可以包括很多方面，而且词汇的意义处于举足轻重的地位。我们可以利用语料库软件对关键词进行搜索，利用语料库的索引行，根据关键词所在的语境，了解和归纳词汇的概念意义、搭配意义和主题意义等，同时也可以根据语义关系，对关键词的同义词、反义词等进行探讨和学习。

（4）词汇的语体特征。单词在不同的语域中会呈现不同的语体特征，如正式和非正式、口语和书面语等。要了解单词的语体特征，我们可以在口笔语语料库中对关键词用法进行搜索，语料库就会呈现该词在不同语域中出现的语境和语体情况，通过了解其使用频次和特点，我们就可以学习该单词的具体用法。

在当今电脑普及的时代，使用已建好的各类语料库，可以帮助老师和学生了解和学习单词在真实语境中的使用，进一步了解单词的详细使用情况。这对教学、自学、自评都有促进作用。

（十一）数据驱动学习

数据驱动学习是 20 世纪 90 年代初由 Tim Johns 提出的，其宗旨是鼓励学习者积极、主动地从真实的语料中观察、概括和归纳语言事实[41]。Johns[202] 及 Tribble 和 Jones[203] 是借助语料库技术进行辅助语言教学的开拓者，他们在课堂词汇练习中首创了"数据驱动学习"（Data-driven Learning，简称 DDL）。数据驱动词汇教学已在国外外语教学实践中扮演着越来越重要的角色，国内外学者对数据驱动外语学习的研究和应用已经取得一定成果[41, 202, 204-206]。

Johns 将数据驱动学习定义为"课堂教学中引导学生利用计算机产生的索引对目标语进行探索的教学方法，包括基于索引的各种活动和练习"[207]。因此，它是建立在语料库基础之上的计算机辅助教学形式。它倡导学生通过观察真实的语言现象，主动探索词汇的使用规律，从而能够更加准确地掌握和应用词汇。它是通过计算机技术和专用软件（如Wordsmith）等词汇检索软件对本族语者笔语语料库或口语语料库，或通过检索本族语和非本族语对比语料库，或通过自建语料库，找出外语学习者使用中介语的规律和特点，从而使学习者从真实的语料中发现真实语言使用的规律[41]170。

Johns 将数据驱动学习分为三个步骤：第一步，提出问题（identify）。由教师预先提出问题或由学习者自己提出学习过程中产生的疑问。第二步，材料分类（classify）。通过检索工具从语料库中检索出大量的语言数据并进行恰当的筛选和分类。第三步，归纳总结（generalize）。在教师指导下，学生理解、分析并归纳出语言使用规律，解决在第一步中提出的问题。在课堂教学中，教师可以将事先设计好的教学材料交给学生，让学生自己观察、假设推断、找同学讨论，最后通过归纳总结找出规律，找到问题的答案。[207] 由此可见，数据驱动学习是借助计算机技术和语料库手段进行学习的新型学习模式，在教师的倡导下，发挥学生的自主能动性，以真实语料为基础，引导学生积极主动学习，使词汇的运用更准确、更地道。这种方法能提高学生的语言直觉，锻炼学生的自主学习能力，培养学生的思考、推理能力，调动学生的求知欲和探索精神。

例如，教师讲解单词 meet 时，可以提出该单词经常出现的语境，经常与哪些单词搭配出现等；再让学生借助电脑检索工具如 Wordsmith、语料库等手段对该词出现的语境进行搜索，并整理分类；然后让学生以小组讨论的形式，总结该词出现的语境、常见搭配，并找出规律；最后采取小组交流的形式分享学习成果。这样不仅可以让学生学到真实情境下鲜活的语言，还可以增强学生的自主学习能力，增添学习乐趣，同时提高学习的积极性。图 5-6 是英国国家语料库（BNC）的检索结果示例。

			左语境	meet	右语境
FB9	W_fict_prose	A B C	and would take her out to tea , so she could	meet	a new friend . ' Well , he said he
CMU	W_non_ac_soc_science	A B C	school only , or , as in the example above ,	meet	across feeder schools (whose staffs may otherwise still work in
FU2	W_fict_prose	A B C	profound emotion and physical joy and had been parted only to	meet	again how , by chance , so felicitously . " I 've
B0U	W_biography	A B C	, ' he said , ' and I hope we shall	meet	again one day in happier circumstances . ' ' I hope so
GUX	W_fict_prose	A B C	, she would have liked to ask , When could they	meet	again ? She would so like to speak to him of all
EC7	W_ac_medicine	A B C	areas . Development plans would need to show that they can	meet	all three of the strategic objectives -- for remedial action ,
A6G	W_ac_humanities_arts	A B C	to New York non-stop . This was the aircraft intended to	meet	American competition head-on . Type 2 was a two-engine
H8T	W_fict_prose	A B C	out over the phone , Harry . Why did n't we	meet	and was about it ? ' (He was nervous now ,
EW1	W_ac_humanities_arts	A B C	complications , real though they be , but how will you	meet	another general strike on the railways or in the mines ? It
FU2	W_fict_prose	A B C	walk , everything he had seen . " I did n't	meet	anyone hardly ever do . " Stephen tried irony .
G1C	W_ac_soc_science	A B C	emergency service for everyone at a given sum per year and	meet	certain quality criteria . # 2 . # Cost and volume . These
ACR	W_pop_lore	A B C	n't helped by chasing minimum pollution , either . But trucks	meet	current US standards using a battery of tricks -- turbocharging
HGE	W_fict_prose	A B C	full flight , rose to meet them , or rather to	meet	Dr Neil . She threw a cursory glance at Matey , inclining
B1F	W_religion	A B C	and become winged men . Is there not serenity when we	meet	each other high above material things ? Are these thoughts not
HJ9	W_misc	A B C	It was agreed that it would be desirable for students to	meet	ECTF staff to establish contacts which might later prove
HGD	W_fict_prose	A B C	the plane would be full . There would be nobody to	meet	her in London because she had not bothered to let Glyn know
CJ9	W_non_ac_soc_science	A B C	# That depends entirely on what you do together after you	meet	her or him . Having a friend , acquaintance , work colleague
G3S	W_fict_prose	A B C	Cedric , on the other hand , though obviously delighted to	meet	her , gave no hint of doing his part , After sniffing

图 5-6 英国国家语料库中 meet 的共现示例

词汇教学方法很多，本章仅举几例，在实践教学中，教师可根据实际需要，设计合适的词汇教学。由于词汇容易遗忘，在教学过程中，教师要设法加大词汇的重复率，加强复习和测验，强化学生的记忆，以旧带新，提高单词学习效率。词汇教学不能孤立地进行，而是要在具体的语境和情境中展开，这样教学效果会更好；要与听说读写结合起来，让学生亲自体验、使用和学习。仅靠教师教学，再好的方法也不能保证学生学会词汇，教师要鼓励和引导学生多阅读、多运用，才能使学生真正地理解和掌握词汇。教师还应鼓励学生利用网络、计算机等先进手段进行自主学习，掌握地道、真实的语言。

第五节 影响词汇学习的因素

在中国环境中学习英语，缺少使用英语的环境，学生在学习词汇时多是孤立地、脱离语境地记忆单词，这样不仅不了解词汇的用法和准确的意义，而且还容易遗忘。

那么造成英语词汇学习困难的因素有哪些呢？Nation 认为词汇学习的难度主要与学习和记忆词汇时所付出的努力程度相关[3]。这主要依赖于三个层面：学习者已有的英语经验和母语知识，词汇学习或教授的方式，单词本身的难度。

我们认为影响词汇学习的因素主要体现在以下几个方面。

（一）教师因素

教师的词汇教学观念和方法对学生的词汇学习会产生影响。第一，教师要对课标、大纲、考试等对词汇的要求心中有数，也就是要对一个单词教什么、教到什么程度、怎么教等要心中有数。如果教师词汇教学中缺乏计划性，导致词汇教学重点不突出、讲解内容过多或过少，都会影响词汇学习的质量。第二，教师的词汇教学方法要多样化。教师在词汇教学中，要采用多样、灵活的方式教授词汇，发挥学生主观能动性，抛弃传统的词汇教学方式（领读——讲解——背诵——听写），把单词放在一定的语境和语篇中进行讲解，并且增加课上运用单词的机会，帮助学生进行巩固和练习。第三，词汇评价方式要多元化。传统上，教师对词汇的考查方式主要是听写，把单词放在孤立的句子里进行考查，而且对单词的意义无法全面进行检测。目前，越来越多的考试对词汇直接的测试少了，更多的是将词汇放在一定的语篇或语境中进行考查，不仅能够考查单词的意义，而且能考查单词的实际应用。教师对学生词汇的考查要多元化，注重实际应用。第四，教师要对学生的词汇学习策略进行研究。在词汇教学过程中，教师应注重个体差异，发挥学生的主动性。词汇学习和记忆也要符合人的认知规律。教师应对学生的词汇学习多些指导，制定词汇学习策略，向学生传递正确的词汇学习观，同时加强监督和考核。

（二）母语和已有的英语知识

外语词汇学习受到母语词汇的影响已得到很多实验的验证。Meara 认为如果需要的是一些认知操作而不是需要唤起简单的语音形式，那么就很难将两种语言分开[3]。母语词汇对外语词汇的影响将导致词义的僵化，使学生总是记住母语词汇的意思，而不能准确地把握外语词汇。英语和汉语是两种不同的语言，两种语言除在语音和语法方面存在差别之外，在词汇上也有很大差异。汉语属于表意文字，字形是由不同的笔画组成，而英语是表音文字，单词的形态是由字母或字母组合构成。两种词汇在词义的聚合、组合及其语义场上有很大的区别。

如果学习者已经拥有一定的英语知识或母语中恰好有与该词对应的词汇，那么该单词的许多特征就可以预测，学习该单词就容易多了。例如，如果学习者知道 excite，而且也知道后缀 -ment，那么 excitement 就很容易学习了。Nation 列举了四个方面进行考虑某个单词与其对应母语单词的异同，包括形式（口语、书面语）、位置（语法、搭配）、功能（频次、恰当性）和意义（概念意义、联想意义）[3]。总的原则就是：单词的特征越具有规律性和有预测性，单词就越容易掌握。

（三）学生因素

词汇学习成功与否在一定程度上取决于学生的学习兴趣、态度、动机、方法、记忆水平等。无论教师的教学方法多么得当，多么多元化，如果学生不主动，效果也收效甚微。在词汇教学过程中，教师要培养学生自主学习的习惯，以正确、积极的词汇学习态度，通过训练、重复使用等手段加强学生单词记忆的长效性，同时教师要尊重个体差异，帮助学生寻找适合自己的单词学习方法，注重单词的实践应用，通过大量阅读，在语境和语篇中运用词汇学习策略活学活用英语词汇。

遗忘是困扰词汇学习和记忆的重要因素。德国心理学家艾宾浩斯（Hermann Ebbinghaus）根据实验数据（表 5-3）描绘出艾宾浩斯遗忘曲线（图 5-7）。从该曲线可以看出，遗忘是有规律的，遗忘的进程不是均衡的，遗忘率是非线形的。在记忆的最初阶段遗忘的速度最快，后来就逐渐缓慢了，到了相当长的时间后，几乎就不再遗忘了，即"先快后慢"的原则。如何减缓遗忘呢？首先，学生应结合遗忘规律，调整词汇学习方法和策略，合理分配时间。复习某一新学习的内容的最好方法为先密后疏，即在复习最初阶段复习频率应该高一些，然后逐渐减少，时间间隔不断加大。其次，复习时，还应该注意将集中学习和分散学习结合起来，将复习内容分阶段、分批次进行，不能一味地依靠短时间内的突击；再者，在进行词汇复习时，最好将词汇放在一定的语篇或语境中，不仅记忆单词的形式，还要理解单词的意义和单词的搭配；最后，在平时的学习中，要加强阅读和听说的量，使所学词汇不断重复出现，强化记忆。这样不仅能够加深对词汇的记忆，而且还可以加强词汇的运用能力。

表5-3　遗忘进程

时间间隔	记忆量	遗忘的百分比
刚刚记忆完毕	100%	0
20分钟后	58.2%	41.8%
1小时后	44.2%	55.8%
8~9小时后	35.8%	64.2%
1天后	33.7%	66.3%
2天后	27.8%	72.2%
6天后	25.4%	74.6%
30天后	21.1%	78.9%

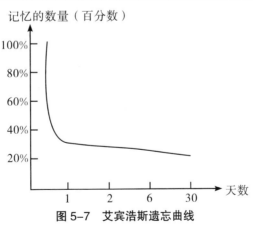

图 5-7　艾宾浩斯遗忘曲线

（四）单词本身的因素

单词本身的特征也会影响词汇的学习，比如它的词性如何。Rodgers发现名词最容易学习，形容词次之，而动词和副词是最难学习的[209]。然而在语篇中对单词意思进行猜测时，名词和动词要比形容词和副词容易判断词义。单词需要产出性学习还是接受性学习也会影响词汇学习的难度。一般来讲，认识单词的词形和识别其意义要比产出词汇容易。

词汇或搭配本身的特殊规则会给单词学习带来困难。在词汇学习时，有些单词或搭配的构成不符合规则，如 of、blood、yacht 等并不符合熟悉的拼读规则，going to school 和 like a dream come true 等不符合常用的语法规则，这些特例给词汇学习和掌握带来困难。再例如 school、town 通常被认为是可数名词，通常会用 a、the、my、this 等修饰，当学习者碰到可数名词但是没有 a、the、my、this 等修饰时，就会对词汇的使用产生困惑，如"He is going to school."。所以教师在教学时应当考虑规则学习和特例学习孰轻孰重。一般来讲，教师应在学完一般规则以后，再讲授特例。

（五）教材因素

教师在教学时的主要依据和学生学习的内容都是以教材为中心的。教材的编写、词汇呈现方式及频次、词汇练习的设计等都会对词汇学习产生一定的影响。左焕琪认为从词汇教学的角度讲，重复率与突出重点的教材和教学方法对词汇学习有较大的影响[209]。尤其是在将英语作为外语的环境中，如在中国，课外使用英语的机会较少，那么教材中词汇的重现率就显得尤其重要。如果词汇重现率低，就不能引起学生的注意，学生对词汇的巩固就不够，教师就更应该加强单词的使用和练习频次。大量的研究也表明了词汇学习和词汇重复率有一定的关系[3]。另外，教材中相关的词汇练习也应多关注词汇在语境和语篇中的应用，而不应该只是采用选词填空、词语翻译等关注词汇形式的练习。练习既要考查词汇的接受性知识，也要考查单词的产出性知识，提高词汇的应用能力。

词汇虽自成系统，有其内部规律，但教材不可能按词汇系统编排。英语教学要体现出词汇的系统性及规律性，首先要改变传统的教学方法。这是英语教师发挥创造性和展现创新精神的一个重要领域。不少教师只是按照教材的进度向前推进，词汇教学前后联系薄弱，系统性不强，使学生学了新词忘了旧词，或者越学越混乱。学生不但无法正确辨认单词，更不会灵活运用。因此，英语教师应该明确：词汇教学只有充分发挥学生的理解力和联想力的作用，才能全面提高单词学习记忆效率。只有适时地把单个的词纳入一定的系统（构词、词义、词类、语法功能、交际功能等），才能全面提高学生记忆学习单词的能力。

综上所述，学习词汇的过程就是与遗忘斗争的过程。记忆是一个复杂和艰苦的过程。刘道义[109]16列举了十条有助于记忆的策略：

（1）反复接触（reception and repetition）。有研究证明，单词有间隔地出现七次以上就容易被长久记住。因此，要加大词的复现率，学习者就要扩大与目的语的接触。

（2）加深认知度（cognitive depth）。了解英语单词的认知规律，利用音、形、义的联系，构词法，语法词词形变化等规则，掌握有关英语词汇的内在规律，就可变"死记"为"活记"。

（3）运用记忆（use to remember）。光靠记单词或词组不行，必须组词成句，组句成篇，在口语会话和书面表达中加以运用，得到真实体验，用过的词语方能牢记于心。

（4）视觉记忆（imaging）。初学者看图识字很有效，要充分利用教材中的图画学习。在教室、校园和校外场所，有意识地注意带有英语标志的实物、图表，做个学习英语词汇的有心人。

（5）检索效应（retrieval practice effect）。经过经常反复的复习（如背记、默写、听写、造句等），不断从大脑中提取所学词汇，以加强记忆。

（6）亲身感受（personal organizing）。实验证明，仅仅默读单词不如大声读出含有该单词的句子更容易记住单词，如能大声朗读自己用该单词造出的句子，则更容易记住了。

（7）启发动机（motivation）。学习者一旦认识到学习词汇的重要性，就有较强的动机，愿花费时间和精力学习和扩大词汇量，如增加听读的练习，记下含有关键词的妙语警句等。对于那些缺少动机的学生，教师则可设计相应的任务让他们完成，让他们尝到甜头，从而产生进一步学习的动机。

（8）加强注意（attention）。那些具有感情色彩的词汇容易引起学生的注意，例如骂人的话语（swear words）、独具特色的单词（如banana、crocodile、marmalade）等。这些词汇容易引起有意注意（conscious attention），产生过目不忘的效果。

（9）情感深度（affective depth）。在人的记忆库中，对词的情感和认知同样会起作用。喜欢某个词的音或形，对某个词所代表的人、动物或物体有强烈感情的（如 daddy、mummy、doggy、kitty、ghost），或会引起情绪波动的词（如 love、kiss、frightened），这类词都会比其他单词记得快，而且记得牢。

（10）记忆诀窍（mnemonics）。记忆单词有很多窍门，最为常见的是运用关键词（keyword technique）帮助记忆，即用表示话题的单词做关键词，由该词的每一个字母引出许多与话题有关的词。运用母语帮助记忆多音节的单词也不失为一种巧记单词的办法，例如用汉语拼音或谐音词，有人用"（没有伞）俺不来了"对应 umbrella，用"（要急救车）俺不能死"来对应 ambulance，虽说不科学，但却能让人愉快地记住单词，而且终生难忘。另外，也有人用唱歌的方法来记忆英语词汇。记忆窍门来自学习者的创造，外国人、中国人都能想出各种招数，真是"八仙过海，各显神通"。

本章小结

本章主要介绍了学习词汇应该掌握什么、词汇教学的内容、词汇教学的原则、词汇教学的常用方法，以及影响词汇学习的因素等。英语词汇学习远远不止记忆单词的拼写以及对应汉语的意思，还应包括单词的语法范式、词语搭配、使用频数、语境特征、功能和语义关联等。教师在教授词汇时应根据学生的学习特点和认知水平，采用合适的、多元的、轻松的教学方法，除教授词汇基本的音、形、义之外，还要特别注意教授词汇的词块及搭配、词汇学习策略以及目标语的相关文化，多提供词汇使用的语境和语篇，以促进词汇学习。针对中国环境下学生学习英语词汇时所面临的困难，教师应采用相应的措施，突出词汇教学重点，强调学以致用，注重相关国家的文化输入。总之，词汇教学和学习是一个多元的过程，教师应为学生做好引导和训练，帮助学生了解词汇的内在规律，学生应加强主观能动性，教材编写人员应注意词汇出现的语境和使用频率。

第六章　词汇与语言技能

　　词汇是语言的基石，是构成句子、段落和篇章的基本单位。听、说、读、写等是人类社会基本的语言技能。但是这些言语技能的形成和培养必须有一定的语言材料为基础，词汇的掌握是积累语言材料最重要的一个方面。从词汇角度讲，在这四项基本技能中，听和读主要需要接受性词汇知识，而说和写主要需要产出性词汇知识。产出性语言活动（说和写）和接受性语言活动（听和读）对词汇的要求又有差别。词汇在其中扮演着重要的角色。本章主要介绍听、说、读、写和词汇的关系，如何在听、说、读、写中学习词汇，如何对听、说、读、写的词汇量进行测量和评价。

第一节 词汇与听力

听力是一项重要的语言技能，也是生活、学习中常用的技能。词汇作为语言的基本要素对听力的影响不言而喻。本小节主要介绍词汇和词汇知识对听力的影响，如何通过改善词汇提高听力并在听力训练中促进单词学习。最后一部分简单介绍如何测量听力词汇量，如何把词汇作为一个评价指标去评价听力文本材料。

一、听力与词汇

作为一项基本的语言技能，听力是生活中最基本的语言形式，在英语教学和测试中，已越来越受到人们的重视，国内外各类测试都将听力作为一项重要的内容来考查，在教学中也越来越重视听说的发展。当然，影响听力理解的因素很多，主要包括语言和非语言因素，语言因素有词汇、语音、语法等，而非语言因素有文化、心理、背景知识、图式、推理、生理因素等。在影响听力理解的因素中，词汇是一个重要因素。我们除需要掌握一定的词汇量之外，还要知道词汇在上下文中的意义。国内外学者已通过大量实证证明这一点。词汇常被分为接受性词汇和产出性词汇。Qian 从学习者掌握的数量和质量角度，把词汇知识分为词汇广度知识和词汇深度知识[210]。

对于词汇知识与听力的关系，已有研究的结论并不一致。Mecartty 探讨了词汇、语法知识和阅读、听力理解之间的关系。该研究的受试者是 154 名大学第四学期的西班牙学生，所有受试者都参加了词汇测试和语法测试。其研究发现词汇、语法知识都和阅读理解呈显著相关，但只有词汇知识可以解释阅读理解和听力理解中的差异，语法知识则不可以。然而回归分析结果表明，只有词汇知识能够解释听力理解间的差异，解释量为 13%。[211] Staehr 以 115 名英语为外语的荷兰学习者为受试者，通过词汇水平测试、词汇联想测试、剑桥英语考试中的听力测试分别考查受试者词汇广度知识、词汇深度知识和听力理解水平，探讨了词汇知识与外语听力理解的关系。研究结果表明，词汇广度知识和深度知识与外语听力能力显著相关。词汇广度知识能预测听力分数 49% 的差异，词汇深度知识纳入回归模型后，二者对听力差异的预测量为 51%。[212]

国内学者对听力与词汇关系方面进行了大量研究。吕长竑在对 79 名学生进行听力困难问卷调查后发现，在 14 项影响听力理解的因素中，选择词汇因素的学生达 69.6%，位居第一，说明中国学生在听力过程中对词汇有很大的依赖性[213]。王同顺、吴明军和候寻寻采用多变量相关分析和回归分析对以英语作为外语的 95 位非英语专业二年级学生的词汇广度、词汇深度和语法知识在英语听力理解中的作用进行了实证研究，发现语法知识和听力理解的相关系数为 0.354，呈显著性相关，这表明语法知识有助于听力理解。广度词汇和深度词汇与听力理解的相关度更高，相关系数分别为 0.439 和 0.673。词汇量越大，词汇知识掌握得越好，则语法处理的自动化程度越高，听力理解越好。而低水平的学习者在听力理解过程中更依赖于词汇知识。在词汇广度知识、词汇深度知识和语法知识三者中，词汇深度知识和听力理解的相关度最强。[214]张晓东以英语专业二年级学生为受试者，考查了词汇知识与英语专业四级考试听力理解之间的关系。研究表明：词汇广度知识、词汇深度知识与听力理解总分及各部分分数之间显著相关；词汇广度知识能够解释听力理解及听写分数差异的 27% 和 24%。[215]

与以上研究不同的是，汪红、甄薇薇试图探究英语听力训练中学习者词汇附带习得的情况，并深入比较不同投入量的任务类型是否会影响词汇附带习得的效果。研究发现，学习者能够在听力训练过程中附带习得一定词汇，且接受性词汇知识习得情况明显好于产出性词汇知识习得；此外，投入量大的学习任务能够使学生获得更好的词汇附带习得效果，即口头作文组和选词填空组的学生接受性与产出性词汇知识习得情况均明显好于听力理解组，但口头作文组和选词填空组之间并无显著差异。[216]

从以上文献可以看出，在外语学习中，词汇对听力理解的影响很大，尤其是在中国环境下，外语学习者在听力理解中对词汇有相当大的依赖性。在外语听力教学中，教师要重视和加强词汇的教学和学习，不仅要扩大词汇量，还要深入了解词汇的意义，同时，在听力教学中，要提高词汇附带习得效果。那么，在听力教与学中，需要哪些词汇知识呢？下一节将进一步介绍。

二、听力与词汇知识

通过听力学习词汇是基于意义输入学习的一种。要有效完成听力需要哪些词汇知识呢？由上一节可知，词汇知识包括词汇广度知识和词汇深度知识两个方面。词汇广度知识是指学习者能够了解多少词的常用含义，通常用词汇量来表示。词汇深度知识反映的是词汇知识的质量，即对词汇的了解程度。已有研究表明,词汇广度知识是二语听力理解的基础。要能听懂听力文本，并且能根据语境推测出语义，学习者至少要掌握语音输入材料中的 95% 的词汇量[217]。要听懂非正式的记叙文，需要掌握其中的 95% 的词汇量，而要理解学术性的听力材料，需要掌握的词汇量应涵盖材料的 98%[212, 218]。98% 的认知词汇量意味着，每 50 个词中就有一个陌生词，或者说每分钟就会遇到两三个生词。Schmitt 的研究表明 95% 的词汇认知量是听力理解成绩优秀的保证[219]。

Staehr 的研究发现听力测试成绩与词汇广度和词汇深度呈高度相关，相关系数分别为 0.7 和 0.65，而词汇量和词汇深度的测试成绩相关高达 0.8，二者结合可解释听力理解成绩的 51% 的方差[212]。很明显，词汇知识是保障听力的一个重要因素，而词汇广度要比词汇深度更重要。这可能是因为词汇广度不仅是学习者知道多少单词的预测指标，而且是其他因素的预测指标，如阅读能力、听力能力、学习动机、学习英语的时长、语言使用的经历、根据上下文进行猜测的技能等。

Webb 和 Rodgers 的研究发现，要知道电影和电视节目中的 98% 的词汇量，学习者需要拥有大约 6000 个词族。但他们建议因为有视频作为辅助,3000 词族（大约覆盖 95% 的词汇量）就足以看懂电影和电视节目。通过重复观看同一部电影，学习速度可能也会提高。在一部时长大约 110 分钟的电影中，对于一个拥有 3000 词族的学习者来说，可能会遇到大约 139 个新词族，但是这个数字会随着电影的时长而变化。另外，不同题材的电影的词汇量也会有所变化，比如有些电影会比普通电影覆盖更多的专业词汇。所以，对于中国学生而言，看这类电影只有词汇量是不够的。

不同文化、不同口音、不同题材的电影对听力效果都会有影响。[220-221]

Van Zeeland 和 Schmitt 对母语者和二语学习者理解记叙性的听力材料所需的词汇量进行了研究，采用 10 个多项选择题对听力进行测试，每个故事播放两遍。随着对文本认知词汇量的增加（90%，95%，98%，100%），听力理解的成绩也越来越好。Van Zeeland 和 Schmitt 认为 95% 的认知词汇量能保证听懂材料，而部分拥有 95% 认知词汇量的学习者能很好地理解文本。[222]而外语学习者需要多少词汇量还有待进一步研究。

从以上文献可以看出，就词汇量和文本中认知词汇量的覆盖范围的研究来看，词汇量越大，听力理解就越好。那么，到底多少词汇量能够保证听懂文本，还要看我们如何定义"理解"。此外，文本的特点和听的环境不同，对词汇量的要求也不一样。

例如，Bonk 对词汇知识和二语听力理解的关系进行了研究。受试者为 59 名日本大学生，包含较差、一般和较好的英语学习者。研究者使用四篇相似题目的短文听力作为听力材料，四篇材料中的总词数、音节数、播放时长都是对等的，所不同的是四篇材料中的低频词的数量不一样。受试者听完四篇材料，用母语或二语写出回想报告，采用四级评分量表对其评分，作为对听力材料理解的测量；同样的材料用作听写，听写的单词作为对四篇文章中单词熟悉程度的测量。结果发现听力理解成绩和单词熟悉度的相关系数为 0.45；可接受的听力理解水平与较高的词汇熟悉程度显著相关；词汇成绩得分在 75% 以下的受试者很少达到较好的听力理解水平，而词汇认知量达到 90% 以上的受试者，短文听力理解能取得好成绩。[57]这种结果在不同听力水平的学生中都存在。作者认为有效的听力策略能帮助理解词汇复杂的文本，但是大部分学习者要想得到较好的听力理解成绩需要有很大的词汇量。

综上所述，词汇量是听力理解中的关键要素，学习者要掌握至少 90% 以上的词汇量才能保证取得较好的听力效果。下一节我们将介绍在听力理解过程中，学习者的词汇量不足应该怎么办；在教学中，教师应如何有效提高学生听力词汇量。

三、在听力中提高词汇水平

词汇在听力中起着重要作用。在与听力理解有关的十个问题中，Goh

列举了四个与词汇有关的问题：一是学习者能否识别已学过的单词；二是学习者能否理解整句话语；三是学习者能否将所听到的词形成心理表征；四是学习者听懂的是单词还是信息。同时 Goh 也提供了一些能够提高听力理解的活动。[223]

的确，有很多研究通过提供与听力任务直接相关的书面输入来促进听力理解。一些学习者虽然拥有较大的阅读词汇量，但是很少有机会提高听力技巧，甚至听力有困难；其他的学习者则没有足够的词汇量保证听力质量。下面我们将根据 Nation[3, 217]介绍几种常见的、有效的方法，来帮助以上这些学习者。

（一）接受性信息转化

接受性信息转化活动是指将听力输入转换成图表的形式。比如下面这个例子，就是让学生根据听力所讨论的课堂情况填表 6-1。

表6-1　接受性信息转化活动举例

Period	Weekdays				
	Monday	Tuesday	Wednesday	Thursday	Friday
1~2			Mathematics		
3~4	Geography			English	
Break					
5~6		Art	Sport		
7~8			Sport		

该表中已经有些单词被填写在空格处，这样可以为学生提供一些词汇，帮助学习者判断并理解听力内容；同时也可以起到位置指引的作用，让学生能在听力过程中，根据听力内容更快地找到预填单词的位置。除此种方法外，教师也可以在表格的下方列出要填写的单词，让学习者从中进行选择并填到相应的位置。

Palmer 为信息转化活动的内容提供了很多话题和形式[224]，下面我们将列举一些例子（见表 6-2）。

表6-2 信息转化活动话题举例

呈现形式	话题涉及内容
Maps and plans	streets，tours，architects plans，theatre seats，weather forecasts
Grids and tables	passport details，polls，timetables，football results
Diagrams and charts	family tree，weather records，pie graphs，flow charts
Diaries and calendars	office holidays，appointments，hotel booking
Lists，forms，coupons	radios programmes，menus，diets，shopping lists，car rental forms

（二）使用带有字幕的录像

一些研究证明字幕有助于听力理解。Sydorenko 探讨了输入模式对词汇学习的影响。输入模式包括有声音和字幕的录像、只有声音的录像和只有字幕的录像，而对词汇的测量分为单词的书面形式和听力形式以及总的词汇成绩。受试者为学习俄语的 26 名大学生，受试者分为三组，第一组受试者（8 人）观看带有声音和字幕的录像，第二组受试者（9 人）看只有声音的录像，而第三组受试者（9 人）看只带字幕的录像，所有的受试者将完成书面和听力形式的词汇测试。研究发现字幕对书面形式的词汇测试产生积极影响，第一组受试者和第三组受试者在书面形式词汇测试的成绩要比第二组高；然而观看只带声音录像的受试者（第二组）在听力形式的词汇测试中得分比其他两组要高。观看带有声音和字幕录像的受试者（第一组）比观看只有声音不带字幕录像的受试者（第二组）学习的单词更多。[225]从该研究可以发现带字幕的录像对书面形式的词汇测试以及词义学习有帮助，而不带字幕的录像因为能促进听力形式的词汇学习，所以能提高听力理解能力。

Brown、Waring 和 Donkaewbua 比较三种不同的输入方式来探讨词汇学习速度，实验材料为三种不同形式的故事输入材料，分别采用只读形式、边读边听形式和只听形式。从四个不同词频分布段选取 28 个单词，采取多项选择和词汇翻译两种形式来测量词汇，分别在实验结束、实验结束后一周和实验结束后 3 个月分三次进行数据收集。研究发现与只读形式和边读边听形式相比，只听形式的词汇得分最低。多项选择形式的词汇测试得分在 9/28 左右，而且在三次数据收集阶段基本保持不变；听力形式的词汇翻译测试得分低于 1/28。由此可以看出，虽然能够通过听力进行词汇学习，但是习得的词汇是非常少的，在教学中需要加强。问卷显示，受试者最喜欢的是边读边听的材料呈现方式。[226]

虽然以上两个研究的方法和对象不同，但都反映出用字幕等词汇呈现的方式来展示材料更有助于听力理解。教师在日常的教学中，可以借鉴这些方法，促进词汇教学改革，提高教学质量。

（三）边听边读

学习者可以边听边读听力脚本，这样有助于词汇学习[226-228]。目前，许多学习者使用 CD、iPhone、iPad、智能手机等工具提供听力支持。在进行听力的时候,反复阅读听力脚本（300 词左右）能有效促进词汇学习。Webb 和 Chang 对比了反复阅读但不进行听力和反复阅读同时进行听力两种模式的输入，研究发现虽然两种输入模式都能促进词汇学习，但是在进行听力的同时进行反复阅读更能促进词汇学习。Webb，Newton 和 Chang 发现边听边读能促进文中出现的词汇搭配的学习[228]。从文献可以看出，边听边读，不仅可以有助于听力理解，而且也有助于词汇学习，在听力教学中可适当使用。

（四）小测验

日常的小测验是促进扩展词汇的有效手段。小测验能激发学生的学习兴趣，还能够增强学习动机。可以将学生分成几组，然后对学生答题的情况进行给分，答对得分，答错不给分。Manzo 认为如果答对题目，可以额外加分，并且给予额外的信息作为补充[229]。教师可以事先准备一些问题,确保关键词汇能在问题和答案中出现或使用。教师在教学过程中，可以通过小游戏或者小测验，将比赛融入听力教学，寓教于乐，能更好地促进听力教学和词汇学习。

（五）听写和预测练习

听写和预测练习可以将书写和听力联系起来。教师可以播放一些较简单的、适合听写的材料,让学生进行转写。在听写过程中不要有特殊的停顿，如学生听不清，可以重复播放材料，进一步加深对单词的词汇识别。

（六）听故事

教师可以给学生朗读或讲故事，同时将故事中的重要词汇写在黑板上，当教师朗读故事的时候，应当适当地重复句子，语速适中，确保学生能跟得上节奏。这种形式每周可以进行两三次，每次几分钟到十几分钟不等。目前网上有很多听力网站，可以用播放设备播放符合学生英语水平的材料，或者学生也可以课下自己聆听喜欢的故事。

越来越多的证据表明学习者在听材料的时候能够学习新词汇[217]。为了使该方法能更有效地促进听力和词汇学习，应注意以下几个问题：

（1）趣味性。鼓励学生听故事的最重要的条件就是故事的趣味性，使学生对所听内容感兴趣。教师可以选择学生感兴趣的故事来提高他们的学习兴趣，可以将故事按照几个连续的系列进行呈现，一步一步地提升学生的兴趣，也可以让学生参与到故事中来，并与学生针对故事的情节进行交流和讨论。

（2）可理解性。可理解性是指确保学习者能理解故事。在听故事学单词时，常见的困难有生词的密度大和单词自身的形式及意义丰富复杂。教师可通过背景知识介绍、图片、单词释义等帮助学生理解故事。Ellis，Tanaka 和 Yamazaki 发现较短的单词比长的单词容易学习[230]。因此在给学生读材料时，可将长的单词分为几个部分。如果单词较复杂，可以展现它们的词根和词缀。

（3）重复。要更好地记住词汇，单词重复出现是必要的。教师可以多次将同一故事读给学生，学生就会有机会多次接触词汇。此外，教师也可以每次读一个较长的、连续的故事，故事越长，单词重复出现的概率就越大。教师在读下一个故事之前，也可以简单地重述一下前一个故事。这些方法有助于学生更好地学习词汇。

（4）创造性的加工。学生会在不同的语境中遇到同样的单词，每一次出现，都会扩展词汇知识。教师可以将较长的故事分为几个部分呈现给学生，因为在较长的故事里，单词重复出现的概率就会增大，每一次出现的语境不一样，这种创造性的使用有助于对单词的理解和学习。教师可以使用图片，使学生更好地联系单词的意义，也可以使用例句释义单词。这些不同的手段，给出单词的不同语境，使学生能更加创造性地学习和运用单词。

以上提到了将阅读词汇转化为听力词汇的几种方法。听力词汇缺乏的学生可在听力训练过程中学习词汇，教师可运用各种方法使听力内容简单化，从而使输入的内容有趣而能够被学生理解，在生词出现时，能让学生根据上下文推测单词的意思。除具体的教材之外，学生听力词汇的学习还来自于教师的口语（如课堂用语、讲解用语等），因此教师对于上课时使用的口语词汇的控制技巧很重要。Nation 举出了很多具体的控制方法来使得听力内容简化、易懂，如重复法、降低语速法、讲解释义法、手势法、图画法、回答提问法、实物法、在重要的单词前强调和停顿等，训练有素的老师应能够在需要的时候给出更多的信息，以便学生对生词词义进行猜测。[3]

四、听力词汇测试及评价

（一）听力词汇量测量

词汇量的测量很少通过听力进行[3]。然而由 H. V. George 设计，并由 Fountain[231] 基于词频改良的听力词汇测试常被用作测量听力词汇。该测试共包括五个段落，被测词汇均用下画线标出。第一个段落（Introductory paragraph）中的被测词汇均来自 Thorndike 和 Lorge[232]词频概貌中前 500 词频的词，第二个段落（Paragraph 1）均来自其第二个 500 词频的词，第三个段落（Paragraph 2）和第四个段落（Paragraph 3）分别来自其第二个和第三个 1000 词频的词，最后一个段落（Paragraph 4）来自其第四个到第六个 1000 词频的词（转引自 Nation[3] 86）。该测试中，"/"表示听力停顿处，预测词汇已用下画线标出。

INTRODUCTORY PARAGRAPH:

Every year / a large number of young people / leave school and begin to work.

PARAGRAPH 1:

Some obtain jobs on farms or in industry. / Others accept positions/ in the government service. / Many seek posts in business or a trade. / A few with skills in art or music / apply for work in these fields.

PARAGRAPH 2:

Their level of education frequently affects / the range of possible openings. / Many firms, for instance, / only select excellent candidates / for training as future executives. / They will not consider applications from people / with only average records of achievement at school.

PARAGRAPH 3:

What factors influence the choice of a career? / The information available on this is uncertain / but it is probable that finance, / working conditions and prospects of improvement / are the most significant considerations. / It seems apparent / that organizations which retain their employees / give them satisfaction in these respects.

PARAGRAPH 4:

A thorough investigation of the motives / which operate in the selection of employment / would prove a profitable topic for research./ Employers who would appreciate the assistance of the findings / to enlist and maintain stable staff / might be induced to invest in the project.

词汇选择如下表 6-3：

表6-3 听力测试设计

段落	每一段关键词的数量	被测词汇的词频等级	每个词块的平均单词数
Introductory	10	1st 500	4.5
1	20	2nd 500	5.0
2	20	2nd 1000	5.5
3	20	3rd 1000	6.0
4	20	$4^{th} \sim 6^{th}$ 1000	7.0

该测试只播放一遍，在每组词后面（已用"/"隔开）停顿让受试者把听到的词写出来。每一段落都比前一段落读得稍微快一些。测试后打分时，只对下画线的单词进行打分，其余单词和错误均不考虑在内。该测试已使用多年，被证明是一种有用的、可信的测试。

根据以上例子，我们可以设计对等的测试，但相关系数应在 0.9 以上。研究表明学习者在该听力的测试成绩与词汇水平测试（vocabulary level test）的成绩相关系数为 $0.78^{[3]}$。很明显，出现在不同听力测试中的同一单词，由于语境不一样，难度系数也是不一样的。虽然词汇知识在该类测试中很重要，但是不能把该类测试简单地看作是词汇测试。

在 Fountain[231] 听力测试的基础上，Fountain 和 Nation[233] 又设计

了三套基于词汇的听力测试，这四套测试属于对等／平行试卷，题型一致，并且经过了信度和效度验证，四套试卷之间的相关性以及与语法测试的相关性都很高，均可用作测量听力词汇。此外，Paul Nation 个人网站上的 Vocabulary Resource Booklet 中的 True/False test 也可用来测试听力词汇，但是该测试主要测量词频概貌中前 1000 的高频词，主要测量实词，受试者需要将图片和听力内容结合来进行判断。

（二）对听力材料的评价

听力和阅读属于接受性材料，在设计这两类测试时，要考虑测试内容方面的两个问题：材料难度是否与考生的能力范围相匹配；（尤其是为了测试而创作或修改过的）文本是否具有真实文本的特点。

在分析阅读材料时，我们常用的一个指标是可读性（readability），我们分析听力材料时可借用可读性指标的特点，称为"可听性"（listenability）。由于听力和阅读有着本质的区别，我们不能完全按照分析阅读材料的方法来分析听力文本。对听力测试语篇的可听性研究要从语篇的口语性特征入手。Read 列举了口语性特征，如是否是提前准备好的；是否有听者和发言人的互动；发言者和听者在多大程度上相互了解，并且拥有相同的背景知识；是否能看得见交谈对象；信息的呈现方式是密集、精确的，还是松散、笼统的[4]。

除以上提到的口语性特征之外，另一个关键的因素是听力内容的命题（proposition）密度，该变量可以通过词汇密度（lexical density）来测量，既文本中实词所占的比例。文本的词汇密度越大，文本需要的读写素养就越高，如独白要比对话更难懂。

正如书面材料的可读性一样，在听力测试时，词汇能够作为衡量文本难易度的指标。但是在听力过程中，词汇不仅要考虑影响听力理解的实词的频数，而且还要考虑在文本中的密集情况。所以，同样的书面材料对学习者来说可读性可能很强，但作为听力材料可能会有困难，这不仅是因为难度的问题，还有材料的真实性和内容效度的影响。Bachman 和 Palmer 强调语言测试任务的设计要考虑现实生活中语言的使用情况，即语言的真实性。[234]因此，在设计听力任务时，除考虑词汇的分布情况之外，教师还要考虑测试的真实性。

第二节　词汇与口语

口头交流是生活中不可缺少的活动。而词汇知识是影响口语表达的重要因素之一。本小节主要介绍词汇和词汇知识对口语的影响，如何通过改善词汇提高口语并在口语中促进词汇学习，最后再简单介绍如何测量口语词汇量，如何把词汇作为一个评价指标来评价口语文本材料。

一、口语与词汇

语言是信息交流的工具，是人类认识世界、改造世界的工具。如果不学会这种工具的使用与操作，那就失去了学习的意义[235]。交际是一系列理解和表达的过程，在听、说、读、写四项基本语言技能中，听和读是语言输入，主要是理解的过程；而说和写是语言输出，主要是表达的过程。在人类社会中，语言多是有声的，因此听和说是生活中最重要的理解和表达方式。"交际能力"（communicative competence）最早由 D. Hymes 提出，语言学家 Canale 和 Swain 在其基础上，进一步完善和丰富了该理论，将交际语言能力分为四个方面，即（1）语法能力（grammatical competence）是指掌握语法规则知识的能力，包括词汇、构词法、句法及发音规则等方面的知识，是理解和表达所必需的语言知识和技能；（2）社会语言能力（sociolinguistic competence）是指在不同的社会语言环境中，恰当地理解和表达的能力；（3）语篇能力（discourse competence）是指把语言形式和意思相结合的能力；（4）策略能力（strategic competence）是指在实际交际中，由于交际能力的某一方面或几个方面的不足，而用于弥补交际失败的技能[236]。Bachman 在此基础上提出了交际语言能力模型，他认为该模型主要包括三个部分：语言能力、策略能力和心理生理机制。其中语言能力包括两个部分：组构能力和语用能力，每种能力又分为更小的范畴，组构能力包含语法能力和语篇能力，语用能力包括言外能力和社会语言能力[48]。

由此可见,交际能力有两个重要组成部分,一是语言知识即组构能力,二是语言的使用能力,包括社会语言能力、语篇能力和策略能力。而语言知识的三个组成部分(词汇、语法、语音)中,对交际效果影响最大的无疑是词汇。

关于写作产出性词汇的研究较多,但关于口语产出性词汇的研究相对较少。国内外关于词汇和口语关系的研究多集中在词块与口语水平、口语产出词汇特点等方面。Widdowson 早在 20 世纪 80 年代末就已经提出,学习词块比学习语法更重要[237]。语言知识在相当程度上是词块的知识,而语法是第二位的,本身没有生成作用,只起调整和协助的功能。丁言仁和戚焱分析了在英语口头复述故事和限时写作中,词块知识、语法知识与口语和写作水平之间的关系。研究表明,与语法知识相比,词块知识对英语口语、写作成绩具有更强的预测力。词块知识在英语知识结构中占有重要地位,而语法知识次之。[238]这与 Widdowson[237] 的结论相一致。戚焱采用英语专业学生的四年跟踪语料,从流利性、准确性和多样性三个方面来分析口头独白中词块的使用情况,以揭示其变化规律和发展趋势。结果显示:学习者总体样本口语产出中的词块运用整体上呈发展趋势,而词块的流利性、准确性、多样性以及语篇、人际关系和话题内容词块运用的变化错综复杂。在词块学习和使用过程中,学习者出现进步、停滞,甚至退步等不同现象,无固定变化模式。这一结果表明,中国学生词块习得具有多层次、多角度和多方位的发展特征。[239]

在关于口语产出词汇特点的研究中,文秋芳对 56 名英语专业学生口语跟踪四年,采取朗读短文、口头作文、情景对话、故事复述、对子讨论等手段收集数据,用流利性、词汇多样性与词频广度三个指标分析口语词汇的使用,结果发现学习者总体样本在流利性、词汇多样性和词频广度上的发展呈上升趋势,与本族语大学生的表现形成连续体。四年级学生在流利性和词汇多样性方面显著低于本族语大学生,但在词频广度上的差别与本族语大学生的差异不具有统计意义。二三年级是三个指标变化的最佳时段。三个指标起点不同的组别,进步轨迹不完全相同。低起点组进步显著大于中起点组,中起点组稍快于高起点组。[240]与文秋芳[240]不同的是,童淑华采用词汇知识宽度、词汇知识深度和产出策略对英语专业大一学生的口语词汇进行探讨。研究发现：外语学习者的词汇知识宽度随着学习的深入而扩大，但各项知识宽度发展不一；产出性词汇深度知识呈现复杂、多层面的发展态势；在外语学习者语言交际能力发展过程中，产出策略服务于语言产出需要。[241]

从以上文献可以看出，词汇在语言交际中起着重要作用。不同学习者的口语产出词汇特点不一样，而词块可以作为重要指标衡量口语产出的质量。关于口语产出需要哪些词汇知识，需要多少词汇量，我们在下一节介绍。

二、口语与词汇知识

由上一节可知，词汇对口语产出有影响，那么口语产出需要多少词汇量和什么样的词汇知识呢？在外语学习中，英语水平的高低很大程度上取决于词汇量的大小。目前，许多学生对所学词汇只停留在会读和识别上，口语表达词汇较缺乏。甄凤超[51]通过语料库分析了中国学习者在考试环境下会话词汇量及掌握常用词汇的情况，结果发现中国学习者掌握的口语词汇量较少，并且过度使用某些常用词汇，大多数中国学习者没有完全掌握英语会话的常用词汇，其会话缺乏足够的交际性。那么，是否词汇量越大，口语表达就越好呢？词汇量的大小确实和语言能力有一定关系，但还没有达到决定语言能力的地步[243]。

那么学习者掌握多少词汇才能满足日常口语交际需求呢？词频研究表明口语比写作所需要的词汇要少得多[108]。当然所需的具体词汇量还因话语的正式程度以及话题的不同而有所不同。口语研究表明，尤其是非正式情境下的口语研究表明，掌握3000词族就可以涵盖常用词汇的95%的词汇量[220-221]，而掌握5000~6000词族就可以达到98%。正式的学术口语使用更多的学术词汇表（Academic Word List）中的词汇，该表能提供大学学术报告的大约4%的词汇量。

West设计了包含1200个中心词（headwords）的口语词汇表，该表能够满足英语学习者要表达的大部分事情的需求。该表所包含的词汇量虽然少，但是口语词频的相关研究表明在口语表达中少量的词汇能够满足口语的大部分表达。[243] Schonell，Meddleton和Shaw对澳大利亚工人的口语词汇进行了调查，发现口语比书面语所使用的词汇要少，而且稍有不同。Schonell，Meddleton 和 Shaw[244]中的最高频的 1000 词能覆盖其材料的 94%，最高频的前 2000 词能覆盖其材料的 99%，口语中高频词的 5% 在书面语高频词中没有出现。由上可知，口语交际不需要太多的词汇，通过操练能熟练掌握和运用一小部分词汇即可。在测量口语词汇时，我们可以让学习者使用较少的词汇表达尽可能多的事情。通用术语基本词汇表（General Service Word List）中的前 2000 个单词可以作为口语的目标词汇。因此，要提高英语口语交际能力，学习者更要注意提高词汇学习的质量而不是词汇的数量。而词汇教学也要更多地关注词汇的灵活和准确应用，而不是简单地提高词汇数量。

除词汇量之外，口语表达中还需要哪些词汇知识呢？

Nation[3]从接受和产出两个维度阐释了词汇知识。结合口语的特点，对口语交际影响较大的词汇知识还有语音、词义、搭配和表达。

（1）语音知识。语音知识对口语的影响主要体现在因发音错误或者不清楚，语音语调不准确，而导致口语交流的不顺畅，甚至引起误解的情况。如 knife，如果学习者对［l］和［n］不分，那么就容易引起解闹，甚至误出笑话。

（2）词义知识。英语词汇意义包括概念意义和关联意义。概念意义是词汇最基本的意义，而关联意义包括内涵意义、感情意义、搭配意义等。在交际过程中，词汇的意义往往受具体的语境影响，并且英语和汉语的表达也不尽相同，更需要学习者在具体的语境中恰当地使用单词的意义。如汉语中说"吃工资"，英语表达时就不能简单地翻译成"eat salary"，较为恰当的表达应为"lean/depend on salary"。

（3）词汇搭配和表达。Pawley 和 Syder 认为我们应该记住大量的容易使用和回想起来的词组和短语，这些词块能帮助我们像本族语者那样流利地表达[128]。对于那些想在其他国家进行短暂旅游或居住的学习者，Nation 和 Crabbe 设计了不同语言的生存词汇（Survival Vocabulary）列表。这些词汇包含大约 120 个条目并且涉及多个话题，如问候、礼貌用语、数字、点餐方式、住宿、求助、问路、描述自己、购物和讨价还价等。[245]这些单词和词组能描述有限的、常见的话题，学习者在很短的时间内就可以学会，但是需要多次练习以达到高度熟练的程度。从 Paul Nation 的个人网站上，可以免费下载 Vocabulary Resource Booklet，里面含有近 20 种不同语言的基本生存词汇。

从以上文献可以看出，日常口语交流不需要太多的词汇量，但是语音、词义、搭配和固定表达有助于口语交流。那么在日常教学过程中，如何有效提高口语词汇呢？

三、在口语中提高词汇水平

Nation[3]认为从词汇角度来讲，学习者不能表达想要表达的内容主要有两个原因：一是学习者没有足够的词汇量。足够的接受性词汇有助于学生进行产出，因此教师应帮助学生提高接受性词汇量。二是学生可能知道大量的词汇，但是不能进行产出。现实中很多学生虽掌握很多词汇，但多为接受性词汇，产出性词汇较缺乏，因此说不出要表达的内容。Nation 列举了很多帮助学生通过学习词汇提高口语产出的活动[3]185，本节将做详细介绍。

（一）通过输入提升词汇知识

将学习者的接受性词汇知识转变成产出性词汇知识并不容易，语言产出要比语言输入需要更多的知识。教师应该给学生提供足够的输入，鼓励学生进行产出，让学生模仿教师提供的输入，多次练习，直到熟练掌握。

1. 语义映射（semantic mapping）

语义映射是教师和学生一起设计语义相关联的"词汇地图"，这种可看见的语义框架可以把词义相关联的词汇有机地联系起来，如下图 6-1：

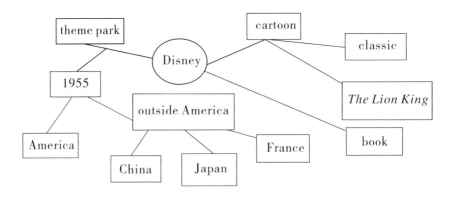

图 6-1　语义映射任务举例

　　语义映射可以根据需要有不同的起点，起点可以是对曾读过的一个故事的回忆、一件近期发生的事情、一部电影、一个学习单元，或者是学习者对某一话题的常识。教师可以与学生进行对话并鼓励学生积极参加，该活动的技巧很重要。Nation[3]认为语义映射活动的目的是提高学习者的产出性词汇，希望按照以下步骤进行：（1）教师应鼓励学生产出能放进"词汇地图"里的词汇。教师应给学生建议并帮助学生从其接受性词汇中提取词汇，而不是只给学生提供各种单词。这些建议包括单词释义、母语翻译、单词首字母或单词读音提示等。（2）教师让学生解释语义概念图中各单词之间的关系。这样做有以下几个好处：可以通过鼓励学生重复单词帮助学生巩固词汇，通过加强各单词之间的联系鼓励学生创造性地使用单词，通过鼓励学生重述所说的内容来进一步形成产出，还可以帮助学生进一步探究相关单词的意义。（3）教师检查概念图中的词汇，可以强调重要的词汇，进一步加强单词之间的联系。当然，概念图并不是该活动的结束，还可以让学生在此基础之上进行讨论和写作。

　　2. 做决定（making decisions）

　　做决定是一系列相似的问题-解决型活动（problem-solving activities）的代表，在此类活动中，教师给学生提供词汇输入，并鼓励学生在活动中重复使用词汇。

　　该活动可以分为四个阶段：第一阶段，教师给学生一个用选择疑问句表达的题目，例如，"Should children continue to live with their parents after they finish school or should they leave home？"。教师可以就每一个问题给出一个原因作为例子，如"Live with parents because this saves money, and leave home because this encourages independence."。第二阶段，每四名同学组成一组，每一组选择一个方面的问题（正方或反方）并列出理由。在活动进行时，教师可以在各组之间走动给学生提供所需要的词汇，学生可以将词汇记下以便使用。第三阶段，每一组正方和每一组反方组成一个大的小组，在该组内，正方和反方分别将先前所讨论的理由展现给对方。在讨论时，尽量使用老师提供的单词，但最终该大组要形成最后的、统一的决定。第四阶段，每一个大组将自己的决定和原因向全班同学进行展示，在展示的过程中，还是尽量使用老师所提供的词汇。

（二）通过图表提升词汇知识

口语任务中，教师也可以通过图片和图表给学生提供词汇支持。

1. 信息转化活动（information transfer activities）

Palmer描述了一些信息转化活动，该类活动中学习者需要将各类图表或表格中的信息转化成书面语或口语文本[224]。例如，学习者A手中有一张国家地图，在该地图上有用不同记号标出的线路，该线路代表的是学习者乘车、轮船或飞机等旅游的线路。学习者A需要将该旅游线路图向学习者B进行描述，学习者B需要在其自己的地图上根据学习者A描述的内容将线路图画出。在口头描述时，教师可以给学生提供所需要的关键词汇，也可以给学生准备和练习的机会，该方法可以通过专家组/成员组（expert group/family group）的程序来实现。教师提前准备两个不同的信息转化任务，所有选择同一个任务的学生在一起进行练习，即专家组。练习结束后，两名来自不同组的学生进行配对（即成员组），通过相互描述，分别做信息转换任务练习。

2. 信息拆分任务（split-information tasks）

Nation[3, 218]提到了信息拆分任务。第一种方法是在该任务中，两个学习者（A和B）各自拿着一组图片（如图6-2 A、B），两位学习者相互描述图片，描述后，两人共同判定两人所持有的图片是否相同。如果学习者A先描述（图片中已用"X"标出），图片中已标出关键词，学习者A就用所给的词进行描述，学习者B手中的图片就没有相对应的信息。请注意，在该活动中，每个词出现两次，如bucket第一次出现时，是由学习者A先说，A的图片上标出的关键词，学习者B的图片上就没有；而第二次出现时，将由学习者B先说，此时B的图片标出的关键词，学习者A的图片上就没有。这样做就可以保证每位学习者既可以产出词汇又可以接受词汇。

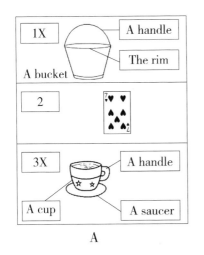 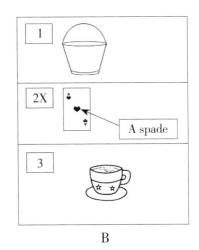

图 6-2 信息拆分任务举例

Nation 还提到了另外三种信息拆分任务[3]。第二种方法主要针对前 1000 高频词以内的词汇。在该任务中，学习者 A 和学习者 B 分别拿着含有 40 个句子的卡片，所不同的是，学习者 A 持有的是句子的前面或后面一部分，而学习者 B 持有的是对应的句子的后面或前面一部分。如果在学习者 A 的卡片上的句子前面标有 X，那么学习者 A 就把句子读给学习者 B，反之亦然。双方通过合作，将句子空余的部分补全。

第三种方法是学习者 A 和学习者 B 分别持有 10 张卡片，每张卡片上有一幅图和一个生词，双方分别将自己卡片上的生词教授给对方，但在活动过程中，不能将自己的图片展示给对方。

第四种方法是母语学习者和二语学习者进行合作。母语学习者有一组词表，二语学习者有一组打乱顺序的图片。母语学习者抽出一个单词并将意思解释给对方，二语学习者根据解释，找出相对应的图片。

（三）通过合作任务聚焦词汇

合作任务是让学习者探究词汇意思的有效途径。Nation 列举了排序任务（ranking activities）的两个例子，分别聚焦 cancel 和 instruction 两个单词[217]。

（1）Cancel：假设你和你同学周末要去游玩，请列出该计划可能被取消的原因，并按照发生的可能性大小进行排序。

（2）Instruction：假设你已被大学录取，将要开始大学生活，在开学前，你有机会接受一系列的辅导，请按照对你大学学习帮助的大小顺序进行排序。

除以上两个活动之外，问题-解决型活动、分类活动、头脑风暴活动等都可以聚焦某个或多个单词。此类活动比较容易设计，而且对学习词汇比较有效，但是在活动前，老师要将活动的目标告知学生。

（四）其他词汇附带习得活动

不同的口语活动可达到不同的目标，甚至同一个活动也可以完成不同的目标。口语活动可以作为词汇学习的一个手段，可将词汇学习目标有效地设计到口语活动中。下面我们介绍几种通过口语活动附带习得词汇的方法。

1. 口头重述活动（retelling activities）

口头重述活动有很多形式，但是我们常用的一种方式是让学习者先读一篇文本（长度在100~200词之间），然后让其对文本内容进行重述。从词汇学习的角度来讲，文本不仅为学习者提供新词，还给学习者提供了理解单词的语境；而口头重述给学习者提供了一个回想单词并产出的机会，更为理想的状态是学习者可以创造性地使用单词。Joe研究发现在口头重述时，如果文本不呈现出来，可以鼓励学习者创造性地使用词汇；然而当文本出现时，可以确保学习者使用更多的目标词汇[246]。在重述时，由于文本的出现，学习者可以看文本，而不能很好地回想词汇。因此，在口头重述时，文本最好不要呈现出来[217]。

Nation还介绍了另外两种口头重述活动，分别是"4/3/2"活动和Read and retell活动[217]。"4/3/2"是指一名学习者依次分别给三名不同的听众做报告，但是给第一名听众做报告的时间为4分钟，第二名为3分钟，第三名为2分钟。所讲的内容可以是对以前所读过文本的重述。虽然重复不能使学习者增加创造性使用单词的机会，但是可以让学习者更加顺利地回想单词和表达。De Jong和Perfetti认为在"4/3/2"任务中，学习者的口语流利度增加，并且可以转移到对一个新话题的口语表达中。他们认为转移是因为在进行"4/3/2"任务时，学习者所重复使用的单词和结构产生程序化的结果。[247]

Read and retell活动是指学习者对一篇书面语文本进行重述，但是听者可以向重述者进行提问，整个过程就像访谈一样。提问可以鼓励学习者使用文本中的目标词汇，同时也能保证文本中的重要部分都能被重述。在重述活动开始前，听者和重述者都要阅读文本并且准备问题，他们也可以在其他听众面前进行练习。

在重述活动进行时，教师要观察目标词的使用情况，尤其是观察目标词在文本中的位置是否凸显，学习者能否积极使用目标词，更要观察目标词是否能够被创造性地使用。

2. 角色扮演（role play）

角色扮演是口语教学常用的教学活动。活动开始前，应该有一个适合用于角色扮演的文本材料，同时有一个表演说明。Nation 介绍了一种叫"Say it!"的活动。该活动中学习者读一篇简短的文本材料，如包含目标词的报纸报道。学习者可以读完之后进行讨论，然后教师给学习者呈现一个含有简短任务的表格，学习者根据要求对任务进行表演。该表格中每一列分别用字母 A、B、C 标出，每一行分别用数字 1、2、3 标出。第一名学习者随便选出一个表格，如 B2，第二名学习者将 B2 表格中要求的任务表演出来，同时随意选出另一个表格，如 C3，然后第三名学习者将 C3 表格中要求的任务表演出来。以此类推，该活动在小组内轮流进行。同一个任务也可以由不同的学习者表演多次。[217]

要注意的是，每一个空格中的任务设计要考虑到学习者在完成任务时要使用的目标词汇，要符合文本的观点。如果学习者已经阅读并讨论过文本材料，并且已经明白文本的意思，在活动开始前，教师可以将文本材料撤掉。这样的话，该活动不仅能鼓励学习者回想词汇，而且还能鼓励学习者创造性地使用词汇。

3. 控制类活动（controlled activities）

在控制类的活动中，学习者要表达的内容受到很大限制。最常用的控制类活动有重复操练、替换练习和背诵对话等。在此类活动开始前，教师将相关词汇向学习者解释清楚。在活动过程中，教师通过图片、实物或卡片向学习者展示单词。学习者可以短时间内将接受性词汇转换成产出性词汇。比如教师给学习者展示多个不同实物或图片（每次最好十个以上），学习者在学习了它们的英文名称并简短复习几分钟后，教师可以将实物或图片拿走或用布盖住，然后让学习者写出或说出刚才展示的实物的名称。教师也可以将实物放在箱子里，将手伸进去握住一个物体，让学生猜测是哪一个，如果猜对了，将物体拿出来展示给学生。

4. 帮助回忆词形的活动（activities to help recall the form of a word）

如果教师让学生回忆并且说出已学过的单词，教师可以为学生设置一个语境，然后让学生补全单词，如 "I got up and went into the bathroom to clean my_____."。如果学生不能猜出该词，教师可以给学生提供一些线索，如给出该词的第一个发音，给出单词的最后一个或两个字母，把单词的读音用口型发出来但不要出声等；如果学生还猜不出来，那么可以让另一个学生提供帮助，直到学生猜出该词。在此类活动中，教师可以多次重复语境，语境不要提供明显的答案，让学生觉得有多种可能性，这样的话，可以给学生提供一种挑战。该类活动适用于动词、名词、形容词、副词等。

5. 词汇搭配练习（collocations）

学习单词不应只学习单词本身，还应该学习单词的搭配。比如，我们学习了单词 save，还应该知道 save 经常与哪些词一块使用：We can save money/time/souls/people/animals/energy/face.

Brown 讨论了词语搭配并且列出了几种练习词语搭配的活动[248]。请从表 6-4 中右边的名词中为该表左边的每一个形容词选择 2~3 个名词组成最可能的搭配。写出你的答案，如 a narrow bridge，将你的答案与给出的答案进行比对，并且与老师或同学讨论其他可能的搭配。

表6-4　词汇搭配练习举例

形容词	名词
1. intense　2. narrow　3. sealed 4. political　5. limited　6. related 7. various	feelings　a bridge　a road　a letter　ways an envelope　geography　a situation　money　heat a number　an idea　by marriage　reasons　a tube knowledge

答案：

1. intense feelings, intense heat ;

2. a narrow road，a narrow bridge；

3. a sealed envelope，a sealed letter，a sealed tube；

4. a political situation，political geography；

5. a limited number，limited money，limited knowledge；

6. a related idea，related by marriage；

7. various reasons，various ways，various ideas.

词汇搭配练习还可以采取其他方式鼓励学生对单词产生联想，扩展与该词汇相关的其他词。可以采取的方法有：运用坐标图、程度变化坡度表、围绕中心词汇的词群图、利用词典或词表为所给单词找出搭配等。该类练习能扩展学习者的词汇知识，并鼓励学习者广泛利用所学单词。

除以上方法之外，在口语中进行词汇教学和学习的方法还有很多。教师可以在口语教学中，创造性地使用多种方法，促进学生的词汇附带习得和口语表达。下面我们介绍口语词汇的测试评价。

四、口语词汇测试及评价

（一）口语词汇量测试

我们前面讨论了词汇量对口语的影响。那么怎样测量口语词汇量呢？对于学习者是否具有足够的词汇量完成口语任务的测量方法很多，Nation认为词汇量测试（vocabulary size test）是其中很好用的一种方法[217]。如果学习者的接受性词汇量小，那么其产出性词汇量会更小。我们可以先让学习者做词汇量测试，然后再用听力测量词频概貌中前 1000 的高频词（Paul Nation 个人网站上的 Vocabulary Resource Booklet 中的 True/False test）。这样的话可以确定学习者的分数高低是由词汇量而不是阅读技巧决定的。

另一种测量口语词汇量的方法比较具体，可以让学习者基于生活情境（survival situation）完成不同的角色扮演任务。对其口语词汇知识的评价可以基于具体的生活情境进行，如在购物情境中，学习者掌握的词汇知识是否能满足该情境的需求。

在针对口语的评分量表中，大部分都将词汇作为口语能力的一个重要组成部分，可以通过评分量表对口语词汇进行评价（详见下面关于评分量表的讨论）。

（二）结合词汇对口语的评价

1. 词汇密度

Read 认为相对于写作，适用于口语的定量统计指标较少，在口语中经常使用的一个重要指标是词汇密度（lexical density）[4]。Ure 是第一位使用实词所占文章的百分比将作文和口语文本进行区分的学者。她的研究表明作文的词汇密度在 40% 以上，而口语文本的词汇密度低于 40%。在对口语文本进行定量统计时，她认为影响统计结果的还有另外两个变量。第一个变量是说话者在说话时是否收到反馈，在互动情境下的口语词汇密度要比独白口语的词汇密度小。第二个变量是说话者在说话前所准备的程度，即兴演讲的口语词汇密度比准备演讲的词汇密度要小。[249]

在语言测试中，词汇密度作为评价指标被用来评价学习者直接口语测试（direct test of speaking）和半直接口语测试（semi-direct test of speaking）的表现。直接口语测试的一个特征就是考生和至少一名考官进行面对面的互动交流，考官既要对考生的表现进行评价又要与考生进行交流。而半直接口语测试是考生在不与考官面对面交流的情况下完成口语任务。该类测试经常在语音实验室内进行，将提前录好的材料通过电脑给考生播放，考生进行回答，同时被录音以备后续评分。O'Loughlin 使用词汇密度比较了直接口语测试和半直接口语测试。该口语测试是针对计划移民到澳大利亚的居民的口语能力测试。两类测试中任务的类型以及让考生完成的言语功能是相同的，关键是看考生在两类不同的测试中口语产出是否一致。[250] 在计算词汇密度时，O'Loughlin[250] 基于 Ure[249] 做了两点修改：一是区分高频词和低频词。英语中一些很普通的单词，如 thing、people、do、make、get、have、way 等本身没有具体的意思。在计算词频密度时，O'Loughlin 采用了两种方法（第一种是区分了低频词和高频词，第二种没进行区分），结果发现两种方法的结果相似，这意味着在实际应用中区分高频词和低频词是没有意义的。但在正式研究中，

O'Loughlin 认为区分词频会使词汇密度的计算更准确。二是将单词称为 item 而不是 word。因为词汇分析单位包括动词词组（如 pick up）、习语（如 kick the bucket）、话语标记语（如 the point is）以及词族。研究结果表明在四项口语任务中（描写、叙述、讨论、角色扮演），半直接口语测试中的词汇密度都要比直接口语测试中的词汇密度大，但差异不是很大。O'Loughlin 认为会话者互动的程度是降低口语词汇密度的最重要的变量。

词汇密度是评价不同任务的口语活动和不同形式的口语考试的重要统计指标，但是计算密度需要的时间和精力限制了它在实践中的应用。

2. 评分量表

量化的数据主要用于研究，在口语测试中仍然需要主观的评价。另一个参考点是需要用评分量表评价每个学生表现的总体质量。对学生的口语和写作的评价主要有两种方法：一是整体法。该方法只采用一个描述不同等级的评分量表，如托福考试的口语测试。在评分时，评分员根据评分标准对口语或写作给一个总分，虽然速度较快，但不能反映出考生在哪些语言层面具有优势，在哪些层面能力不足。评分时虽然可能将词汇考虑在内，但不能给出具体信息。二是分项法。该方法采用几个评分量表，每个量表针对口语或写作的一个方面。在评分时，对于同一个口语文本，评分员根据不同的量表对不同的语言层面给出不同的分数，如词汇、语法、句子结构、内容等。因此该方法能够较好地为学习者提供诊断信息。很多采用该方法对口语评分的考试都将词汇作为一个衡量指标[4]。但是简单地将词汇分数从其他的衡量指标中分离出来作为衡量词汇量的有效措施是不合适的[217]。

在对口语进行评价时，是使用分项评分法对词汇使用情况进行单独评分，还是将词汇融合到整体法当中，要取决于测试设计者对构念的界定。Bachman 和 Palmer 区分了基于教学大纲的测试（syllabus-based test）和基于理论的测试（theory-based test）。基于教学大纲的测试适合在课堂教学中使用，其目的是测量学习者是否达到具体的学习目标，如果学习目标涉及词汇知识的掌握和应用，那么分项评分可以为学习者和老师提供学习者的词汇在多大程度上达到了要求的信息。而基于理论的测试主要关注学习者的语言能力以及对学习者使用目标语的情境进行分析。[234] 因此，在语言能力的构念中词汇所占的比例越大，评分量表中对词汇的关注就越小。

3. 流利性、词汇多样性和词频广度

我们上面已经讨论了词汇的数量和质量是衡量口语能力高低的一个重要方面，但是对口语词汇的测量是一件复杂的事情。除以上讨论的词汇密度和评分量表之外，文秋芳证明了流利性、词汇多样性和词频广度可作为口语词汇变化的衡量指标[240]。从词汇运用的角度考查，流利性是指在规定的时间内说出的词符数。词符指口语和书面语表达中出现的单词。可以看出，口语流利度与口语使用的词汇量成正比，口语中使用的词汇量越大，流利性就越大。词汇多样性（lexical variation）指在规定时间内使用不同词型数与词符数的比率，其中词型是指一份语料中不重复的单词数。文秋芳认为使用词型数平方除以词符数计算词汇多样性更为科学，公式为：词汇多样性 = 词型数 × 词型数 ÷ 词符数[240]。词频广度指口语和书面语中不同词频等级词形的分布比例，是考查学生掌握词汇量的一个重要指标。根据词频分布，有基础词汇（高频词）和基础词汇以外的非常用词汇（低频词和学术词汇），低水平学习者的口语常用词的比例通常比高水平学习者要高，基础词以外的词汇量最能区分高水平学习者的表达性词汇。

第三节　词汇与阅读

在输入有限的二语环境下，学习者经常通过阅读来积累词汇、学习外语。本节首先介绍阅读和词汇以及词汇知识的关系，然后分别介绍如何在阅读中提高词汇，如何测量阅读词汇。

一、阅读与词汇

阅读是一项涉及多种因素和多项交流的极其复杂的心理过程。影响阅读理解的因素可分为知识性障碍和非知识性障碍。知识性障碍包括词汇障碍、语法障碍、背景知识障碍等。而非知识性障碍包括心理障碍、阅读习惯、阅读速度和阅读技巧等。其中，最主要的障碍是词汇障碍、背景知识障碍和不良的阅读习惯[242]。根据周淑清就大学生"英语阅读主要困难"的一项调查发现，词汇量缺乏是造成英语阅读困难的主要原因[251]。"词汇能力低是我国英语学习的主要障碍之一。阅读理解、听力理解和写作实践中出现的问题多由词汇能力差引起"。[252]更为重要的是，阅读中词汇缺乏所造成的理解障碍反过来又会造成学生的焦虑、自卑、兴趣减弱等，从而造成学习者的心理障碍，这无疑又会加大阅读理解的难度。多项实证研究也表明词汇能力和阅读能力关系密切。

学习者词汇水平对阅读产生影响。比较有名的研究是 Qian 通过对 TOEFL 的研究发现，词汇广度知识和词汇深度知识与阅读水平密切相关[210]。而国内也有大量的相关研究。张学宾和邱天河对 84 名英语专业二年级学生的词汇广度知识和词汇深度知识与阅读的关系进行了实证研究。结果表明：词汇量、词汇深度和阅读成绩间存在高度正相关；词汇深度与阅读成绩的相关程度大于词汇量与阅读的相关程度；词汇深度对阅读成绩的预测能力强于词汇量对阅读的预测能力；在所调查的三类词汇深度指标中，词义和阅读的关系最密切，其次是形名搭配，但动名搭配与阅读之间没有显著性的相关关系。

胡文飞和贺义辉探讨了在外语环境下英语词汇知识（接受性词汇和

产出性词汇）与外语阅读能力的关系。研究结果表明：在相同的母语背景下，外语学习者的接受性词汇和控制型产出性词汇与外语阅读能力高度相关，但是自由型产出性词汇与外语阅读能力弱相关。接受性词汇和控制型产出性词汇对外语阅读都具有较强的预测能力，但自由型产出性词汇对外语阅读缺乏预测能力。[254]

白丽芳和戴春燕研究了不同等级与不同层面的词汇知识对阅读和写作水平的影响，该研究对 136 名英语专业一年级的学生进行了阅读、写作及各类词汇测试。词汇测试包括认知性词汇测试、产出性词汇测试和搭配测试，前两项测试包含 2000、4000 和 6000 三个词汇等级，搭配测试仅包含 2000 一个词汇等级。相关分析及多元回归分析表明，与阅读最相关的是搭配 2000（即搭配测试），可以解释 36.0% 的差异，其次为认知 4000（即 4000 词汇等级认知性词汇测试），与搭配 2000（即搭配测试）一起可以解释约 41.3% 的差异，其他变量对阅读水平均不具预测能力。[255] 词汇量对阅读能产生积极影响也得到国内其他研究的证实[256-257]。

以上研究都支持词汇对阅读产生积极影响，但也有不同的研究结果，如龚兵对高职学院学生的研究发现，过四级组的词汇深度知识与阅读能力存在相关性，但未过四级组没有发现相关性，这一结论的差异主要是不同的研究对象所致[258]。

除词汇知识对阅读产生积极影响之外，大量的研究也表明外语学习中广泛的阅读能促进词汇的附带习得。王改燕从理论上对第二语言阅读过程中词汇附带习得认知机制进行了探析，区分了附带习得研究过程中容易混淆的概念，认为阅读附带词汇习得虽得到国内外专家学者的认可，但是有很多的影响因素，如阅读过程中没有把注意力放在生词上，聚焦度不够；词汇量和背景知识不足；阅读结束后，这些词没有进入长期记忆系统等[259-260]。

邵艳春对大学生在"理解语篇细节"为阅读目的和以"理解语篇主题"为阅读目的的任务中词汇附带习得情况进行了研究，研究发现通过阅读能习得一定量的词汇，但因阅读目的和学习者能力的不同而不同；对于不同阅读能力的学习者，以"理解语篇细节"为阅读目的进行阅读时附带习得的词汇比以"理解语篇主题"为阅读目的进行阅读时习得的词汇要多；在两个不同的阅读任务中，阅读能力强的学习者都比阅读能力弱的学习者习得的词汇要多。[261]

张宪和亓鲁霞进行了一项自然阅读中的词汇附带习得实证研究。实验安排四名受试者阅读三本简易名著，并接受三次词汇测试与面谈。结果表明，专注于意义的自然阅读有助于词汇附带习得，拼写知识习得率为 21.6%，词义习得率为 15.5%。习得率看似不高，却十分重要。自然阅读的一个主要功能是提供词汇接触机会，促进词汇知识的部分习得，一旦与注意、运用、理解需要等因素发生交互作用，就可能实现某些知识的完全习得。[262]这一发现反映了词汇习得的渐进本质，对阅读与词汇教学均有启示。

与以上研究不同的是，张云勤和许洪研究了三种形式的多媒体注释对中国英语学习者词汇附带习得和阅读理解的作用。结果显示，在阅读理解测试中，（1）低水平受试者的"文字＋图画"注释和"文字＋声音"注释均显著优于"文字＋图画＋声音"注释。（2）对高水平受试者而言，三种注释无显著性差异。在词汇即时测试中的词汇意义和选词填空部分，高水平受试者的"文字＋图画＋声音"显著优于"文字＋图画"；在延后测试中的选词填空部分，"文字＋声音"和"文字＋图画＋声音"均显著优于"文字＋图画"。（3）对低水平受试而言，在词汇即时测试中的词汇意义部分，三种注释没有显著性差异；在选词填空部分，"文字＋声音"显著优于"文字＋图画"，词汇延后测试中三种注释无显著性差异。[263]

那么在阅读中接触多少次目标词才能习得词汇呢？龚兵采用《圣经》片段进行纯阅读课堂实验，探讨了阅读中频率效应对词义、词形和搭配知识习得的影响。结果表明：（1）一次性阅读不能促进三种知识的同步学习，词义知识习得优先于词形和搭配知识习得；（2）多次接触对词义习得影响显著，对词形和搭配的习得没有影响；（3）接触一次的目标词习得率均低于其他接触次数多的目标词，而接触次数多的（平均为 9.6 次）低频词习得率明显高于接触次数少的（平均为 3 次）高频词。[264]由此看出，一次性阅读附带词汇习得只是词汇知识的部分习得，只是频率累计习得的过程，而不是结果；一次性习得只是偶然现象，不能否定频率的累积效应。

综上所述，词汇和阅读关系密切。大部分的研究发现词汇知识和阅读理解呈正相关，词汇对阅读能产生积极影响；同时二语学习中广泛的阅读能促进词汇的附带习得。那么二语阅读还需要哪些词汇知识呢？

二、阅读与词汇知识

学习者拥有多少词汇量才能够满足阅读需求呢？对于外语初学者来说，一开始接触的阅读材料通常都是简化文本，词汇量需要在 300 左右，这意味着一个拥有 300~400 左右词汇量的学习者就能够阅读多种简化的阅读文本，大部分的简化阅读文本目标需要学习者掌握 2000 左右的词汇量[3]。The Newbury House Writers' Guide 列出六个不同的等级：（1）第一阶段为 300 词；（2）第二阶段为 600 词；（3）第三阶段为 1000 词；（4）第四阶段为 1500 词；（5）第五阶段为 2000 词；（6）第六阶段为 2600 词。

当学习者阅读未简化的文本时，对词汇量的要求就会很高。要想轻松自在地阅读未简化的阅读材料，需要至少 3000 个中心词汇[3]。即使学习者拥有 3000 个中心词汇，在阅读时，每一页大约还会遇到 5%~6% 的生词，因此在阅读时学习者经常需要根据上下文猜测词义。对于那些想用英语进行学术学习的学习者来讲，尽快增加阅读词汇量是非常必要的。

除阅读简化文本和未简化文本对词汇量的要求之外，阅读还需要其他的词汇知识吗？ Nation 讨论了语言知识门槛效应（language knowledge threshold），即成功使用语言和不成功使用语言所需的语言知识的临界点。一种观点认为一旦突破这个临界点，如果其他条件同等的情况下，所有的学习者都能理解语言材料，但是如果不能突破，那么学习者就不能理解材料。另一种观点认为如果不能突破临界点，理解文本材料的概率就会很低，但是一旦突破，学习者就能够很好地理解文本材料。[217]影响语言知识临界点的因素很多，如我们如何定义"理解"，学习者的背景知识，文本中低频词的数量等。

Laufer 探讨了如何合理理解阅读文本（reasonable reading comprehension）所需要的词符百分比（percentage of word tokens），并把合理理解阅读文本的成绩定为 55% 及以上，认为这是阅读理解可接受的最低水平。结果发现，词汇测试成绩得分在 95% 及以上的学习者要比得分在 95% 以下的学习者更容易达到阅读要求，在成功的阅读学习者中，词汇成绩在 95% 及以上的学习者要比成绩在 95% 以下的学习者要多。当把词汇成绩在 90% 及以上的学习者与词汇成绩在 90% 以下的学习者的阅读成绩进行比较时发现，二者没有显著差异；但是，当把词汇成绩在 95% 及以上的学习者与词汇成绩在 90%~94% 的学习者的阅读成绩进行比较时发现，二者存在显著差异。[265] Nation 认为理解词符覆盖率是很重要的：在文本中 80% 的覆盖率意味着每 5 个词中就会有 1 个生词（每行大概有 2 个生词），90% 的覆盖率意味着每 10 个词中就会有 1 个生词（每行有 1 个生词），95% 的覆盖率意味着每 20 个词中就会有 1 个生词（大约每 2 行有 1 个生词）[217]（详见表 6-5）。

表6-5　每100词中生词的数量和含有一个生词所需要的行数

词汇量对文章的覆盖率（%）	每100词符中的生词数量	含有一个生词所需的行数
99	1	10
98	2	5
95	5	2
90	10	1
80	20	0.5

　　Hu 和 Nation 比较了单词在文本中的覆盖率对一篇小说文本的阅读理解的影响。在 100% 覆盖率的文本中，没有任何生词；95% 覆盖率的文本中，有 5% 的生词（平均每 20 个词中有 1 个生词）；90% 覆盖率的文本中，每 10 个词中就有 1 个生词；80% 覆盖率的文本中，每 5 个词中就有 1 个生词。单词的覆盖率能预测阅读理解成绩，随着所认识的单词在文本中覆盖率的增加，阅读理解的成绩也随着提高。在 95% 覆盖率的文本中，一部分学习者能达到充分理解（adequate comprehension），但大多数达不到；90% 覆盖率的文本中，只有一小部分学习者能达到充分理解；80% 覆盖率的文本中，没有人能充分理解文本。Hu 和 Nation 认为在没有辅助性的消遣阅读（unassisted reading for pleasure）中，读者需要掌握文本中 98% 的词汇才能达到阅读效果[266]。从以上可以看出，对于小说文本，掌握文本中 80% 的词汇是一个临界点，因为掌握 80% 及以下词汇的学习者中没有人能充分理解文本。掌握 98% 的词汇量，几乎所有的学习者都能充分理解小说

文本；如果达到可接受的理解水平，95% 的词汇量是最低要求了。虽然 Hu 和 Nation 证实了词汇量对阅读有预测能力[266]，但是没有解释什么是充分理解。

虽然 Schmitt 等[267] 的研究方法与 Hu 和 Nation[266] 的不一样，但结果相似。Schmitt 等[267] 不改变所使用的文本，而是让不同能力的学习者同时去阅读材料，而语篇中词汇的覆盖率由词汇测试决定。结果表明，词汇覆盖率和阅读理解成绩呈线性关系，也就是说，在阅读一篇文章时，对文章中单词认识得越多，对文章理解得就越好。但是，阅读理解时所认识的单词在文中的覆盖率为多少才有助于理解呢？表 6-5 给了很好的解释，生词的密度越低，语境就会提供越大的帮助，因此，应付生词和理解文本的可能性就越大。作为学习的目标和选择合适的阅读文本，98% 熟悉单词的覆盖率是比较合理的目标[217]。

计算文本中熟悉词的文本覆盖率是决定文本单词负荷的一种方法。另一种方法就是看学习者在阅读某一篇文章时能遇到多少词族的词。在一篇大约 10 万个词符的小说里，如果所认识的词符覆盖率为 2%，这就意味着在第九级 1000 词汇以上将有至少 700 个生词词族[217]。对于任何一位读者来讲，阅读这样的材料压力都很大。因此，对于词汇量为 4000、6000 或者 8000 词族的学习者，在修改文本材料时，通常使用词族而不是词符作为计算目标。此时，词符的覆盖率接近 99% 以上。基于英国国家语料库的词族列表，Nation 讨论了不同文本中词汇覆盖 95%~98% 所需要的词汇量[108]，如表 6-6 所示：

表6-6 不同文本中覆盖95%和98%词汇所需要的词汇量（包括专有名词）

文本类型	95% 覆盖	98% 覆盖	专有名词
小说	4000 词族	9000词族	1%~2%
报纸	4000 词族	8000词族	5%~6%
儿童读物	4000 词族	10000词族	3.5%
儿童电影	4000 词族	6000词族	1.5%
口语	3000 词族	7000词族	1.3%

从表 6-6 可以看出，书面语文本中要认识其中 95% 的词汇，学习者

需要拥有大约 4000 个词族（包括专有名词），而口语文本中需要 3000 左右的词族；但是要认识书面语文本中 98% 的词汇，学习者需要拥有 8000~10000 个词族，而口语文本中需要 6000~7000 个词族。当然要达到很好的阅读理解目的，除了需要一定的词汇量外，还有其他因素的支持，如相关背景知识、生词与文本信息的相关性、阅读技巧，以及图片等其他形式。

此外，文本类型对词汇也会产生明显的影响。Gardner 使用语料库的方法分别对本族语者小学高年级学生的主题相关和主题不相关的未简化的说明文和记叙文进行研究。结果发现记叙文使用更多的高频词，而说明文使用更多学术性的、与主题相关的词汇。语篇类型对同一个词在不同文本中出现的次数也会有影响，同一语篇类型的不同文本倾向使用相同的词汇。在写作时，主题应该明确清晰，因为同一被试组在不同文本中使用相同的、与主题相关的词汇。记叙文对于掌握和使用高频词是有帮助的，而说明文中很多词汇在记叙文中未出现（反之亦然），因此学习者要想掌握更多的词汇，应该阅读不同类型的文章。[268]

实证研究支持在阅读理解过程中存在词汇的门槛效应。但是有研究表明阅读理解过程中关键的词汇因素是总的词汇量而不是某一文本中熟悉词的覆盖率[217]。词汇量与阅读理解之间的因果关系比较复杂，还需要进一步研究和探讨。

三、在阅读中提高词汇水平

从上文可知，要想轻松自在地阅读未简化的阅读材料，需要至少 3000 个中心词汇，但是很多外语学习者的词汇量低于这个数量，那么学习者该怎么办呢？我们应该明白以下两个问题：第一，增加学习者的词汇量并不意味着能够提高其阅读技巧。虽然词汇在阅读中的作用很大，但也有其他因素的影响，如背景知识、阅读经验等，因此除词汇量的增加之外，一定要提供足够的机会使用词汇。第二，学习者要想阅读未简化的文本，需要掌握至少几千个词汇。这需要一定的方法来学习。当学习者的阅读词汇不足时，教师应该教会学生运用直接词汇学习法和通过阅读来学习词汇的方法。我们将结合 Nation[3, 217] 介绍一些常用的方法。

（一）词汇练习

词汇教学最直接的方式就是结合学习者的个人情况进行多种词汇练习。这样做可将外语学习的不同环境考虑在内，如输入少、大班制、学生水平不同等；另外，词汇测试的结果表明虽然班级平均成绩为95%，但只有40%的词汇是每一个学习者都知道的，如果教师展示剩下的60%的词汇，那么至少有一半的学生知道这些词汇[3]。因此针对学习者的个性化教学是必要的，学生对自己熟悉的材料可以快速完成阅读，就可以花更多的时间学习新的材料和词汇。

区域教学法（area approach）是常用的一种方法。例如，将学习者所要学习的词汇分成不同的等级：500词频、1000词频、1500词频等。学习者从哪儿开始或结束并不重要，只要词汇能覆盖在大部分的材料里就可以了。如果每个词汇练习都只占一张纸的空间，这样做起来更方便。每个级别里的每个词可以出现在四个不同的练习中，而每个练习至少可以教授30个单词，而练习中其他的单词可以选自低级别的高频词。因此每个级别如果要教授500个词的话，大约需要70个练习。每一项练习都分别密封在一个袋子里，并放在箱子里。学生按照自己的速度来完成不同的练习任务。答案可以作为自我校对的工具给学生使用。每项练习大约需要20分钟，在这段时间内，学生主要学习所要求的30个或更多的单词。Nation给出了可以使用此方法的四个例子：给出一段文章，让学生在语境中推测生词的意思；使用一个句子或图片为每个单词提供语境来学习该单词；在多个句子中使用不同符号代替单词；使用测试方法（如图片、单词的释义、同义词、完形填空等）。[3]

（二）对孤立词汇（单词表或词典）的学习

在平时英语学习中，学生经常会使用单词表或词典来学习或记忆单词。该方法的一个最大优势就是能够在较短的时间内学习很多单词。不需要花费太多的精力，每小时就可以学习大约30个单词，并将单词形式和汉语意思建立起联系。但有几点需要注意：第一，将单词的形式和意义结合记忆要比使用同义词或解释记忆的效率更高。第二，使用小卡片记忆单词比只看词表更有效，在卡片一面写上单词，另一面写上单词的翻译。学生可以打乱单词卡片的顺序，随身携带，学习更方便。第三，使用词汇的词根、前缀和后缀知识有助于记忆单词。

（三）阅读简化课文

在英语作为外语学习的教学环境中，简化是非常普遍的，尤其是在阅读教学的选材中。大量阅读简化课文是增加词汇量和提高阅读技巧的有效方法之一。为什么要简化呢？Nation 做了详细的解释。第一，简化的首要目的是去除或减少过多的低频生词和未学过的语法结构，如果不简化，学生在阅读中就会遇到太多的生词和语法结构，影响阅读。第二，简化阅读材料可以把生词和语法结构的数量控制在一定的比例，从而掌控学习内容的难易。第三，简化了的课文可以让某个单词在具体的语境中反复出现，以强化巩固已学过的单词。第四，简化了的阅读内容可以给学生带来愉悦感和成就感。学生的初始学习阶段更要培养其学习兴趣和成就感。要做到这点，阅读材料的内容要使读者感兴趣，结构要好，文中不要有太多的难点，更不宜让学生做太多的阅读理解练习。第五，简化阅读材料可以在锻炼中提高阅读技巧。比如快速阅读的材料的词汇和语法结构较容易，可以让读者把精力集中在阅读的速度和理解上。这类材料虽然简化了，但要包含未简化文本的重要特征。此外，简化材料可以用作口语或听力学习的语言范文，有助于学生对原著思想的理解。[3, 217]

该怎样简化呢？Nation 介绍了具体的简化方法，认为简化分为两类：语言的简化（simplification of the language）和使用的简化（simplification of use）[3]。语言的简化包括对词汇控制和对语法结构、修辞的简化。简化的方法有多种，如用简单的词汇代替不常用的词汇，用释义而非另寻他词法解释生词，删除含有可以被忽略词汇的段落，用较简单的句子替代复合句和复杂的句子。一般来讲，这类简化都是建立在一定的词汇表基础上的。当然由于对词汇和句子的修改，这类简化也有负面作用，如它可能使文章的可读性降低，也可能使原文所传达的信息变得模糊或造成读者对文章阅读策略的错误选择。

关于使用的简化，Mountford 认为这种简化是针对不同学习者群体，采用增加说明、解释、总结、例子以及图表等手段对原文的部分内容进行解释和说明，实际上这是对原文的再次创作（也包括对原文的词汇和语法的修改）[269]。教师通常使用较简单的文字，使得文章难度在学习者的能力范围以内。因其具有针对性，该方法产生的材料具有真实性。

（四）精读未简化文本

未简化的文本主要针对本族语学习者，而对于外语学习者来讲，阅读时主要的障碍就是词汇，教师可以通过提供一些词汇练习，引起学生对阅读文本和目标词的重视。可以使用以下练习。

（1）根据文章找出单词。给出单词的释义让学生找出单词，如：

_____ go after with the intent to catch （chase）

_____ something regarded with special favor or liking（favorite）

为了使练习更容易些，可以用下画线代替单词字母，给出单词的第一个字母，按照单词在文献中的顺序考查单词，在单词释义处标明单词在文中的行数，把所有要考查的单词在文中用下画线标出等。

（2）英语中有些词往往根据位置、语法形式和语境的不同，单词的意义也不同，如 like、bear、light 等。教师可以让学生一边阅读一边选出正确的意思，句子可以从原文中摘取。如：

Choose the correct meaning and write（a）or（b）at the end of each sentence. The first two are done for you.

a. fly *n*. =a thing with wings and six legs

b. fly *v*. =move through the air

1. He killed a fly.（ a ）

2. The airplane did not fly fast.（ b ）

3. These flies were very old.（   ）

4. They were flying above the tables.（   ）

5. One fly fell into the glass.（   ）

6. This bird flies south in the winter.（   ）

7. A person can not fly by himself.（   ）

8. He flies to Singapore next week.（   ）

除使用词汇练习之外，在阅读未简化文本时还有其他的方式有助于词汇学习和理解。如限制阅读主题可以使学生学习的单词限制在一定范围内；通过精心修改使原文变长但意思达到学习者可接受的程度；通过添加图表、注释、图片、主题、向导性的问题等使阅读变得容易；允许同学之间讨论解决问题，提前讲解目标词以增加文章的可读性等。

（五）语义映射

如前面所述，语义映射就是由老师和学生合作将单词的语义关系通过图解的方式展示出来。具体请参照本章中口语与词汇部分关于语义映射的论述。

那么在阅读过程中遇到生词怎么办呢？Nation 认为这要由阅读的目的决定。如果课程的目的是提高阅读技巧或掌握阅读考试的内容，那么就不要花太多时间在生词上。如果阅读的目的是提高学习者的词汇量，那么教师就应该花时间讲解目标词和词汇学习策略，在阅读过程中，学生就会时常被打断，然后采取相应的方法来学习词汇。[3] 详见表 6-7。

表6-7 处理生词的目的和方式

课程目的							
词汇			阅读				
利用单词和策略			在不过多打断阅读的情况下快速处理单词				
根据内容猜测词义	利用单词构成成分学单词	在精读中教授单词	使用词典	快速给出词义	添加注释	忽略生词	阅读前教授单词

通过表 6-7 可知，如果阅读的目的是提高词汇量，那么学习者就应该采取以下措施学习单词，如根据语境猜测词义，使用词根和词缀等知识推测单词的意义，或像精读课一样认真学习词汇；然而如果仅仅是提高阅读技巧，那么花在单词上的时间就会较少，可采用以下方法，如查词典（初级学习者可使用英汉词典），通过翻译和注释等手段快速学习单词，使用文章末尾的注解学习单词，老师在阅读前教授目标词汇，或者阅读的时候忽略生词。

可以看出，根据学习目的的不同，学习者在阅读时学习单词的方法有所差异。外语学习者与本族语学习者不同的是语言输入较少。广泛的阅读能增加语言输入，有助于单词的学习和词汇量的提高。但是多少阅读量能够满足词汇的学习呢？Nation 通过对语料库文本统计，探讨了在词频在 10000 词以内的单词中，每 1000 词要重复出现 10 次所需要阅读的词汇总数。如果学习者要有足够的输入学习前 10000 词频的单词，学习者要阅读总词符数大约为 300 万词符长度的文本；如果通过阅读学习者已经学习了前 2000 词频的单词，要掌握第三个 1000 词频的单词要再阅读大约 30 万词符长度的文本；要进一步学习第四个 1000 词频的单词，还需要再阅读额外的 50 万词符长度的文本；要进一步学习第五个 1000 词频的单词，还需要再阅读额外的 100 万词符长度的文本；如果掌握每 1000 词频的词需要一年的话，那么学习者的词汇量要达到第六个 1000 词频的词的话，学习者当年就需要阅读 150 万词符长度的文本，且第二年还要阅读 200 万词符长度的文本。[217] 由此可以看出，阅读能促进词汇的学习，但学习者要选择与自己外语水平相当的文本材料。

四、阅读词汇测试及评价

（一）阅读词汇量测试

Nation 认为测量学习者总词汇量的测试方法都可以用来测试学习者的阅读词汇量，如词典法、词汇水平测试、词汇量测试都可以用来测量学习者是否拥有足够的词汇量进行阅读[3]（关于词汇量的测试我们将在第七章进行详细介绍）。但要注意的是，阅读词汇量和阅读技巧不能相混淆，词汇虽然影响阅读，但只是众多因素中的一个。

在课程教学中，教师可以采取较简单的方式对学生的词汇进行测试。根据课程内容考查学生对所学知识的掌握情况的测试一般被称为"成绩测试"。Nation 介绍了"配对词汇填空"来考查学生对所学课程的词汇的掌握情况。该方法是将一段文章中所要考查的名词、动词、形容词、副词等在文中用下画线代替，而被考查的目标词汇在文章后面列出来，也可以加入 3~4 个干扰项，学生需要选择合适的词填入文章中相应的位置。当然被考查的目标词都应该是课程中所要求掌握的词汇。如下例所示：

Choose appropriate words from the list below to complete the passage. You may need to change the forms of some of the words.

| symbol | origin | manufacture | debt | represent |
| goods | exchange | imports | balance | attempt |

Money has no meaning apart from what it _____. Its meaning is provided by the _____ and services of which it is a _____ and for which it can be _____.

Money we earn at home and spend abroad becomes part of our national _____ to another country and can be _____ by experts to that country. Similarly, money spent on _____ represents goods and services which our country must _____ to repay in some form, not to the individual who _____ or produced the imports but to the country of their _____.

教师也可以不给出目标词，而是在文中给出需要填写单词的首字母或前几个字母，让学生补全单词。

关于成绩测试中的词汇测试，Heaton 也给出了一些例子，如：

（1）Multiple-choice in context

Later I _____ to them for my bad behavior.

A. apologized　B. applauded　C. enquired　D. entertained

（2）Sets

Three of the four words in each line are similar in meaning or share some common features. Draw a circle around the word that does not fit.

A. conference, congress, meeting, ethics

B. collapse, dissipate, speculate, decay

C. fallacy, controversy, argument, debate

D. assemble, convene, orbit, gather

（3）Matching words and meanings

（4）True/False

The words to be tested are put in sentences. If the tested word is not known, the learners will find it difficult to answer correctly.

If your food is deficient in vitamin C, you will not become ill easily.（True/False）

（5）Translation

If the teacher knows the mother tongue of the learners, translation is a useful way of providing a quick check of learning. The translation need not to be exact. Understanding of word meanings develops as learners get more experience of English. The learner can be asked to translate underlined words presented in sentences or in a passage, or just to translate words in a list.

（二）基于词汇对阅读材料的评价

母语阅读研究中，分析阅读文本常用的一个概念就是可读性。Read 介绍了经常用作计算文本可读性的一个公式（Gunning's FOG formula）。其公式为：

$$US\ grade=0.4 \times (WDS/SEN + \%PSW)$$

该公式用来计算美国学校学生的阅读水平。该公式主要包括两个变量，第一个变量是每个句子的平均单词数量（WDS/SEN），该变量用来测量段落语法结构的复杂度；第二个变量是多音节（三个及三个以上音节）单词的百分比（%PSW）。该公式和其他公式一样，认为在语言中，较长的单词出现得较少，而且读者较陌生，因此，文本中长生词越多，文本的可读性就越低。[4] 在外语环境下，当教师计算文本可读性时，经常使用母语文本可读性计算公式。但影响文本可读性的因素很多，除了词汇外，还有动机、背景知识、修辞结构、命题密度、母语词汇知识等[3, 217]。但是测量可读性的最重要的单位就是单词，而经常被测量的变量就是词频[271]。

Nation 认为可读性公式关注的是容易测量的变量，因此，单词长度和句子长度是被经常使用的变量。他介绍了 Flesch Reading Ease Formula，其公式为：

$$RE=0.4 \times (words/sentences)+12 \times (syllables/words)-16$$

该公式是基于计算句子的长度（words/sentences）和单词的长度（syllables/words）两个变量来计算文本的可读性的。该公式认为文本中句子越长、单词越长，文本就越难，可读性就越差。[217]

然而，实证研究的结果不尽相同。Brown 研究了日本大学生在 50 篇完形填空的得分与文本母语可读性指数以及文本的语言特征的关系。研究发现，母语可读性指数与二语学习者完形填空的得分仅仅是微弱相关，而四项语言特征（每一个句子的平均音节数量、文本中实词的平均词频、具有七个及七个以上字母单词的百分比、功能词的百分比）与二语学习者的阅读难度高度相关。[272] 而 Greenfield 发现两个变量（每个单词所包含的平均字母数、每个句子平均单词数）与完形填空分数的相关系数高达 0.86 [273]。

由上可知，词汇虽然在文本可读性中扮演着重要角色，但是在二语环境下，对二语学习者文本可读性的计算，我们不能简单地套用母语可读性计算公式，还要考虑学习者所处的环境和其他相关因素。

第四节　词汇与写作

在输入有限的二语环境下，写作虽然出现较少，但是在语言的发展中起着重要的作用。有研究表明，词汇影响写作的质量。本部分主要介绍词汇与写作的关系，在写作中如何提高词汇水平，以及对写作词汇如何评价等。

一、写作与词汇

词汇在写作中起着很重要的作用。国内外有大量针对词汇使用和写作质量关系的研究。Astika 发现词汇能解释作文分数的最大方差[274]。Laufer 研究表明在学术写作中，随着学术词汇的增长，大学生的写作取得很大进步[275]，而词汇缺乏是影响写作质量的主要因素[277]。Engber 探讨了词汇丰富度和作文质量的关系，发现无错实词的数量与作文得分的相关系数最大，高达 0.57[277]。

国内也有大量关于写作和词汇使用关系的研究。针对我国大学生的英语写作过程和质量，马广惠和文秋芳通过实证研究发现，相比其他语言因素的影响，词汇能力是影响我国大学生英语写作质量最重要的因素[278]。白丽芳和戴春燕探讨了不同等级与层面的词汇知识对写作水平的影响，研究发现对写作唯一具有预测力的变量是词汇搭配 2000，可以解释 24.8% 的差异[255]。

刘建达和黄亚萍[279]探讨了四种典型词汇特征量（标准词型-词符比率、平均词长、低频词与高频词比率、实词密度）对 CET 作文得分的预测性。结果表明四种词汇特征量对 CET 作文得分并无较强的预测能力，这与国外的研究结果相似[280-281]。但也有研究证实词汇特征量和作文质量呈显著性相关[282-283]。而相对于语法而言，学习者运用词块的能力与英语口语成绩和写作成绩具有更加显著的相关性[238]。而非英语专业研究生二语写作中的词块使用按从多到少的顺序排列依次为动词词块、名词词块、介词词块、形容词词块、小句词块、连词词块和副词词块，与本族语者使用的词块类型数量顺序有相似之处；二语词块使用在数量上不存在过度使用情况，但在种类和普遍性上都较为欠缺[284]。在英语学习中教师要增强学生的词块意识，提高学生的写作能力[285]。

鲍贵调查了作文词汇丰富性的发展模式。词汇丰富性被划分为四个层面，即词汇变化性、词汇密度、词汇复杂性和词汇独特性。多纬度研究表明，词汇密度能区分最低水平组和最高水平组；词汇独特性能区分出最高水平组与最低水平组和中间组，但是在最低水平组和中间组之间却看不出区别。其研究最后得出，词汇独特性、词汇变化性和词汇密度虽能区分非邻近组却不能很好地区分邻近组，因而发展均呈非线性。词汇复杂性最能区分不同组之间词汇使用的差异，即使测量方法有异，其发展路线仍呈直线式。[286]与该研究不同的是，王海华和周祥从词汇多样性、词汇复杂性、词汇密度和词汇错误四个维度，对词汇丰富性在写作中的发展变化特点及其与写作质量之间的关系进行了动态跟踪研究。研究结果表明，随着英语学习的深入，学生写作中词汇的多样性、复杂性和密度都在稳步增长。在词汇错误方面，随着学习者英语水平的提高，词汇错误不断减少，但拼写方面的问题一直存在；就词汇丰富性和写作质量的关系而言，词汇多样性、词汇复杂性和词汇密度与写作质量均呈正相关，词汇错误与写作质量呈负相关。[287]与以上两项研究不同的是，朱慧敏和王俊菊在自建语料库的基础上，运用纵贯研究方法探讨了英语专业学生写作中词汇丰富性的历时发展变化。研究发现：（1）英语写作中的词汇变化性呈非直线性发展趋势，学生在大四出现了词汇高原现象；（2）词汇密度整体呈上升态势，但相邻年级学生作文间的词汇密度无显著差异；（3）词汇复杂性随着年级的升高而提升，且相邻两个年级学生作文间的词汇复杂性均存在显著差异；（4）平均词长的发展变化与学生语言水平关联密切；（5）词频分布显示学生过度使用高频词。[288]由这些发现可知，在英语水平提高的过程中，学生写作词汇丰富性不同维度的习得规律和发展轨迹不尽相同。

杨滢滢基于英语专业四个年级学习者的128篇同一主题作文，探讨分析了学习者产出性词汇发展和词块运用差异及其与写作质量的关系。研究主要从词频分布、文本长度、句子数量、句内词数和词长等方面考查词汇发展，并主要针对 3~5 词词块分析词块运用。研究结果表明：（1）尽管学习者的词汇量随着英语水平提高而不断增加，但是四个年级学习者普遍过度使用高频词，较少使用低频词；（2）中低水平学习者倾向于使用简短单词写短句，高水平学习者的复杂单词和长句运用能力明显增强；（3）低频词、文本长度、句子数量、句内词数与写作质量呈显著正相关；（4）中低水平学习者运用的词块与作文提示语高度复现，高水平学习者的词块运用则显著不同；（5）词块运用频数与写作质量呈显著负相关。[289]

与以上研究不同的是，雷蕾等对非英语专业大学生通过写作附带习得词汇进行了实证研究，主要发现有：（1）我国英语学习者通过写作附带习得词汇比通过阅读附带习得词汇效果更好；（2）目标词有注释和目标词无注释两种写作任务附带习得的词汇量和一周后的保持量之间不存在显著差异[166]。

从以上研究可以看出单词和词块对作文质量影响很大，词汇丰富性的发展在学生间呈不同模式，写作更有助于词汇附带习得。但也可以看出，词汇与作文质量关系的研究多是针对大学生，而针对中学生的研究较欠缺，可作为将来的研究方向。那么写作还需要哪些词汇知识呢？

二、写作与词汇知识

对写作文本的研究表明，掌握较少的单词（大约 2000~3000），学习者就能够有效地表达多种不同的观点[3]。正如口语表达一样，在写作中，学习者也要熟练地使用少量的产出性词汇。但是在写作中，学习者要扩大自己的产出性词汇，包括所学专业的专业词汇、表达个人兴趣爱好的词汇等。在学术环境下，写作经常被用作评估专业水准的方式，学习者需要使用专业词汇来展示自己的专业知识，因此学习者更要学习和积累更多的专业词汇。学习者要想在写作中能很好地形成观点、论证观点并将观点展示出来，也需要足够的词汇。当然，在写作过程中，学习者通过对词义的甄别、单词的筛选和运用，也能促进词汇的习得。

但是在写作中，当学习者的词汇量不足时该怎么做呢？我们将在下一小节重点介绍如何在写作中提高词汇水平。

三、在写作中提高词汇水平

在外语学习环境下，词汇输入有限，学习者的产出性词汇要少于接受性词汇，因此习得产出性词汇需要的精力和时间要比接受性词汇更多，并且要将接受性词汇转化成产出性词汇不是一件容易的事。Nation 认为至少有两个重要因素影响产出词汇的使用。第一个因素是产出词汇知识。大量有关产出学习和接受学习的实证研究以及对产出词汇量和接受词汇量的测量都证实了，产出性词汇知识比接受性词汇知识更需要重视。第二个因素是动机。这里的动机是指学习者使用词汇的愿望和机会。学习者虽然可能知道词汇，但是使用这些词汇的机会和愿望很小，甚至没有，那么这就会影响产出词汇学习。[217] 在教学中，将接受性词汇转化成产出性词汇的教学活动要考虑到这两个因素。下面我们将根据 Nation[3, 217] 的理念介绍一些典型的教学活动。

（1）基于阅读完成句子（reading and sentence completion）

学习者先阅读文本材料，然后使用文本中的单词完成练习。这种完成句子的练习有多种形式，可以直接从文中摘抄目标词，也可以使用具有不同词缀的派生词或屈折词，或者使用同义词或其他词表达同样的意思。Dykstra，R Port 和 A Port 列举了 57 种改变文本的方式，如直接从文中摘抄目标词，根据语法位置改变词的形式（如将 Spider 改为 Spiders），改变时态，添加从句，根据所读文章意思对文章进行读后续写等[290]（转引自 Nation[217] 271-272）。该练习是关注语言的学习活动，是将接受性词汇转化为产出性词汇很好的方式。

（2）改述句子（paraphrase）

在读完所给的句子后，学习者使用所给的目标词对句子重新表述。在练习开始前，教师应该先给学生讲解目标词的使用或给出例句。

如：Everybody will be helped by the changes.

（benefit）＿＿＿＿＿＿＿＿＿＿＿＿＿＿＿＿＿.

答案：Everybody will benefit from the changes.

（3）翻译（translation）

学习者使用所给的目标词将母语的一些句子或者较短的段落翻译成外语。

（4）概要完形填空（second-hand cloze）

该活动包括两项任务——阅读文章和填空。具体流程如下：学习者首先阅读一篇文章，然后给学习者一篇该文章的概要或总结，要考查的目标词用下画线代替，学习者需要根据文章内容将目标词写出来。教师也可以给出目标词的汉语意思，让学习者根据汉语意思找出相应的目标词，并正确填写在恰当的地方。

（5）使用词典（dictionary use）

教师应教会学生使用词典，在写作时，学生可以根据需要用词典查找相应的单词。Harvey 和 Yuill 发现使用词典的最主要的原因有：查找正确拼写（24.4%）、查找单词意思（18.3%）、核实单词是否存在（12.8%）、找同义词（10.6%）、核对语法（10.5%）[291]。在写作中，查看词典，尤其是词典中的例句，会有很大帮助，但是词条的长度可能会影响对所需信息的理解。

（6）感受写作风格（reading like a writer）

在阅读文本时，老师和学生可以合作找出文本的写作风格。从词汇角度看，这些特征包括词汇的正式程度、词汇链的使用、词汇衔接特点、信息转变时单词的使用等。教师可以鼓励学生细读文本，并在自己的写作中，模仿作者的写作特点。

（7）听后写（the dicto-comp and related activities）

在该类活动中，学习者先听写一段文本，然后根据记忆将所听文本尽可能地写出来。教师可以通过不同方式给出提示：如在听力过程中将目标词写在黑板上，但在写作时将每个单词的前两个字母擦掉，在黑板上给出目标词的汉语翻译等。该类练习还有其他不同形式，如听写、延时抄写、凭借记忆尽可能写出所读文本内容、通过小组合作写出所听文本内容等。

（8）使用口语促进写作（using speaking activities to affect vocabulary use in writing）

教师首先要求学生使用目标词完成一个或多个预先设计好的口语任务，然后让学生将口语任务向全班同学汇报，最后要求学生就口语任务写出书面报告。如果该活动设计合理,学生可以通过这种方式在口语任务、口头汇报、书面汇报中均会使用到目标词。

（9）观点日志（issue logs）

每个学生找出一个感兴趣的话题，在几周以内通过报纸、广播、电视、书籍、杂志、网络、访谈等收集与话题相关的信息。学生每周向小组成员口头汇报进展情况，每两周上交一份书面总结，最后上交一份完整的书面报告。在整个过程中，教师应要求学生尽可能地使用在收集信息时所遇到的生词。

（10）使用句中词（using vocabulary in sentences）

使用句中词是指通过例句、搭配练习等对目标词进行学习。该活动可以用多种方式展开。教师可以给出含有目标词的多个例句，如prevent，让学生找出规律和用法，然后进行练习。教师也可以通过例句讲解目标词的用法，然后鼓励学生根据例句进行模仿。教师还可以通过其他形式练习词汇，如：

①使用所给单词完成句子。

The economic crisis has（create）...

②对下画线的单词进行替换。

All sections worked together well.

The area was ruined.

Whatever I said，he said the opposite.

| destroyed |
| contradicted |
| reinforced |

③选择合适的搭配。

A	B
a main	principles
the basic	road
a practical	sport
a national	suggestion

当然，除以上提到的在写作中提高词汇的活动或方法之外，还有很多其他的活动或教学方法，如用适当的词填空、找出拼写和发音规律、词汇语义映射、对文本进行改写、通过 E-mail 进行交流等。教师在教学中可以充分发挥想象力，多层次、多维度地运用各类有趣的、有效的教学活动或方法，在写作中促进词汇学习。写作可以促进词汇学习，反过

来，丰富的词汇也有助于写作。那么如何对写作词汇进行测量和评价呢？我们将在下一小节详细讨论。

四、写作词汇测试及评价

当学习者完成写作任务后，就要对写作进行评估。从词汇角度来讲，对学习者写作产出词汇的评价方法有很多[4]197-209。对产出性词汇测试直接测量的第一种方法就是分离式词汇测试（discrete-point vocabulary test）。Laufer 和 Nation 开发并试测了此类测试。该测试按照词频把词汇分成不同的等级（2000、3000、University Word List、5000、10000），并将要考查的目标词用下画线代替，为更好地考查目标词，将目标词的前几个字母给出[292]。如：

I'm glad we had this opp_____ to talk.

These are a doz_____ eggs in the basket.

Every working person must pay income t_____.

The pirates buried the trea_____ on a desert island.

Laufer 和 Nation 的研究表明，学习者的写作产出性词汇测试得分与作文中 1000 词频及以下的单词比例呈负相关，与大学词表（University Word List）呈显著性相关，与其他的词频单词不相关[292]。也就是说，学习者在产出性词汇测试中得分越高，在写作中使用 1000 词频的单词就越少，使用大学词汇就越多。这也表明恰当的词汇测试能反映学习者语言使用情况。

第二种方法就是对学习者作文中的词汇丰富度等进行测量。对词汇丰富度的测量有很多不同的指标，下面我们一一简单介绍。

（1）词频概貌。Laufer 和 Nation[292] 设计了"词频概貌"来对产出词汇进行统计，该方法规避了传统词汇统计的缺陷。实际上，词频概貌是对一篇作文中的词汇进行分析，计算出不同词频等级的词族比例。用来分析词频概貌的软件现在称为 RANGE（以前称为 VocabProfile，简称 VP），该软件可以从 Nation 的个人网站上免费下载（www.victoria.ac.nz/lals/staff/paul-nation.aspx.）。运行此软件前要将所有的作文文本输入电脑，并保存为纯文本格式，在输入时，要将专有名词和错误严重的单词删除。通过运行 RANGE 程序，我们就可以得到相应的数据。

　　Meara 和 Bell 使用 P_Lex 软件对产出词汇进行统计，该统计指标与词频概貌相似，所不同的是该软件对文本中的单词以每 10 个为一组进行统计[294]。该软件对低水平学习者的文本、较短的文本统计更有效。该软件以及操作说明可以在 Meara 的个人网站上免费使用和下载（http：//www.lognostics.co.uk/）。

　　（2）词汇密度。词汇密度主要是对文本中的实词进行统计。计算公式为：

$$LD= \frac{total\ number\ of\ lexical\ words}{total\ number\ of\ words\ in\ the\ composition}$$

词汇密度也可以用来对比书面语和口语的词汇使用情况。

　　（3）词汇多样性。一般认为英语水平高的学习者，词汇量就越大。词汇多样性就是计算文本中的实词的词型-词符的比率（type/token ratio，TTR）。TTR 值越大，说明文本中词汇就越丰富，反之，TTR 值越小，说明作者的词汇量越小。实际上，在写作时，作者所使用的词汇仅是其知道的词汇的一小部分。

　　词汇多样性也经常使用 D 值来表示。该软件也可以在 Meara 的个人网站免费使用和下载。该软件已在多种研究中使用，并得到较好的效果。使用该软件时，文本长度要求最低为 50 个词符，需要将文本输入电脑，并保存为纯文本格式。

　　（4）词汇复杂度。该指标通常用来计算文本中高级词汇或者不常用单词的比例。复杂度较高的单词（sophisticated words）是指学习者使用了对其所要求级别范围以外的单词，如使用了能恰当表达主题、符合写作风格的低频词，以及其他的专业词汇、行话，或者为更细致的表达意思所使用的高级词汇。计算公式为：

$$LS= \frac{the\ number\ of\ sophisticated\ word\ families\ in\ the\ text}{the\ total\ number\ of\ word\ families\ in\ the\ text}$$

与其他指标相比，该指标不稳定，因为被试的学生群体语言能力往往差别较大，但对于同质的学生群体进行统计分析时，该指标很有价值。

　　以上我们介绍了产出性词汇测试和词汇丰富的统计指标。严格来讲，这些都是对词汇本身进行统计和分析，然而词汇使用的质量如何呢？下面我们将对词汇使用质量进行分析。

　　第三种对写作中词汇使用测量的指标是针对词汇的评分标准。Jacob等将词汇作为二语作文评价的五个标准之一，词汇占作文总分的 20%，其他分别为内容占 30%，结构占 20%，语法占 25%，拼写和标点占 5%[295]。但在实际评分中，很难将词汇作为评价指标单独评分，尤其是很难将词汇和语法分开。

　　第四种对写作中词汇使用测量的指标是词汇错误。该指标是指对作文中的词汇错误数量进行统计，但主要的困难是要辨别词汇错误，并且要和非词汇进行区分。关于词汇错误，Arnaud 列举了典型的词汇错误，主要包括：(1) minor spelling mistakes：personnal，teatcher；(2) major spelling mistakes：scholl；(3) derivation mistakes：to comparate，he successed；(4) faux-amis (descriptive cognates)：They should be prevented that it is difficult；(5) interference from another language on the curriculum：to spare money；(6) confusion between two lexemes：The teachers learn them maths.[296]19

　　对写作中词汇的错误，Engber 做了更为详细的分类，主要包括词汇选择（单个单词和词语的搭配）错误和词汇形式（派生词、动词形式、拼写等）错误[277]。很明显，无论分类多么的详细，都需要评分者对词汇错误进行主观判断，所以不同评分者之间达成共识是很重要的。

本章小结

　　本章主要对听、说、读、写四项技能与词汇的关系进行了阐述，从词汇与四项技能的关系，当听、说、读、写的词汇不足时应如何处理，如何测量听说读写的词汇，以及如何从词汇的角度评价听、说、读、写四项技能等进行论述。在文中我们介绍了如何测量听、说、读、写的词汇，而对于词汇的测试、种类、评价等我们将在下一章进行详细探讨。

第七章 | 词汇测试与评价

  词汇测试是语言测试的一个重要组成部分，试题设计和实施要将测试的信度、效度、可行性和反拨效应等考虑在内。教师在设计和使用词汇测试时，同样需要考虑测试的目的、预测的词汇能力和词汇知识、测试环境等。绝大多数英语测试中，无论是教学中的各项测验，如随堂测验、期中考试、期末考试等，还是标准化的水平测试，如美国的托福、我国的高考等，都有词汇测试项目。词汇及其测试的重要性得到了测试界的公认。测试是一项严谨而科学的工作，我们必须保证试题的设计是客观而科学的，由此评出的分数是可靠的，否则试题本身将失去其应有的效用。就英语词汇测试而言，虽然影响试题设计的因素很多，但是测试方法的选择要体现测试目的，测试要在一定的语境中考查词汇。本章将对词汇测试的目的、内容进行简单讨论，然后就词汇广度、词汇深度、词汇提取速度和词汇丰富度的测量方法进行阐述，最后就词汇测试的题型和评价进行阐述。

第一节 词汇测试目的

词汇是语言知识三大要素之一，是英语语言技能（听、说、读、写）重要的组成部分，词汇的多寡在一定程度上决定语言交际的成功与否。词汇测试是语言测试的一个重要组成部分，而语言测试也经常将词汇作为衡量语言水平的一个重要指标，国内外各类小规模测试以及大规模标准化的测试大都包含词汇项目。那么词汇测试有什么意义呢？Nation列出了以下几个词汇测试的目的：（1）找出学习者的学习困难之处并能采取适当措施（诊断测试），同时也了解学习者对词汇学习策略的使用情况；（2）将学习者正确分级（分级测试）；（3）了解学习者是否掌握了最近所教授的词汇（短期成绩测试）；（4）了解一门课程是否成功教授了一些特定词汇（长期成绩测试）；（5）了解学习者掌握了多少单词（水平测试）[217]555。

可以看出，词汇测试在教学的各个阶段都有必要，在各种类型的测试中，词汇测试都能起到重要作用。对学习者进行词汇广度测试、词汇深度测试和词汇强度测试可成为学校或个人行为分级或诊断测试的依据，可以让我们了解词汇教学是否有效，通过对测试结果的分析，发现词汇教学中的问题，从而进一步改进教学。词汇测试的结果也可以作为制订和修订英语教学大纲的一个重要参数。教学大纲规定了英语学习者在英语这门课程的学习中应掌握的词汇量，这是英语教材编写和测试的重要依据之一。

如果不测试，就没办法获知有关教学程序有效程度的可靠信息。测试能够为学生和教师提供一种反馈。如果学生知道要进行词汇学习测试，他们会更认真地对待词汇学习。测试不仅会激励学生为准备考试而复习词汇，还会推动测试后的进一步复习。

总之，词汇测试是英语教学及研究的重要内容，无论对教师、科研工作者还是学生都具有重要的指导意义。如词汇测试结果可以用来：（1）了解学生当前的词汇量；（2）对学生的词汇习得及发展现状做出准确的判断，确定教学目标，更有针对性地组织教学；（3）指导编写教材和教学大纲，帮助学生选择适合的阅读资料；（4）检验、评估词汇教学和学习效果。因此，作为词汇水平高低的测量工具，词汇测试试卷必须保证其设计的科学性，测试的方法和手段要能很好地体现测试的目的，且具有较高的信度和效度，这样测出的分数才是可靠的。

第二节 词汇测试内容

在对词汇进行测试之前，我们首先要弄清楚要对词汇测试什么，包括哪些方面。本节将对词汇测试的内容进行介绍。

一、词汇知识

在第一章我们对词汇知识和词汇能力进行了简单的介绍，但是词汇知识是一个多维度、多层面的体系，对词汇知识的不同理解和解释直接会影响对词汇测试的设计和内容。虽然对词汇知识的定义和性质到目前为止还没有达成共识，但是研究者们均认为词汇知识至少包括质和量两个维度[210, 297-298]，以及接受性词汇和产出性词汇两个层面[3-4]。

（一）词汇广度和词汇深度

词汇广度，即词汇量，指学习者所知道的单词数量的总和。一个人的词汇量可以分为四个层次，掌握的数量依次递增：口语词汇（speaking vocabulary）、写作词汇（writing vocabulary）、阅读词汇（reading vocabulary）、猜测词汇（guessing vocabulary），前两个属于积极词汇（active vocabulary），后两个属于消极词汇（passive vocabulary）[299]。词汇量的多少常常影响学习者的语言水平。

词汇深度是指学习者对一个单词所了解或掌握的程度。词汇深度是一个多层次的、复杂的连续体，包括单词的发音、拼写、意义、频率、句法特征、语境特征、语义功能和语义关联等。

词汇知识的习得和掌握有程度的区别，不是简单的习得或未习得、知道或不知道的问题。词汇知识的发展不仅仅是词汇数量增加的过程，也是对单词知识掌握由浅到深的过程。词汇知识广度和深度测试结果是制订外语教学大纲、编写教材、确定教学内容和教学方法的主要依据。

（二）接受性词汇和产出性词汇

接受性和产出性之分是词汇知识的另一个维度。接受性是从词汇理解的角度去考查词汇知识，是指学习者在阅读或听力语篇中可以理解的词汇。而产出性是从语言运用的角度考查词汇知识，是指学习者在写作和口语中自由表达时所能使用的词汇。一般来讲，学习者的接受性词汇要比产出性词汇多。Nation 指出第二语言词汇教学的目的是为了增加学习者的"可用词汇量"[217]。然而"可用词汇量"不仅要求学习者能够认识目标词，而且要求学习者能够在听、说、读、写中运用目标词。

二、词汇能力

词汇能力是语言综合能力的基础，国内外相关研究表明词汇能力对语言能力有很强的预测性，词汇能力的发展与语言能力的发展紧密相关[300]。在大多数情况下，词汇知识和词汇能力通常不做区分，可以互换，但实际上两者还是有区别的。一般情况下，词汇知识越多，词汇能力就越强，但是词汇知识并不是词汇能力的唯一指标，词汇能力的另一个指标是使用词汇的熟练程度或称自动化能力（automaticity），即词汇提取速度。

那么词汇能力应该包括哪些内容呢？目前，在文献中所能见到的对词汇能力的定义主要有三种[61]：第一种最简单或最狭义的定义就是能认识或回忆起一个单词及其意义。很多二语词汇测试或习得研究都默认这种定义。在对这些研究结果解释时必须意识到所测试的仅仅是词汇是否被记忆而非是否被习得。第二种更广义的定义是恰当使用一个单词时必须掌握的各种相关知识的总和。词汇能力不仅是知道词汇的形式和意义，同时也包括它们之间的联想、可能出现的语言环境以及不同情况下使用的限制。第三种定义将词汇能力看作技能而不是知识，并强调词汇加工的自动化。词汇能力的提高体现在词汇输入、输出过程中不断增长的自动化。这种以自动化为中心的定义与二语词汇识别有着紧密联系，而词汇识别是词汇能力的一部分。

因此，段士平认为词汇能力主要包括词汇运用能力和提取能力。前者表现为词汇使用的准确程度和得体程度，而后者表现为词汇使用的熟练程度。[300]此外，词汇能力不仅包括词汇内化和提取，还包括元认知策略[2]。和词汇知识一样，研究者们也采用维度对词汇能力进行描述。研究者大多认为词汇知识广度、词汇知识深度和词汇运用是词汇能力的重要维度。此外，词汇的提取速度也被作为一个单独维度列出。

结合以上文献，以及 Nation 和 Webb[301]，Nation[217]，Schmitt[106]等对词汇测试的论述，本书认为可以从词汇广度、词汇深度、词汇提取速度以及词汇使用的角度对词汇进行测量。

第三节 词汇广度测量

对学习者词汇量的测试由来已久。一般认为，词汇量越大，学习者的语言水平就越高。本节主要介绍词汇量测试的意义、计算单位以及测量方法。

一、词汇量测试的意义

对词汇量进行测量的目的有很多，如探究学习者已经掌握多少词汇，探讨学习者进行有效交流需要掌握多少词汇量，或者计算文章或课本中包含多少学术词汇等。对学习者词汇量的测量，意义远非如此。Nation认为对词汇量的研究可以回答以下问题：（1）英语本族语者知道多少词汇？（2）本族语者词汇增长速度如何？（3）词汇增长率是否是固定的？儿童学会阅读后，词汇增长是否会加速？（4）当本族语者和非本族语者在相同的学校体制下学习时，他们的词汇量是否以相同的速度增长？（5）阅读报纸、小说、学术文章和口语等分别需要多少词汇量？（6）达到独立使用语言所需的词汇量需要多长时间？（7）词汇广度知识和词汇深度知识的增长是否一致？（8）词汇的词频顺序能否预测词汇习得的结果？[218]195 但是，到目前为止，被成功回答的问题并不多。

二、词汇量计算单位

对词汇量进行测量的首要问题是要设置词汇计算单位。对词汇不同的定义和计算会导致不同的研究结果。为了更好地学习词汇、对词汇进行测试和评价，在第一章，我们区分了词符、词型、词目和词族的概念。在计算词汇量时，我们要根据可用的资源、研究的问题以及研究的对象等因素来决定使用哪个概念作为词汇计算单位。选择词汇量计算单位时，要考虑可用的技术资源。考虑到目前可使用的软件，使用词型来计算词汇量是最简单的方法，因为目前的很多统计软件都能够按照对所选单词以及匹配的词型进行统计。然而，目前也有一些词目计算工具

（lemmatizer），通过对语料库的自动编码来计算词目的频次，但是这通常需要人工监管。目前，还没有可信的词族自动计算软件。

在选择词汇量计算单位时，我们最好要根据研究的问题来定。在一些研究情境，计算词型是很有意义的。比如，儿童母语学习者，在英语学习的初期，每使用一个新的单词形式，每习得一个词的过去时或者单词的单复数形式都是很大的进步，都有重要的意义。因此在这种情境下，选择词型作为计算单位是非常合适的选择。然而，对于成人母语学习者，词目是比较好的计算单位。因为成人母语学习者已经掌握母语的基本构词法，能够将词缀自动与新学习的单词进行配对，所以他们只要学习一个新的单词，就都可以通过所掌握的词缀知识自动学习该词的其他形式。但是对于非本族语者，词型是个较好的选择，因为非本族语者掌握词缀的能力不一样，他们很难掌握一个词目的所有形式。

然而，"词族"与词典里"中心词"的概念紧密相连。因此，当使用词典来计算单词的数量时，词族是一个理想的选择，因为它可以减少计算单词时的冗余信息，如它可以将所有语义相关的单词都归类在同一个词族之下，而不需要多次归类，如词目。

有时我们也要考虑对产出性词汇还是对接受性词汇进行统计。Nation认为在计算接受性词汇量时，词族是最好的计算单位[106]。因为在词汇的接受性使用中，在某种程度上，学习者能够察觉同一词族下各单词之间的相似之处；在计算产出性词汇量时，词族或词型是最好的计算单位，因为词汇的产出使用比接受使用要难，学习者掌握了某一词族下的一个单词，并不意味着也掌握了其他同一词族下的单词。正是这一点给词汇测量带来了困难。如果研究者在计算接受性词汇时使用词族作计算单位，而在计算产出性词汇时使用词目或词型作计算单位，不同的计算单位意味着接受性测试和产出性测试不对等，因此很难将学习者的接受性知识和产出性知识进行对比。

针对以上的情况，Schmitt认为在计算词汇量时，词目是最好的计算单位，理由有以下几点：（1）"词目"的概念比较明确，相关人员都明白该概念的含义；（2）这种方法简单，可以进行有效地重复研究或对比研究；（3）在计算接受性词汇和产出性词汇时，词目作为计算单位比较折中，因此可以将产出性词汇研究和接受性词汇研究进行对比；（4）"词目"的概念很容易理解，而且数量要比词族多[106]。

综上所述，计算词汇量时，所使用的计算单位要能体现研究的目标，反映学习者的水平以及要考虑能使用的资源情况，如所使用的统计软件能否准确地计算词汇量，是否将学习者的背景和能力考虑在内。在大多数的情况下，词型作为计算单位适合水平较低的学习者，而词目或词族作为计算单位更适合高水平的学习者。

三、词汇量的测量方法

虽然对学习者词汇量的测量历史悠久，有很多不同的方法，但Nation认为主要有三种方法：对学习者表达中的词汇进行计算，使用词典测量词汇量，使用词频列表进行测量[217]。

（一）对学习者表达中的词汇进行计算

在对学习者词汇量早期的研究中，研究者们对儿童母语学习者的词汇量进行研究，这类研究通常从儿童两岁左右开始到四岁左右结束，通过对学习者的产出性词汇进行计算来预估学习者的词汇量。使用该方法对学习者词汇量进行测量有明显的缺陷：一是学习者所产出的词汇仅仅是他们所知道和能产出的词汇的一部分；二是测量时的社会文化环境会对学习者产出词汇的数量和质量产生强烈影响。因此，对学习者表达中的词汇进行计算来测量实际词汇量是没有效度的。下面我们介绍另外两种直接测量学习者词汇知识的方法。

（二）使用词典测量词汇量

对学习者词汇量进行测量的其中一种最普通的方法就是先设立学习者应该知道的全部词汇，然后从中抽取部分词汇对学习者进行测试，学习者在测试中的单词正确率就被推测为其所掌握所有单词的百分率。但是，我们很难找到含有所有单词的参考材料，词典是最权威的可用的有效工具。使用词典对学习者的词汇量进行测量时，首先计算词典中的单词数量，然后测量学习者所知道的单词占词典中单词的比例。英语词典有很多，目前最综合的词典当属 *Oxford English Dictionary*。

关于如何使用词典进行测量词汇量，Nation列举了一些步骤和程序，但是这些步骤很少被遵循。具体步骤如下：

（1）选择一本词汇量足够大的词典，该词典能够涵盖受试者所知道的所有词汇。Nation 认为受过教育的成年本族语者使用的词典包含至少30000 个基础单词，二语学习者所使用的词典或词频列表包含的单词应该少些更合适。

（2）使用一种可信的方法计算词典中词条的数量。词典编纂人员通常不会关注词条的数量，除非有意地使词典达到一定的篇幅。但是在做广告或推广词典的时候，出版商有时会夸大词典中词条的数量，因此这个数据有时是不可靠的。比较有效的方法是通过人工或借助计算机对词典中词条的数量进行计算。

（3）使用明确的标准说明计算时不包括哪些词汇，哪些词可视为词族中的词汇。研究者需要设立明确的标准把不符合研究要求的词条从词典中剔除。剔除部分词条主要基于以下原因：一是这些词条对学习者不重要；二是可以降低单词的总数量，使词汇样本能最大限度地代表词汇总量；三是避免对同一词族里的词多次重复计算。

（4）使用一个合理的抽样程序，保证所有词条被抽到的概率相等。在抽样时，选取和剔除词汇的标准在抽样前、抽样中、抽样后都适用。这主要取决于实际情况。可采用的抽样方法为：每隔 N 个单词抽取一个单词，或者每隔 M 页抽取该页中的第 n 个单词，或者根据字母顺序分层抽样等。

（5）选择一个足够大的词汇样本保证对词汇量合理估算。在测试中，单词越多，对学习者的词汇量的推测就越准确。因此，词汇测试包含尽可能多的单词，这要根据测试时间和测试形式来确定。

（6）检查抽样的可靠性。对抽样信度的检验有很多种方法。如我们可以分部分抽样，然后将每一部分数值进行比较，或者使用多个评分员进行抽样，然后检验评分员间的信度。

（7）将样本与词频列表比对，保证对高频词的抽样没有偏差。一旦词汇被抽样后，词汇样本应该与词频列表相匹配，查验词汇样本在每一词频等级上是否包含恰当数量的词汇。例如，如果样本中的 1 个单词代表词典中的 100 个单词，那么样本就应该包含最高频 1000 词中的 10 个单词（10×100）。同样的，样本也应该包含最高频的第二组 1000 词中的 10 个单词。

（8）在写研究报告时，将前 7 个步骤的细节进行清楚、准确的描述，以便能够进行重复研究。根据以上 8 个步骤，我们可以使用词典对学习者进行词汇量测量。

很明显，这种测量方法以抽样方法为主。下面我们介绍另一种词汇量测量的方法。[217]

（三）使用词频列表及其他方法进行测量

与使用词典不同的是，词频列表也可以用来测量词汇量。现有的资源，如语料库、计算机、统计软件以及已有的词汇列表等都可以为此方法提供支持。下面我们从接受性词汇和产出性词汇两个方面来探讨词汇量测量，但不仅限于词频列表法。

1. 接受性词汇量的测量

下面我们介绍 5 种常用接受性词汇量测量方法。

（1）皮博迪图片词汇测试（Peabody Picture Vocabulary Test，PPVT）

在母语环境下，可以用来测量学习者词汇量的一种方法就是皮博迪图片词汇测试。该方法是一种意义识别测试（meaning-recognition test）。该测试中，考官对考生读一组单词，考生根据所听单词，从一组简单的黑白图片中指出最能代表所听单词意义的图片，一般每个单词配有 4 幅图片。该测试平均持续 11~12 分钟。可以使用两个平行的测试。每组测试中，都有 4 个例子，共有 17 组题。每组包含 12 个单词，共 204 个测试项目（17×12）。试题的难度可以逐渐增加。PPVT 试题可以在网上购买（http://www.pearsonassessments.com/products/100001802/pearson-clinical-tests.html？origsearchtext=PPVT#tab-details）。

（2）词汇水平测试（Vocabulary Levels Test，VLT）

词汇水平测试最初是由 Nation[54] 设计，经历了多个版本的更新。该测试包括 2000 词频、3000 词频、5000 词频、10000 词频以及大学词表五个部分，其中 2000 词和 3000 词部分代表英语中的高频词，5000 词处于高频词和低频词之间，10000 词代表低频词。学术词汇表是指 Coxhead[302] 编制的学术词表。该表包含 570 个词语，覆盖了 28 门学科中出现频率最高、使用范围最广的词语。每个水平段的词汇能满足不同的目标。2000词族的词汇能够满足日常交流的需求，3000词族的词汇能够满足一般真实性阅读的需求，5000词族的词汇代表高频词的上限，能够自由阅读，10000词族的词汇能够满足在大多数情况下的词汇应用。

VLT 是一种形式识别（form-recognition）的配对测试。该测试中题干是单词释义，选项是目标词。每个水平段的测试由 6 组共 18 道试题组成，每组试题包括 6 个单词、3 个释义，即每个水平段测试 36 个单词（在 Schmitt[106] 的最新版本中，每个水平段包括 10 组测试题）。该测试例题如下：

You must choose the right word to go with each meaning. Write the number of that word next to its meaning.

1. business

2. clock   _____ part of a house

3. horse   _____ animal with four legs

4. pencil   _____ something used for writing

5. shoe

6. wall

You answer it in the following way.

1. business

2. clock   ____6____ part of a house

3. horse   ____3____ animal with four legs

4. pencil   ____4____ something used for writing

5. shoe

6. wall

这一测试的优点在于制作简便，评分容易，猜词的机会少，能在短时间内测试大量单词。Vocabulary Levels Test 自问世以来，受到广泛的关注。许多研究者和机构使用后发现，它具有很高的信度和效度。需要指出的是，VLT 测试的是词汇的接受性知识，它不能反映词汇能力的全貌。该测试适合用于分级测试和诊断测试。Schmitt[106] 提供了两个版本的 VLT 测试题，可供读者免费使用。

（3）词汇量测试（Vocabulary Size Test，VST）

Vocabulary Size Test 首次在 Nation 和 Gu[303] 以及 Nation[304] 的书中提到。该测试将英语单词按照词频分为 14 组,每组 10 个单词代表 1000 个词汇量,共 14000 个单词。该测试主要测量学生的接受性词汇量,第一组为高频词,第 14 组为低频词。该测试采用意义识别的题型,试题为多项选择。题干是包括目标词和含有目标词的一个句子,选项为四个释义,考生从中选出一个最能解释目标词的一项。如下例所示:

Instruction: Choose the best meaning for each word. If you do not know the word at all, do not guess. Wrong guesses will be taken away from your correct answer. However, if you think you might know the meaning or part of it, then you should try to find that answer.

See: They **saw** it.

A. cut   B. waited for   C. looked for   D. started

该测试中的单词是从 *Collins English Dictionary* 中随机抽取的,然后根据 BNC 语料库中的词频,分成 14 个组。该测试也得到了广泛应用并得到验证。与 VLT 不同的是,VST 不仅能够用来测量学习者词汇量的全貌,也能够反映出学习者在词汇学习中取得的进步。该测试中最常用的 14000 词,加上专有名词,能够占有口语和书面语文本中 99% 以上的词汇。该测试可以在 Nation 的个人网站上免费下载(www.victoria.ac.nz/lals/staff/paul-nation.aspx.),也可以在 Schmitt[106] 中得到。

(4)清单测试(Checklist Tests)

Paul Meara 和他的同事们开发了多种版本的清单测试。该测试使用了词汇测试较简单的方法。学习者阅读一组单词后,判断是否知道这些单词,因此该测试也被称之为 Yes/No test。该测试可被认为是意义回想测试(meaning-recall items)。最基本的测试可以在以下网址下载(http://www.lextutor.ca)。测试例子如下所示:

Test 1, Level 1:

1.□ obey   2.□ thirsty   3.□ nonagrate   4.□ expect   5.□ large

6.□ accident   7.□ common   8.□ shine   9.□ sadly   10.□ balfour

该测试操作简单,学习者可以判断是否知道某单词,可采用纸笔的形式,在所认识的单词前的"□"里打勾(√),或者采用计算机的形式,点击所认识的单词。但是在该测试中，学习者可能会高估自己的词汇量，也就是说，学习者可能会通过猜测勾出自己不认识的单词。所以研究者在测试时可以加一些"非单词"（non-word）来减少猜测的影响。

除 Lextutor 中的 Yes/No test 之外，Meara 在个人网站上（http://www.lognostics.co.uk/）也提供了另外两种测试：（1）X_Lex。该测试是基于计算机的测试，测量的词汇是 5000 单词等级以内的词汇。测试结果将提供学习者在每一等级的词频概貌和对学习者总的词汇量的估计。（2）Y_Lex。该测试是 X_Lex 的升级版本，主要针对高水平学习者，所测量的词汇是 6000~10000 等级的词汇。测试结果将提供学习者在6000~10000 每一等级的词频概貌，以及总的词汇量的估计。

（5）计算机自适应测试（Computer Adaptive Test of Size and Strength，CATSS）

Laufer 和 Goldstein 开发了电脑版的词汇知识测试（CATSS），该测试通过对单词形式和意义的联系程度，来预测学习者的词汇广度知识和词汇深度知识[305]。该测试主要有两个优点：一是判断准确，节省时间。如果受试者在某一高频词等级测试中表现较好，电脑就会自动从下一个高级别等级抽取更难的单词，以此类推，直到学习者不能准确回答为止。电脑就会在适合学习者能力的词汇等级抽取多个单词，已对学习者词汇进行更准确的判断，这也避免多次使用过难或过易的单词测量学习者词汇量。二是如果学习者知道了高一级别的单词，那么低级别的单词就不会被测试。该测试可以在 Laufer 的个人网站上在线使用（http://english.haifa.ac.il/staff/blaufer.htm）。

在该部分，我们介绍了接受性词汇的常用测量方法，下面我们介绍产出性词汇的测量方法。

2. 产出性词汇量的测量

下面我们介绍四种常用产出性词汇测量方法。

（1）产出词汇水平测试（Productive Vocabulary Levels Test，PVLT）

Laufer 和 Nation[293] 在 VLT 的基础之上，开发了 PVLT。该测试被认为采用的是形式-回忆的形式（form-recall）。测试的题型是每个句子测量一个单词，给出句子语境，目标词用下画线代替。为了限制答案，避免受试者填其他形式的词，目标词的首字母或前几个字母可以先给出。

如下例如示：

（1）Every working person must pay income t＿＿＿＿.

（2）The differences were so sl＿＿＿＿ that they went unnoticed.

（3）The telegram was deli＿＿＿＿ two hours after it had been sent.

（4）The afflu＿＿＿＿ of the western world contrasts with the poverty in other parts.

（5）Farmers are introducing innova＿＿＿＿ that increases the productivity per worker.

该测试有以下几个特点：一是目标词给出的字母数量不同。有的是1个，有的多达6个，这种差异对目标词难度的影响目前还不清楚。二是答案的透明度（transparency）不一样。比如根据语境和搭配很容易推断出除第二个例句之外的其他4个例句的单词。第二个例句较难是因为该题没有明显的搭配，而且只给出两个首字母。因此，该试题在目标词的形式特点（字母数）以及语境的解释力上有很大差异。三是虽然该测试是对产出性词汇进行测量，但是并不需要学习者在表达中产出词汇。

但是 Laufer 和 Nation[292] 对该试题进行了效度验证，发现学习者知道的高频词要比低频词多，高年级学生的得分要比低年级的得分高。这说明该试题具有较好的效度。

（2）词频概貌（Lexical Frequency Profile，LFP）

词频概貌是以学习者产出的口头或书面语篇为基础，通过分析产出过程中词汇的使用情况来判断和评估词汇的丰富性（lexical richness）。词汇丰富性评估的一项重要内容是词频分析。Laufer 和 Nation[293] 率先设计出词频分析程序 VocabProfile（简称 VP）。借助它可以描述学习者作文中的词汇使用情况，以此来测量他们的产出性词汇能力。该软件将文本中的词汇分为四个类别，即第一个 1000 词频的词，第二个 1000 词频的词，学术词汇列表中的词，以及上述三类以外的词。该方法的基本思想是低水平的学习者多使用高频词（1st 1000），使用非常少的低频词和学术词汇，然而高水平的学习者词汇量较大，使用较多的低频词。

Laufer 和 Nation[293] 证实了词频量表的有效性，但也发现了这类自动词汇评估存在的问题。如传统的词型-词符比（type-token ratio）分析方法通过计算文本中不同单词的总数与实际出现的单词总数之比来考查词汇使用的多样性，但这种方法不能反映词汇使用的质量，如词汇在不同词频段上的分布，且测出的比率往往随文本长度的不同而呈现波动性。后来，Nation 和 Coxhead[306]扩大了 VP 的功能，并重新命名为 RANGE。RANGE 不仅限于 VP 具有的词频分析功能，还具有其他一些用途，比如能同时处理多达 32 个不同的输入文本，比较不同文本中的词汇使用情况等。RANGE 是重要的词汇量化统计分析软件，它使用的原始数据包含三个词频表，分别是 BASEWRD1.txt、BASEWRD2.txt 和 BASEWRD3.txt。BASEWRD1.txt 包括最常用的约 1000 个英语词族（实际为 999 个），BASEWRD2.txt 包括次常用的约 1000 个英语词族（实际为 987 个），BASEWRD3.txt 包括前两个词频表之外的、高中和大学各科教材中最常用的学术词汇，共计 570 个英语词族。RANGE 在产出性词汇评估方面有三种用途：比较学习者作文中产出性词汇量的差异，比较措辞异同和发现词汇过度使用的倾向。实践证明，RANGE 是测量二语学习者写作产出性词汇能力很有力的工具，但它的缺点是忽略了词汇能力发展的过程。

以上两个软件在 Nation 的个人网站上都可以免费下载（www.victoria.ac.nz/lals/staff/paul-nation.aspx.）。

（3）P_Lex

P_Lex 软件通过计算文本中常用 2000 词频以上的单词数量，来测量文本的复杂度[294]。相对于词频概貌而言，P_Lex 软件不仅可以分析简短的文本，而且还可以提供更加丰富的测量指标。它的基本工作原理是将导入到软件中的预分析的材料按照 10 个单词为单位进行自动切分，然后检测每 10 个单词中难度词的数量（不是在高频词表中的单词）。计算出反映词汇复杂度的指标为 lambda（λ），取值范围在 0.5~4.5 之间，λ 值越高，表明所使用的词汇复杂度就越高。

该软件可以在 Meara 的个人网站上免费下载（http://www.lognostics.co.uk/）。

（4）V_Size

V_Size 统计软件是由 Paul Meara 和 Imma Miralpeix 开发的，该软

件通过对输入文本的分析，生成词频概貌文档，预测学习者的产出性词汇。与 P_Lex 软件相似的是，该软件也是通过将输入文本与理论文本相匹配，计算词汇量，但是该软件的统计是基于词汇分布的 Zipf 法则而定。

使用 V_Size 统计软件时，学习者的表达被转写后需保存为 .txt 文档。软件将按五级词频分类对文本进行分析：A（500），B（1000），C（1500），D（2000），E（2000 +）。通过对文本分析，将文本中的词汇与软件中存储的理论词汇量进行对比，得到对学习者产出性词汇的估值。统计分析后，电脑屏幕上会显示画面，其中一个是表格，展示的是在每级词频等级上文本词汇所占的百分比，第二个是曲线图，展示的是文本中词汇与理论词汇量的匹配情况，以及对学习者预估的词汇量。该软件也可以在 Meara 的个人网站上免费下载（http：//www.lognostics.co.uk/）。

以上是关于词汇广度（词汇量）的测量方法和统计手段。其实，关于词汇量的测量方法和手段还有很多，本书只是介绍一些常用的方法。教师和研究者可以根据自己的教学和研究需求选择合适的方法。下一节我们将介绍词汇深度的测量方法。

第四节　词汇深度测量

本小节我们将介绍词汇深度知识测量的意义、定义、测量方法以及实施步骤。

一、词汇深度测量的意义

词汇深度知识是词汇知识的另一个重要维度。Nation 和 Webb 认为对词汇深度知识的测量可以显示学习者对词汇的了解程度，能够告知学习者在词汇学习和发展过程中的优势和不足[301]。此外，通过对词汇学习任务的研究，可以评价不同的任务对词汇深度知识发展的贡献程度。研究结果不仅能够展现哪项任务对词汇发展更有效，而且还能展现每项任务的优缺点，即哪项任务更有助于词汇学习，哪项任务能够辅助其他任务提高学习。

二、词汇深度知识的内容

在词汇广度的研究中，大多数研究通过学习者在多大程度上知道单词的意义来推断学习者的词汇量，在这些研究中，通常将单词的形式和意义进行配对。实际上，在单词的学习过程中，掌握一个单词不仅要知道单词的形式和意义的对应，还要知道学习者对单词掌握的程度。

关于词汇深度知识的定义，目前学者们还没有达成共识。Anderson 和 Freebody 认为，在正常情况下，如果一个单词传递给人们的所有区别能够被普通成年人理解，那么人们就对该单词有足够的深刻理解[307]。Read 把词汇深度描述为学习者词汇知识的质量[308]357。Henriksen 从三个维度定义词汇能力：部分知识到全面知识、知识深度和接受性能力到产出性使用能力[45]。第一个维度是指对单词了解的不同程度，第二个维度是指影响词汇能力的不同层面的知识，第三个维度是指使用和理解单词的能力。Henriksen 提出使用不同的测试来挖掘词汇知识的不同维度。但 Read 认为对词汇深度知识的构念过时了，因为在研究中至少有三种不同的操作方法[309]。Read 认为应该从以下三个更加准确的角度来解释词汇深度知识：（1）意义的准确性（precision of meaning），即对词汇意义的了解程度；（2）综合词汇知识（comprehensive word knowledge），即对单词的形式、意义和使用的了解程度；（3）网络知识（network knowledge），即单词被合并或连接到心理词库的程度。此外，Nation还从形式、意义和使用等角度对词汇知识进行了深入探讨[218]。

从以上可以看出，学习词汇知识不仅仅是知道形式和意义的匹配，还要更深入地了解词汇的意义。在对词汇深度知识进行评估时，研究者需要对词汇知识的多层方面进行测量，这是对词汇深度知识最有效的测量方法，可依此判断学习者在各层面上对词汇的掌握程度，并为词汇知识的强度（strength of vocabulary knowledge）提供测量。

三、词汇深度测量方法

相对于词汇广度的测试，词汇深度知识测试的发展远远落后于词汇量测试。主要有词频概貌测试（Lexical Frequency Profile，简称LFP）、词汇联想测试（Word Associates Test）和词汇知识等级量表（Vocabulary Knowledge Scale，简称VKS）三种测量工具，它们分别从不同的角度对词汇深度知识进行测试。

（一）词频概貌

词频概貌不仅可以用来测量词汇的广度知识，也可以用来测量词汇的深度知识。我们在词汇广度测量中已经介绍了词频概貌的使用以及统计手段，在此不再重复。具体请参见词汇广度测量部分有关词频概貌的介绍。

（二）词汇联想测试

运用词汇联想考查词汇能力，这是在二语词汇习得研究中运用得最为广泛并得到普遍认可的方法。对学习者词汇联想的反应结果的分析，可以准确地反映学习者词汇知识的掌握深度。为深入考查词汇知识在大脑中的储存和提取方式，Read设计了词义关联与搭配测试，其信度达到0.93[308]。该测试是对词汇接受性知识的三个方面进行的测量：形式和意义（form and meaning）、概念和所指（concept and referents）以及搭配（collocation）。该测试可以在线完成，网址为http://www.lextutor.ca/tests/associates/。

该测试经过了多个版本的修订。在 1993 年的版本中，每个目标词包含八个选项，其中四个选项与目标词以三种关系呈现，即聚合关系（同义词，即 group）、组合关系（搭配，即 scientist）、分解关系（成分，即 together），其余四个是干扰项，如下例所示：

team

alternate   chalk   ear   group

orbit   scientist   sport   together

而在 1998 年的版本中，每个目标词包含八个选项，分别放在两个空格里面，所有的词都是形容词，学习者需要从八个选项中找出四个能与目标词相关联的单词[310]。如下所示，测试呈现给受试者的是一个测试词（黑体词）和八个选择词，其中四个与被测词语义相关，受试者须选出这四个词。语义关系包括聚合关系和组合关系。

beautiful quick surprising thirsty	change doctor noise cool

sudden

这八个词中前四个与 sudden 是聚合关系，要求受试者从中选出它的近义词或词的多义项 quick 和 surprising；后四个与 sudden 是组合关系，要求受试从中选出能与它搭配的 change 和 noise，可分别构成 sudden change 和 sudden noise。正确答案的分布方式也可能是左边一个，右边三个或相反，或左右各两个。不同的答案分布方式可以减少受试者的盲目猜测。

联想测试是一种简便、快捷、操作性强的测试工具，借助于它可以准确地分析和了解学习者的词汇能力特征，诊断词汇习得中存在的问题。但作为一种科学的研究方法，还存在一定的局限性，需要进一步完善和修订。例如，联想测试的 40 个测试词全部是形容词，词性单一，脱离语境，因此，该测试对单义词测试比较有效，而对多义词、多词性词和搭配关系复杂的词汇则无效。另一个局限性是没有考虑词汇习得的发展过程。相比之下，Wesche 和 Paribakht[311] 的词汇知识等级量表（VKS）在这方面则是一种改进。

（三）词汇知识等级量表

RANGE 和词汇联想测试都只是静态地考查词汇深度知识，忽略了学习词汇的认知过程。词汇能力的发展是阶段性的。从认知发展的角度来看，词汇知识在认知过程中是个连续体，从接受到产出的转化过程是一个渐进过程，其中包含许多细微的环节。词汇知识的发展从第一次接触某词开始。接触的方式可能是听，也可能是看。根据这一理念，Wesche和 Paribakht 研发了词汇知识等级量表[311]。该量表分为五级，分别是：（Ⅰ）没见过该词；（Ⅱ）见过该词但不知其义；（Ⅲ）能举出正确的同义词或进行翻译；（Ⅳ）句中词义运用恰当；（Ⅴ）句中用词得体、语法精确。词汇知识等级量表强调知识向能力的转化，体现了词汇知识深度的发展过程，从一开始就受到赞许并得到广泛应用。该量表等级评分标准见表7-1。

表7-1　词汇知识等级量表

自我报告类别	分数	分数意义
Ⅰ	1	没见过该词
Ⅱ	2	见过该词但不知其义
Ⅲ	3	能举出正确的同义词或进行翻译
Ⅳ	4	句中词义运用恰当
Ⅴ	5	句中用词得体、语法精确

词汇知识等级量表的前三个层次测试词汇的接受性知识，后两个层次是产出性知识，第五个层次需要学习者掌握该词的句法和搭配。这一量表体现了词汇习得的渐进性，且允许在短时间内测出相当数量的单词，体现了以学习者为中心的词汇能力测试模式。Read 认为，词汇知识等级量表动态地测试并分析词汇知识的深度无疑是巨大的进步，但由于测试形式依赖受试者的自我报告，测试结果的可信度可能会受到影响[312]。批评的意见集中在这五个层次是否真正代表了习得词汇的自然过程，以及这五个层次之间是否是等距的递进关系。例如，Ⅱ级只表明学习者对词形的初级熟悉度，而Ⅲ级却表明掌握了词义，因此Ⅱ级和Ⅲ级之间的跨度较大。此外，Schmitt 也提出了词汇知识等级量表的一些不足和缺陷[106]。虽然该表有不足，但还是被广泛用于测量学习者的词汇深度知识。

除以上提到的三种常见的词汇深度测量手段之外，还有其他的测量方式。Schmitt 和 Zimmerman 开发了 Schmitt and Zimmerman Scale[313]。

该量表要比词汇知识等级量表简单，采用 can-do 的模式，can-do 描述语的表达是基于"欧框"（Common European Framework of Reference，简称为 CEFR），使用该模式时受试者可以根据自己的语言能力描述自己能够做什么，而不是描述自己知道什么知识。对于大多数受试者来说，他们更容易说清楚自己能使用语言做什么，而不是自己知道多少。当然该量表也存在优点和不足。该量表描述如下：

A. I don't know the word.

B. I have heard or seen the word before, but I am not sure of the meaning.

C. I understand the word when I hear or see it in a sentence, but I don't know how to use it in my own speaking or writing.

D. I know this word and can use it in my own speaking and writing.

另一个测量学习者词汇深度的方法是使用词语搭配。研究者们根据词语搭配的强度来对学习者的产出进行分析。关于词语搭配，早期的一个测量方法就是使用翻译对学习者的产出性搭配知识进行测量，如 Bahns 和 Eldaw[314]。但是，使用该方法并不能保证学习者在翻译的句子中使用目标搭配结构。因此另一种对词语搭配进行测量的方法是使用完形填空（cloze items），如 Farghal 和 Obiedat[315]，例句"I prefer _____ tea to strong tea."是用来考查 weak tea 的搭配。

此外，Bonk 使用三种不同的搭配测试形式[316]。第一种是关于 verb + object 的搭配，如：

Punk rockers dye their hair red and green because they want other people to _____ attention to them. （pay）

第二种是关于 verb+preposition 的搭配结构，如：

Many of the birds in the area were killed _____ by local hunters. （off）

第三种使用多项选择的形式。目标搭配结构是动词词组，每一题包含四个句子，受试者要识别出哪一个句子中动词的用法是错误的。

（1）Are the Johnsons throwing another party?

（2）She threw him the advertising concept to see if he liked it.

（3）The team from New Jersey was accused of throwing the game.

（4）The new information from the Singapore office threw the meeting into confusion. （2）

此外，还有的学者使用多项选择、量表、Yes/No 判断、表格配对、找错误等形式，对词汇的搭配和使用情况进行测量。在此，我们不再详细陈述，详情可参照 Schmitt[106]。

我们认为，针对不同的测试目的，应恰当地选用相应的词汇深度测试工具，以便准确、客观地评估学习者的词汇能力，诊断词汇习得中的问题，为外语教学提供有价值的指导信息。

四、词汇深度知识测量的步骤

在实际教学实践中，如何测量学习者的词汇深度知识呢？或者如何自行设计测试对学习者的词汇深度知识进行测量呢？ Nation 和 Webb 给出了以下建议步骤：（1）决定要测量哪些词汇知识。研究者应该对所要测量的词汇知识有理性的认识。所要测量的知识应该取决于学习情境在多大程度上有助于词汇知识学习。（2）决定怎样去测量词汇深度知识。对词汇深度知识进行测量主要有两种方法：一是研究者使用同一测试对词汇知识的不同层面进行测量，如词汇联想测试；二是研究者可使用单独的测试对词汇知识的每一个层面单独测量。以上两种方式各有利弊，研究者可根据自己的情况合理选择。（3）决定对词汇强度知识的测量程度。词汇知识的获得是一个渐进的过程，不只是"知道和不知道"的简单区分。因此，对不同难度级别的词汇知识进行测量能够为学习提供更加准确的评估。（4）决定要测量的目标词类型，即实词（real words）或者无意义词（nonsense words）。词汇深度知识测量时，目标词选择实词还是无意义词汇，二者各有利弊，要根据自己的需求选择。选择目标词最好的方法就是要考虑词汇深度知识以前是被如何测量的。如果需要对研究设计进行严格控制，那么最好使用无意义词汇；如果需要效度较高的设计，那么实词是较好的选择。（5）决定是否使用延迟测试。延迟测试（delayed post-tests）能加强对知识强度的观察，因为延迟测试能够显示知识的退化程度。立即后测（immediate post-tests）能够测量未知知识转化成内在知识的增长程度，而延迟测试能够测量已知知识向未知知识转化的程度。（6）试测。由于对词汇深度知识测量的研究较少，而且受试者对测试题型可能会很陌生，因此试测是很有必要的。通过试测，我们可以看出测试工具对所要测量知识的有效程度、测试所需时间、不同测试对不同难度等级的测量程度、是否存在学习效应等[301]。

　　以上是对学习者词汇深度知识测量的有关讨论。教师和研究者可以根据自己的情况选择合适的测量方法。那么学习者在词汇使用时，词汇提取速度怎么样？如何对此进行测量？下面我们将对此展开讨论。

第五节　词汇提取速度测量

本节就词汇提取速度研究的意义、影响因素和测量方法进行简单介绍。

一、词汇提取速度研究的意义

词汇提取速度（speed of processing）通常被认为是自动化能力（automaticity），指激活储存于人脑心理词库中相关词汇的心理表征的过程，这一心理过程不需要任何加工能力。在心理词库中，词汇的表征形式包括词形知识、词义知识、词的发音知识以及词类知识等[86]。词汇的这些特征在大脑中形成一个网状结构，学习者从中筛选、辨识、提取和运用。

大部分关于词汇的研究的主要目的是教学，词汇知识被认为是词汇研究的关键要素，因此词汇研究中主要关注词汇知识，而很少关注词汇知识提取速度/自动化能力。心理语言学经常使用自动化的指标（如反应时间），但大多数情况下词汇只是作为一项刺激任务，而不是研究的重点。

除词汇知识之外，自动化也是词汇使用程度的关键要素，尤其体现在言语表达中。在与对方进行交流时，说话者通常只有一次机会抓住对方要表达的要点，大脑不可能将此对话进行重放，除非要求对方重复自己的表达。同样，如果说话者不能从心理词库中及时提取词汇，那么言语交流就不能流利地进行。

词汇提取速度的重要性在阅读和写作中也得以体现。在阅读中，为了能使阅读快速、流利地进行，词汇识别速度是关键。相关研究表明，在母语和二语的阅读中，词汇提取速度与阅读理解相关性很大。同样，在母语和二语的写作研究中发现，词汇的提取速度与写作能力相关，具体研究可参照 Schmitt[106]。从以上可以看出，词汇提取速度/自动化能力与听说读写密切相关。

二、词汇提取速度影响因素

词汇提取速度 / 自动化能力对词汇运用起到重要作用，那么影响提取速度的因素有哪些呢？研究表明，词汇在大脑中的心理表征可以通过直接或间接的方式被激活。直接方式是指通过感觉器官直接感知该词汇，如在书上看到某个词（视觉感知），或在谈话中听到某个词（听觉感知）；间接方式主要是通过语境来激活相关词汇[86]。影响词汇提取速度的因素主要有词频效应（frequency effect）、词汇性效应（lexicality effect）、语义性效应（semanticity effect）和语境效应（context effect）等[91]。词频效应是指高频词比低频词的提取更容易。研究表明词的使用频率越高，提取越容易，反应时间越短。词汇性效应是指在提取词汇时辨认真词的时间比非真词的时间短。语义性效应是指识别有语义联系的词比无意义联系的词快。语境效应是指语境有利于识别多义词，解决词汇歧义问题，从而加速词汇提取。

学习者在学习英语，尤其是习得词汇时，不仅要有足够的词汇量，还要有一定的对该词汇掌握的深度和反应速度，这样才能进行准确理解和有效表达。词频效应和语义联系在心理词汇的提取中起关键作用。因此，英语学习者应全面掌握高频词，多建立词汇的语义联系，从而更有效地在二语环境中习得英语。

三、词汇提取速度的测量方法

词汇自动化的重要性意味着它可以作为词汇知识掌握的一个重要方面。随着计算机和网络的发展，我们可以通过计算机或网络在线等手段对自动化进行测量，通过对学习者回答问题时的反应时间来推断词汇自动化能力。

心理语言学任务的测试结果能够提供精确的时间，时间精确到毫秒。心理语言学试验中，常使用的一个任务就是"词汇抉择"（lexicon decision），就是让受试者判断电脑屏幕上出现的词汇是否是真词汇，如果是真词汇就按下按钮，同时记录下受试者的反应时间。除此任务外，还有其他的任务可以使用，如回忆写作中所使用的单词、用目标词造句、在段落中识别目标词等。Siyanova 和 Schmitt 使用限时任务（timed task）对比了本族语者和非本族语者对词汇搭配频次进行的判断。受试者为 27 名本族语者和 27 名非本族语者，受试者对形容词-名词的搭配频次进行判断，实验材料中一半是英国国家语料库（BNC）中经常出现的搭配，如 criminal offence，另一半词语搭配虽然有意义，但在英国国家语料库中未出现，如 exclusive crimes。结果发现非本族语者对两类词语搭配的判断都比本族语者慢。[317] 基于研究结果，Siyanova 和 Schmitt 认为非本族语者词汇搭配知识要比本族语者弱，而且词汇提取速度 / 自动化能力也较弱[317]。

另一个常用的测量自动化的任务是"自定时阅读"（self-timed reading）。该项任务能够测量受试者在语境中阅读目标词的速度。目标词植入于语境当中，每一次电脑屏幕上显示一行、一个词组或者一个句子。一旦受试者读完该屏幕上的内容按下按钮后，屏幕将显示下一内容。在理解屏幕上内容的前提下，受试者需要用最快速度阅读。受试者的阅读时间会被记录下来。Conklin 和 Schmitt 使用该方法对文本中的"惯用语串"（formulaic sequences）和"非惯用控制语串"（non-formulaic control strings）的阅读进行研究。测试的目标结构分为三种：第一种是惯用语串表达的是习语的意思，如 a breath of fresh air=an interesting new situation；第二种是惯用语串仅表达字面意思，如 a breath of fresh air=breathing nice air；第三种是非惯用控制语串，该语串包含惯用语串中的大部分甚至全部的单词，但是排列顺序不一样，如 fresh breath of some air。研究发现受试者对两个惯用语串的阅读速度比非惯用控制语串的阅读速度要快，但是惯用语串的习语表达和字面表达的阅读速度没有差异。[318] Conklin 和 Schmitt 认为惯用语串比非惯用语串更容易加工提取，同时其研究表明自定时阅读可以用来测量语境中的惯用语串的加工速度[318]。

关于词汇提取速度 / 自动化能力的研究目前较少，对心理词汇提取速度的研究有待进一步深入。

第六节　词汇丰富度测量

前面几节我们讨论了对词汇广度、深度和提取速度的测量，本节我们将讨论对词汇丰富度的测量。

一、词汇丰富度测量的意义

对学习者词汇丰富度的测量，对教学和研究都有重要意义。

第一，词汇丰富度的测量能区分学习者的语言水平。通过对学习者产出文本中词汇的词频分析和词型-词符比（type-token ratio）计算，我们能知道不同语言水平学习者之间的差异。当然，我们也可以通过其他方式发现学习者之间的差异，如计算他们文本中错误词汇的数量、探究文本中单词之间的关系等。

第二，词汇丰富度的测量可以预示学习者产出词汇中的优点和不足。在较长的文本中，词汇丰富度的测量在一定程度上能反映出学习者的产出性词汇量。

第三，通过对文本中词频和词汇多样性的分析，研究者不仅可以推断文本材料的可理解性程度，而且可以推断不同类型的语篇材料对词汇附带习得的影响程度。通过此类研究，教师可以对文本进行评估，然后选出对学习最有利的文本。

二、词汇丰富度测量的定义

要对词汇丰富度进行测量，首先要弄清楚什么是词汇丰富度。虽然对词汇丰富的研究有很多，但是对词汇丰富度清晰的定义却很少。在实践中，研究者使用不同的词汇来表述这一概念，如 lexical richness，lexical variation，lexical diversity，lexical sophistication 等。Linnarud 认为词汇丰富度应包括多方面内容：lexical individuality（词汇个体性，即 the percentage of words that are unique to one person）；lexical density［词汇密度，即 the percentage of lexical words（nouns，verbs，adjectives， adverbs）]；lexical variation（词汇多样性，即 the percentage of different words in a text；in other words，the type-token ratio）；lexical sophistication（词汇复杂度，即 the percentage of low-frequency or advanced words）[280]（转引自 Nation 和 Webb[301]246）。Read[4]认为，文本中的错误词汇的数量也应该作为反映词汇丰富度的一个方面。

Nation 和 Webb 把词汇丰富度定义为"文本中词汇知识的质量"。该质量主要通过以下指标体现出来：（1）文本中词符、词型、词目和词族的数量。（2）低频词与高级词汇的比例。（3）形式的准确性。（4）形式的多样性。（5）单词构成的多样性和准确性。（6）意义的准确性。（7）意义的明确性。（8）语义相关的词汇在一起使用的程度。（9）单词与其常用搭配在一起使用的程度。（10）口语中所使用的主要词类的比例。（11）词汇与句中语法准确度在一起使用的程度。（12）在语域中使用不恰当的词汇数量。（13）词汇错误的数量。（14）口语和写作的速度。（15）阅读的速度。[301]246

虽然研究者们对词汇丰富度的定义不一样，但从不同角度阐释了词汇的使用情况。可见，研究者们对词汇丰富度的定义虽没有达成共识，却引起很多专家的关注。

那么对学习者的词汇丰富度进行研究有什么意义呢？Laufer 和 Nation 认为对词汇丰富度的测量能够试图将作者使用的多样的、大量的词汇的程度进行量化[293]307。借助于电脑、语料库等先进的技术，我们可以通过对词汇丰富度进行全面的测量获取以下信息：（1）文本中不同词符、词型、词目和词族的数量。（2）文本中所有单词的词频。（3）文本中每一类词型、词目和词族出现的次数。（4）文本中词的总数、每一段的单词数量以及每一个句子中的单词数量。（5）错误单词的数量和错误归类（如拼写错误、意义错误、使用错误等）。（6）不同词缀所使用的程度。（7）语义相关的词汇在一起使用的程度。（8）口语中所使用的主要词类的比例（名词、动词、形容词和副词）。（9）不同词汇是否能很好地配合使用（在多大程度上词汇出现在常用搭配或程序化语言中）。（10）在口语或写作中，使用单词、词组或句子所需要的时间。（11）每分钟所读单词的平均数量。

在实践教学中，教师可以对词汇丰富度的一个或几个方面进行测量。如在口语和作文中，教师可以对学习者的词汇搭配情况进行测量，以此推断学习者的词汇使用情况，也可以对文本中的词型-词符比进行计算，以此推断学习者的词汇丰富度等。那么如何对词汇丰富度进行测量呢？我们下一小节再进行详细介绍。

三、词汇丰富度的测量方法

Nation 和 Webb 将词汇丰富度的研究归为两大类：接受性词汇的研究和产出性词汇的研究[301]。接受性词汇的研究主要关注学习者可能遇到的词汇的数量和频次。这类研究多是词汇附带学习的实证研究，预测通过听力和阅读进行词汇学习的能力。而产出性词汇丰富度的研究较普遍，主要关注的是文本中词型和词符关系的测量。

（一）产出性词汇丰富度的测量

产出性词汇丰富度主要关注两个方面：词汇多样性和词汇复杂度。词汇多样性是指文本中不同词型单词的数量与总词数的关系，词汇复杂度是指文本中低频词与高级词汇的比例。

1. 词汇多样性

词汇多样性通常通过文本中的词型-词符比来显示。一般认为，一个词汇越丰富的文本，包含的词型的种类就越多。高水平的语言学习者拥有较大的语义网络，会使用更多的同义词、上义词、下义词等。相反，词汇丰富度低的文本中词汇的种类较少，而且多使用重复的单词。通过对词汇多样性的测量，教师能够从学习者的口语和书面语产出文本中区分不同能力的学习者。

（1）词型-词符比（type-token ratio）

在通过测量词汇多样性来推断词汇丰富度的研究中，词型-词符比（TTR）是最常用的一个手段。基本原理就是，将文本中的不同词型的单词数量与文本中总词数进行比较。词型越多，该文本的词汇就越丰富。其公式为：

$$\text{type-token ration} = \frac{\text{number of different words}(\text{types})}{\text{total number of words in the text}(\text{tokens})} \times 100$$

从以上公式可以看出，文本长度对 TTR 的影响很大。文本越长，新词出现的概率就越小，单词重复率就越高，TTR 的值就越小。因此，使用 TTR 时，经常需要对文本长度进行控制。该统计可以通过 RANGE 程序进行。

（2）标准化的词型-词符比（standardized type-token ratio）

为了避免文本长度对 TTR 结果的影响，研究者们使用"标准化的 TTR"（standardized type-token ratio）来计算文本的词型-词符比。通过软件（如 WordSmith Tools）我们可以将所有被试的文本分割成多个含有 100 词的文本，然后再计算所有文本的词型-词符比。

（3）D 值（D index）

D 值也是经常用作测量词汇丰富度的指标，它的计算是基于 TTR 的统计理念，但为了避免篇章长短的影响，它实际上是先将篇章切分成部分，然后计算出不同部分的 TTR。该程序使用曲线拟合模型（curve-fitting model）来测量词型和词符的关系。使用该程序时需要文本保存为 .txt 格式，通常情况下，D 值的范围在 0~50 之间，数值越低意味着词汇的重复率越高，词汇丰富度较低。其公式为：

$$TTR= D/N \times \left[\left(1+2 \times N/D \right)^{1/2} -1 \right]$$

统计时，将文本的曲线模型和软件预估的曲线相匹配，拟合度最好的曲线被认为是描述文本丰富度的最好的数值。进行 D 值计算时，理论上，文本的长度不低于 50 个词符。D_Tools 软件通常被用来计算 D 值，该软件可以在 Paul Meara 的个人网站（http://www.lognostics.co.uk/）上下载。网站上有详细的操作说明。

2. 词汇复杂度

在计算词汇丰富度时，我们也可以使用词频，对词汇复杂度进行计算。一般情况下，随着学习者语言水平的提高和词汇量的增加，口语和书面语中使用低频词的比例就会增加，文本的词汇丰富度就越高。低频词的使用能够帮助学习者使用更加精确的词汇进行表达。

对于词频的统计有很多种方法，除上文谈到的词频概貌和 P_Lex 之外，我们还可以使用 Vermeer[319]研发的词汇丰富度测量（measure of lexical richness）对青年学习者口语表达的词汇丰富度进行测量。

Vermeer 使用九个词频等级，以词目为词汇计算单位，发现该程序分析长度为 516~1733 词符的口语文本时信度较高。

以上我们对产出性词汇的丰富度的测量方法和统计手段进行了介绍，下面我们介绍接受性词汇丰富度的测量。

（二）接受性词汇丰富度的测量

对接受性词汇丰富度测量的方法主要是对文本中不同词频等级的词汇数量进行计算。通过对接受性词汇丰富度的测量，我们可以告知学习者要理解口语和书面语文本至少需要掌握多少词汇，需要阅读多少材料才能拥有足够的词汇量去阅读较难的文本，课堂口语交流中每天能遇到多少生词，通过口语或书面语材料进行词汇附带习得的潜力等[301]。关于这些方面，已有大量的研究。

为了弄清楚材料中的词汇难度，Meara[320]对 BBC 广播材料进行分析。他把丰富度定义为广播中不同词频等级的词汇出现的数量。结果发现听众拥有最常用的 2500 词族的单词就能够听懂广播中的 90% 左右的单词，不同广播材料中的词汇难度没有变化（转引自 Nation 和 Webb[301]253）。

Hirsh 和 Nation 对三本短篇小说中的词汇进行研究，研究目的是了解掌握最高频的 2000 词族能否满足自由阅读。研究发现读者要轻松地理解文本，进行愉悦的阅读（认识文本中 97%~98% 的词汇），需要掌握大约 5000 词族的单词。[321]Horst 对 ESL 教师的课堂话语语料库进行分析，语料库含有 104000 个词符的单词。她将词族作为词汇的计算单位，在四个图片写作中被 210 名英语学习者使用 10 次及以上的单词被认为是他们已经掌握的单词。结果发现儿童初学者每天遇到的词汇大约 700 个，每小时 155 个，而每天遇到的低频词为 130 个，每小时 29 个。学生要在课堂上附带习得词汇，每天要遇到该单词至少 10 次。通过教师的课堂话语，学生每天能遇到大约 20 个词族的词。[322]

当然，还有很多类似的研究，在此不再举例。对词汇丰富度的研究虽已取得一定进步，但还存在一些不足，如在通过计算词型-词符比来测量词汇多样性时，如何解释文本长度的差异还没达成共识；在对词汇丰富度测量时，对词汇错误的处理方式也不尽相同。因此，对词汇丰富度还需进一步探讨，寻找更加合适的测量方式和统计手段。

四、词汇丰富度测量的步骤

Nation 和 Webb 认为对词汇丰富度进行测量时，可以遵循以下四个步骤：

第一步，决定预分析的文本。在进行分析文本时，要仔细考虑影响文本的所有因素，如话题、话题的变化、背景知识、任务类型、对话双方的身份等。这些因素将对文本中词汇的选择和使用产生影响。

第二步，决定词汇的计算单位。在词汇丰富度测量中，有不同的词汇单位可供选择，如词符、词型、词目、词族等。无论选择哪个单位计量单位，都应该将选择的理论缘由说清楚。

第三步，决定如何处理错误。词汇错误会对结果产生影响。研究者需要陈述清楚如何处理错误，最好要报道出文本中错误的数量和类型。

第四步，决定如何测量词汇丰富度。词汇丰富度的测量应该反映出研究的目的。如前面提到的，词汇丰富度的测量涉及很多方面，在研究中不需要对所有的方面都进行测量，但要清楚测量某些方面的目的。研究者要针对自己的研究目的，根据研究要求，选择合适的方法和统计手段，有选择地对词汇丰富度进行测量。[301]

我们已经介绍了词汇广度的测量、词汇深度的测量、词汇提取速度的测量以及词汇丰富度的测量。然而到目前为止，还没有一项词汇测试能够覆盖以上这些方面，尤其在测试词汇提取速度／自动化能力方面进展较慢。

第七节　词汇测试种类

词汇测试的题型有很多，每种题型具有不同的作用和功能。教师应根据实际情况选择合适的题型。下面我们结合 Heaton[270] 和 Hughes[323] 的讲解，介绍几种常见的词汇测试题型。

（一）选择题

选择题是各级英语考试中常见的题型。该类题型属于分离式测试，可对考生的某项特定知识点的掌握情况进行考查。选择题具有覆盖面大、考查范围广、易评分、较客观等优点，但也饱受批评，如考生容易猜测、不能考查英语实际应用能力等。

1. 替代型选择题

该类题型主要考查学生的接受性词汇知识。题干为一个完整的句子，目标词用下画线或斜体标出，考生需从选项中选出与目标词意思最相近的一个。

例：Choose the letter of the word which is the nearest in meaning to the word in italics.

He's been very *feeble* since his illness.

A. unwell　　B. thin　　C. foolish　　D. weak

2. 填空型选择题

该类题型要求考生根据语境从选项中选出一个恰当的单词填入空白处。该类试题由题干和选项组成，选项又可分为答案和干扰项。填空型选择题可以设计为单句填空，也可以是段落型填空。

例：Choose the letter of the correct or best word to complete each sentence.

Have you heard the planning committee's _____ for solving the city's traffic problems ?

A. theory　　B. design　　C. proposal　　D. purpose

选择题由于其客观性强、可操作性强、信度高等特点，常被用于测试。

但是从测试的内容和形式上来看，该类测试鼓励考查语言点，而脱离了语境，不能很好地培养学生的交际能力和语篇能力。此外，在该类题型测试中，学生容易猜测答案，容易作弊，因此一直备受批评。在选择题命题时，为了提高试题的质量，我们应该注意以下几个问题：（1）题干的设计最好有真实的交际意义，符合学生的认知发展特点；（2）选项和干扰项应该与目标词和答案属于同类词；（3）选项中的单词应该属于同一范畴，且干扰项和答案的设计应该避免明显的提示等。

（二）词义关联

该类题型需要考生根据所给单词或短语，选出与其语义相关或不相关的一个。

1. 选出不是同一属性的词或短语

该类题型需要考生从一组单词或短语当中选出不是同类的一个。例如：

Directions: Read each of the following lists of four words or phrases. One word or phrase does not belong in each list. Put a circle round the odd word in each list.

A. son   father   boy   brother

B. happy   married   engaged   single

C. arrive   depart   go away   leave

2. 选出词义关联的一个

在该类题型中一个词后跟几组词，每一组词内有一个词与前面的词有词义联系，要求考生选出每组里符合要求的词。

例1. Directions: Each capitalized word is followed by several groups of words, each containing one word associated with it. Write the corresponding letter on the line in front of each group.

TRAFFIC

_____ 1. A. journey   B. cars   C. people

_____ 2. A. luggage   B. station   C. lorry

_____ 3. A. vehicles   B. mile   C. path

例2. Directions: There are three words in each line. Two of them are antonyms. Write the word that is not an antonym after each group.

1. bright　detailed　dull　　　_____

2. clever　stupid　curious　　_____

3. shrink　stretch　break　　　_____

4. lowest　highest　longest　　_____

5. greater　smallest　smaller　_____

6. rare　common　quick　　　_____

7. destroy　paint　build　　　_____

8. roughly　honestly　gently　_____

编写此类试题时，要注意选项中的单词应属于同一类别，且应属于同一级别的难度，避免过难的词。

（三）填空题

填空题也是英语测试中传统的、常见的题型。词汇测试中的填空题可以用来考查词汇的语音、拼写、意义和用法等。

1. 考查语音

该类题型可以用来考查学习者的语音和拼写，通常给出一组词，让考生找出发音相同或不同的单词。

例：coat，but，say，skate，match，nose，just，cap

1. [eɪ] _____　　2. [əʊ] _____

3. [æ] _____　　4. [ʌ] _____

答案：1. say，skate；2. coat，nose；3. match，cap；4. but，just

2. 考查拼写

考查拼写有三种形式。一是直接考查单词的拼写。一个单词内有一个或多个字母被挖掉，要求考生填入适当的字母。此类题型对考查英语初学者有益。

例：bas＿ et，sl＿ ep，d＿ ＿ ＿ r，E＿ ＿ ＿ ish

答案：basket，sleep，door，English

二是一段文章里有几个单词的若干字母被挖掉，每一单词后的括号内有一单词或短语表示被挖掉字母单词的意思，要求考生根据括号内单词或短语的意义还原字母。此类题型可用于考查中等水平的考生。例如：

Directions：Complete the following blanks. Words and phrases

similar in meaning are given in the brackets.

Every year several thousand new words come into the English language. Since the m ＿ j ＿ ＿ ＿ ＿ y（most）of them disappear after a short time，we may en ＿ ＿ ＿ ＿ e（ask）who actually d ＿ t ＿ ＿ -＿ ＿ nes（decides）which words are r ＿ t ＿ ＿ ＿ ＿ d（kept）and which words are dis ＿ ＿ ＿ ＿ ＿ ＿ （thrown out）.Certainly not a s ＿-l ＿ ＿ t（carefully chosen）group of scholars as some people think...

答案：majority，enquire，determines，retained，discarded，select

在上一段文字中，我们可只写出目标词的首字母，或者在括号内将目标词的汉语标出，但是要注意答案要唯一，以避免答案不统一而影响评分。

三是每一个被挖掉字母的单词后没有相同意义的词，考生只能根据语境完成。此类题型看起来更困难，适合于考查中等水平的考生。例如：

Directions：Complete the partly-omitted words. Every line needs one letter，and write the letter on the line.

My father w ＿ ＿ ed me goodbye and the bus set off. The person s ＿ ＿ ＿ ing next to me was a government engineer going to Peshawar to in ＿ ＿ ＿ ct the roads. He said that travelling by bus was an exc ＿ ＿ ＿ ent way to test the roads.

答案：waved，sitting，inspect，excellent

3.考查用法

考查单词用法的试题有很多种，可以是单句、对话，也可以是段落。

（1）用所给词的适当形式填空

Write a word in each blank with the correct form after it.

1. Be ＿＿＿＿＿＿ when you cross the road.（care）

2. Do you think the book is ＿＿＿＿＿＿ ？（interest）

答案：1. careful；2. interesting

（2）选择适当的动词短语填空

Complete the following sentences with the most suitable verb phrase from the box.

> came about　pull through　falling out　running about　get away

1. —Did the prisoner manage to ＿＿＿＿＿＿?

　—Yes，the police are still looking for him.

2. The doctor thought Mr Benson would ＿＿＿＿＿＿ after the operation.

3. The couple are always ＿＿＿＿＿＿ and causing disturbance.

答案：1. get away；2. pull through；3. running about

（3）完成对话或段落

Complete each blank with the most appropriate word to replace each number in the text.

A：What's the（1）today？　　　　　　（1）＿＿＿＿＿＿

B：It's the seventh.

A：At what（2）does the concert start？　（2）＿＿＿＿＿＿

B：Seven o'clock，I think. Just a moment，

　I made a note of it in my（3）.　　　（3）＿＿＿＿＿＿

A：How long do you think it'll（4）？　　（4）＿＿＿＿＿＿

B：It will finish at about ten.

A：That's quite a long（5），isn't it？　　（5）＿＿＿＿＿＿

B：I suppose so. It's three hours.

答案：1. date；2. time；3. notebook；4. last；5. time

除以上填空题之外，还可以用一个段落考查单词的使用。给出一个段落，将目标词用空格代替，把备选单词放在词框里。为了增加难度，给出的单词可以比实际需要的单词多一个。

填空题考查单词，可以是单句，也可以是对话或段落。这样既可以孤立地考查单词，也可以在一定语境中考查。使用填空题的形式来命题和评分都比较容易。但是要注意，考查的目标词不要太难，应符合学生的语言水平和认知特点。

（四）配对题

配对题由两个部分组成，即前提项（premise）和答案项（response）。

前提项通常位于左边，习惯上叫 A 栏（Column A），为匹配之基础。答案项位于右边，习惯上叫 B 栏（Column B），为 A 栏提供答案。例如：

Directions：Match the verbs with the nouns so that they form verb phrases. Write the corresponding letter on the line in front of each of the verbs.

Column A

1. take ＿＿＿＿＿＿＿＿
2. make ＿＿＿＿＿＿＿＿
3. have ＿＿＿＿＿＿＿＿
4. leave ＿＿＿＿＿＿＿＿
5. join ＿＿＿＿＿＿＿＿
6. ride ＿＿＿＿＿＿＿＿

Column B

（a）mistakes
（b）high school
（c）higher education
（d）breakfast
（e）a shower
（g）a bike
（h）the Navy

答案：1—e；2—a；3—d；4—b；5—h；6—g

一般来讲，配对题中答案项的数目和前提项的数目差别越大，题目就越难。可以适当增加 1~2 条答案项来增加试题的难度。除寻找动词搭配之外，配对题还可用于考查单词解释、寻找同义词和反义词等。教师可以根据学生的具体情况设计适用的配对题型。

（五）词汇解释

词汇释义也是词汇测试常用的题型。该题型有不同的呈现形式。一种形式为给出目标词，选项为对目标词的解释，要求选出最为恰当的一个，目标词可以独立出现，也可以在语境中出现。在这类题型中，选项的长度要一致，单词要属于同一属性。

例：*Loathe* means（　　　）

A. dislike intensely

B. become seriously

C. search carefully

D. look very angry　　　（ A ）

另一种形式为给出解释，然后要求受试者根据解释写出目标词。该题型要求解释要清晰，没有歧义，避免写出答案的同义词而使得答案不唯一。

例：A _____ is a person who looks after our teeth. （dentist）

_____ is frozen water.　　　　　　　（Ice）

_____ is the second month of the year.　　　（February）

随着计算机和网络的发展，机考将成为可能。在机考试题中，我们可以设计更加灵活、更加生动的词汇测试题，如将合适的单词拖拽到恰当空白处，根据动画、动作或图片选择恰当的词，通过限定时间来考查学生词汇等。当然，词汇测试题型远不止以上提到的这些。在实际的教学和测试中，教师可根据自身的资源、条件、测试目的、被试的水平等设计、选择合理的词汇测试题型。

第八节　词汇测试评价

在进行语言测试后，我们需要对考试进行分析和评价。词汇测试是语言测试的一个重要部分，所以语言测试的标准也适合词汇测试。那么评价的标准和原则是什么呢？

Bachman 和 Palmer 提出了外语测试设计和评价的"实用性"原则（usefulness），即"实用性＝信度（reliability）＋构念效度（construct validity）＋真实性（authenticity）＋相互作用性（interactiveness）＋反拨作用（impact）＋可行性（practicability）"[234]。下面试对这六个特性分别加以阐述。

（一）信度

信度是指考试结果的可靠性和稳定性，即同一份或相等的两份或多份试卷对同一组考生测试两次或多次，其成绩的一致性程度。良好的试卷应该具有较高的信度。提高测试的信度要注意以下几个方面。

1. 试题的保证

首先，试卷要有足够的试题量。一般认为，题量越多，抽样就越大，覆盖面就越广，信度就越高。当然我们不可能无限量扩充试题，要根据考试类别、时间、考生情况等设定题量。其次，试题要具有较好的区分度。区分度较好的试题能将高、中、低水平的考生很好地区别开来。试题的区分度越高，试题的信度就越高。最后，试题的难易度要适中，过难或过易的试题都不能很好地将不同水平的考生区别开来。

2. 考试实施的保证

考试实施要具有良好的、公平的考场环境和条件，保证考生都能很好地发挥。影响考试实施的因素主要包括：噪音、光线、考试所使用的设备、监考教师、考场环境、考试时间等。考试实施过程中要减少干扰因素，使所有考生能在公平、相似的环境下进行考试，否则考试的信度就会降低。

3. 评分的保证

考试的一个重要环节就是评分。试题质量再高，考试实施再公平，评分做不好，一切就归于零。要保证较高的评分信度，需要不同的评分员对评分标准有相同的理解，在评分过程中，对评分标准的掌握尺度相似，评分员自身要保持评分前后一致。在可能的条件下，将误差降到最低，以提高考试的信度。

（二）构念效度

构念效度是指我们把一个测试成绩为我们要测试的能力或构念的指示物加以解释的程度，即测试在多大程度上符合理论上的要求。语言能力是一个抽象的概念，我们无法直接对其测试，我们只能通过对语言行为的测量来推测考生的语言能力。如果这些被测的语言特征与语言能力特征有较高的一致性，那么该测试就有较高的构念效度。如我们要对学习者的词汇进行测试，我们所使用的词汇测试能反映学习者的词汇能力，那么就具有较高的构念效度。

（三）真实性

Bachman 和 Palmer 将真实性定义为某项语言测试任务的特征与目的语使用任务的特征的一致性程度[234]23。真实性较高的测试能激起考生对测试任务的积极反应，促使其更加出色地发挥。同时也能通过考生在测试中的表现，推断出考生在真实语言环境中的语言能力。在词汇测试中，词汇的考查最好在语境中进行，如对话、篇章、段落等。这样不仅能考查学生的词汇知识，还能考查学生的篇章知识和词汇运用能力。试题中的任务要贴近学生生活，真实可信。

（四）相互作用性

相互作用是指在完成测试任务的过程中，考生的个人特征参与其中的程度和类型。与语言测试最密切的个人特征包括语言能力、情感图式及话题知识。因此，在设计词汇测试题时，要调整话题知识和情感图式的影响，要使考查的词汇、词汇出现的情境、所使用的手段等符合考生生理特点和认知特点，促使学生正常发挥。

（五）反拨作用

测试的反拨作用分为两种：一是微观层面的，是指某项测试对个人的影响；二是宏观层面的，是指某项测试对教育体制或社会的影响。这种影响可能是正面的，也可能是反面的。测试中，我们要加大正面效应，减少负面效应。在词汇测试中，要考虑测试对学生和教学的影响。学生通过考试能够了解自己的优势和不足，有针对性地改进不足之处，巩固所学知识，增强自信心。教师根据测试结果，可以了解教学的效果，调整教学节奏，改善教学方法，最终取得较好的教学效果。

（六）可行性

Bachman 和 Palmer 把可行性定义为在测试的设计、开发和使用中所需要的资源与进行这些活动可用资源的关系[234]23。前五个特征都与测试成绩的使用有关，与它们不同的是，可行性主要与进行测试的方法有关。在测试的各个过程中，如试题的设计、开发、试测、实施、评分、使用等过程都要将可行性考虑在内。如果考试所需的资源超出了现有资源，那么考试就需要调整，否则考试的信度和效度就会受到影响。在词汇测试时，我们要考虑测试的手段、方法、考生的水平和背景、实施环境、所需资源等是否合适，是否能满足测试的需要。

除以上介绍的六个特征之外，测试时我们还要考虑试题的难度和区分度。对考生而言，太难或太易的题目都会降低试题的信度。题目的难度是由答对的比例所决定的。难度指数的取值范围是 0~1 之间，靠近 0.5 是最合适的。比较理想的做法是把题目的难易度控制在 0.3~0.7 之间，0.3 以下表明试题偏难，0.7 以上表明试题偏易。

试题的区分度表明题目能区分高分组和低分组考生的程度。区分度越高，试题的信度就越高。区分度指数的取值在 –1~1 之间，数值越大，区分度就越好。区分度一般和试题难度有关，太难或太易的试题都没有较好的区分度，试题的难度系数为 0.5 时，试题的区分度最高。计算方法为先将所有考生分为高分组和低分组，然后计算每道题在高分组和低分组分别答对的题数。将二者相减就得出该题目的区分度指数。一般认为，高分组和低分组的比例最好各占总样本的 28%。

以上我们介绍了对试题评价的标准和原则。命制和使用试题时，要减少测试的消极影响，使测试能有效发挥促进教学的作用。除以上的几点之外，为了更好地发挥测试的作用，我们还要重视以下几点：（1）题型选择多样性。如上面我们所讲，词汇试题类型很多，每种类型的试题都有不同的功能和特点。教师应根据测试的性质、考生的特点、可用资源等角度加以考虑，选择合适的题型。（2）测试与教学要一致。教学离不开测试，语言测试有助于发现学习中的不足，有助于教师对教学进度和教学方法进行及时的调整。尤其是在英语学习的初中级阶段，要做到"教什么，考什么"，由于考试的反拨作用，教师往往会"考什么，教什么"。因此，要多发挥考试的正反拨作用。（3）词汇测试语境化。测试要有真实性，要给出一定的语境。在词汇测试中，如果孤立地考查词汇，只能考查学生对词汇的识别能力和判断能力，但如果放在一定的语境中考查，如段落、对话、语篇等，不仅能考查学生的词汇运用能力，也能培养学生的语篇意识。因此，教师在教学实践和测试中，要充分考虑以上因素，使教学和测试合理结合、相互促进，提高教学和学习效果。

本章小结

　　词汇是英语学习的重要环节，词汇测试也是语言测试不可或缺的一部分。本章简单介绍了词汇测试的目的、意义和测试内容，然后对词汇广度、词汇深度、词汇提取速度和词汇丰富度的测量意义、测量手段和统计方法以及实施步骤等进行了详细阐述，最后就词汇测试的常见题型以及词汇测试的评价标准和原则进行了讨论。在教学实践和测试中，教师要合理选择词汇测试题型，根据需要和条件，对学习者的词汇知识和词汇能力进行测量，同时也要注意保证测试的效度和信度。

第八章 词汇学习策略

　　本章围绕英语词汇学习策略展开论述。全章共分为五个小节：第一节介绍学习策略与词汇学习策略的概念，第二节介绍词汇学习策略的分类，第三节呈现选择和使用词汇学习策略的影响因素，最后两节重点论述词汇学习策略的培训。

第一节　学习策略的定义

　　虽然关于学习策略的研究已有 30 多年的历史，但是研究者对学习策略的界定仍然存在很多分歧。不同研究者从不同的研究角度对学习策略的定义进行了界定，并提出了各自的看法（见表 8-1）。例如，Rubin 认为学习策略是有助于学习者自我建构的语言系统发展策略，这些策略能够直接影响语言的发展[324]。Oxford 认为学习策略是指为了让学习过程更方便、更快乐、更有效果，以及更利于学习者适应学习环境而采取的行动[325]。文秋芳和王立非把学习策略定义为：为有效学习所采用的措施[326]。该定义强调了两点：一是使用策略的目的在于提高学习效率；二是策略的实质是学习者的行动而不是想法，行动可以是外部活动，也可以是内部活动。

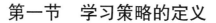

表8-1　语言学习策略定义汇总

来源	定义
Tarone[327]	学习策略是在目标语言中发展语言学和社会语言学能力的尝试
Rubin[324]	学习策略是指学习者为了学习以及调控自己的学习所采取的行动
Chamot[328]	学习策略是学生采取的技巧、方法或者刻意的行动，其目的是为了优化学习过程，加强语言知识和信息知识的记忆
Wenden[329]	学习策略是指为了学习二语和监控二语学习，学习者所使用的语言行为，学习者对其所使用策略的了解（如策略知识），以及学习者对二语学习知识的了解
Weinstein 和 Mayer[330]	学习策略是学习者在学习过程中为了促进其信息处理过程而采取的行为或形成的思想
Oxford[325]	学习策略是学习者为了语言学习更成功、更自由、更愉快而采取的行为或行动
Ellis[331]	学习策略是由与整个语言习得和语言使用过程中某个具体阶段相关的心理和行为活动组成的
Cohen[332]	学习策略指学习者有意识地选择的过程，在这个过程中学习者通过对语言信息的存储、回想和应用来采取行动，以加强二语的学习和使用
Purpura[333]	学习策略是指学习者在语言学习、使用或测试时所使用的有意识或无意识的技巧或行动

Ellis 认为定义语言学习策略最好的办法是列出其主要特点[331]。基于这个观点，Ellis 提出学习策略应该包括以下八个特点：（1）学习策略包括学习者二语学习中采用的整体性学习策略，也包括学习者针对学习任务所采取的具体方法或手段；（2）学习策略的运用有助于解决问题；（3）学习者一般是有意识地运用学习策略，并能够阐述他们所使用的学习策略；（4）学习策略包括语言行为和非语言行为；（5）语言策略可用于母语习得和二语习得；（6）有些策略是外部可以观察得到的行为，有些策略是不能直接观察得到的内部心理活动；（7）大部分学习策略间接地影响语言学习，而有些学习策略可能直接影响语言学习；（8）由于学习者的任务和学习者个人的选择不同，学习策略的运用有很大差异。

词汇学习策略是语言学习策略的一部分，但是研究者并未专门对其进行定义，大多是按外语学习策略的组成部分相应地对词汇学习进行了研究。Nation 指出词汇学习策略至少需要满足以下的特点：（1）具有选择性，即有多种策略供学习者选择；（2）复杂性，即有多个步骤以供学习；（3）需要具备某种知识，而且通过训练可以带来益处；（4）能提高词汇学习和词汇使用的效率[107]。根据有关外语学习策略的界定以及有关外语词汇学习的研究，魏恒建将外语词汇学习策略界定为各种有利于词汇理解、记忆和运用的方式、方法、步骤、手段和技巧的综合[242]。

第二节　词汇学习策略的分类

语言学习策略虽然是针对整个语言学习活动提出的，但是其中许多策略可以应用于词汇学习中。随着研究的深入，研究者从不同角度对学习策略进行了归类。由于研究者的经历和研究方法不同，语言学习策略的分类也存在很大差别。

O'Malley 和 Chamot 根据信息处理理论将策略分为元认知策略、认知策略和社交策略三大类，共包括 23 个子策略[129]。元认知策略是指利用认知过程中获得的知识，通过确定学习目标与计划、监控学习过程和评估学习结果等手段来调节语言学习。它包括 7 个子策略：提前准备、集中注意、功能准备、选择注意、自我管理、自我监控、自我评价。认知策略是指通过对学习材料直接分析、转换或综合来解决问题的步骤和活动，用于学习语言的活动之中。它包括 14 个子策略：利用目标语资源、重复、归类、演绎、利用图像、听觉再现、利用关键词、拓展、迁移、推测、记笔记、小结、重新组织、翻译。社交策略是指学习者选择与其他学习者和本族语者交流的方法，使学习者有更多接触语言的机会。它包括两个子策略：提问 / 澄清、协作。O'Malley 和 Chamot 认为这三类策略之间存在着层级关系，元认知策略高于其他两类策略。

Oxford 依据策略与语言材料的关系将策略分为直接策略和间接策略两大类，共六组[325]。直接策略与目的语直接相关，是直接处理目的语学习的策略，该策略分为记忆策略、认知策略和补偿策略三大类。记忆策略包括建立联系网络、运用形象和声音、有计划地复习、运用动作四个小类；认知策略是语言学习中最基本的策略，包括操练、接受和传递信息、分析和推理、为输入和输出信息创造构架四个类别；补偿策略包括合理猜测、弥补说和写中语言知识的不足两类。间接策略与目的语没有或基本上没有直接联系，是支持和管理目的语学习作用的策略，该项策略分为元认知策略和社交 / 情感策略。元认知策略是指学习者为调控学习过程而采取一系列行动。它的目的是使学习者更容易成功。元认知策略包括建立学习重点、安排和计划学习、评价学习效果三类；情感策略包括降低焦虑程度和鼓励自己、控制情绪状态两类。Oxford 认为语言学习是一种社会交际活动，它体现了人与人之间的一种交往，所以社交策略同样有利于语言学习。社交策略主要包括询问问题、与他人合作和理解别人三类策略。Oxford 认为直接策略和间接策略之间不存在等级关系，没有主次之分。该框架通常被认为是最容易理解和接受的一种分类方法，被广泛应用。

具体到词汇学习策略，研究者也根据对学习策略的分类尝试区分了不同的词汇学习策略。事实上，学者们对词汇学习策略的分类研究仍然处于萌芽阶段，缺乏对词汇学习策略的深入研究以及相应的综合性分类，难以体现词汇学习的特殊性。虽然很多研究者都曾经尝试对词汇学习策略进行分类，但是不同的研究者对学习者外语词汇学习策略进行的分类各有侧重，目前还没有一个被普遍接受的分类体系。

Nation 指出根据词汇使用的频率，词汇可以分为低频率词汇（low frequency words）和高频率词汇（high frequency words）两种[3]。Nation[3]将处理低频词汇的学习策略分为：（1）通过语境来猜测词义，语境提供猜测的线索，其中包括读者已有知识和常识、对比分析、语法结构等；（2）运用记忆术，如用关键词联系法；（3）利用单词的前缀、词根和后缀。对高频词汇要进行直接学习，直接学习指学习者做一些能将其注意力集中在词汇上的活动和练习，包括构词练习、猜词练习、背词汇表和词汇游戏等。

Stoffer 通过问卷的形式考查了 700 多位学习者的词汇策略使用情况，在因素分析的基础上，把词汇学习策略分为九类：（1）真实语言使用策略（strategies involving authentic language use）；（2）创造性活动策略（strategies involving creative activities）；（3）自我动机策略（strategies used for self-motivation）；（4）进行心理联系策略（strategies used to create mental linkages）；（5）记忆策略（memory strategies）；（6）直观/听力策略（visual/auditory strategies）；（7）身体动作策略（strategies involving physical action）；（8）克服焦虑策略（strategies used to overcome anxiety）；（9）组织单词策略（strategies used to organize words）[334]。

　　Schmitt 在综合有关的语言学习策略分类以及具体的词汇学习策略分类的基础上，提出了两大类词汇学习策略构成的策略系统：发现策略（discovery strategies）和巩固策略（consolidation strategies）。发现策略用于获得新单词的最初信息、了解词汇意义的策略，包括决定策略和社交策略。决定策略主要有通过利用自己已有的知识对词义进行猜测，通过上下文所提供的信息进行猜测，以及查词典等。社交策略是指合作型策略，用于人际交往，如通过请教别人或参与小组活动来获得生词的意思。巩固策略包括社交策略、记忆策略、认知策略和元认知策略。记忆策略包括使用比喻、语义场归类、同义词、反义词、词性、多种感官记忆、组块记忆、造句等。认知策略包括口头重复、笔头重复、使用词汇表、做单词卡片、记笔记、听磁带上词汇表中词的读音、使用字典等。元认知策略包括自我管理、安排和计划学习时间、评估学习效果以及制订学习重点等方面的策略。[335]Schmitt 的分类方法仅包括了以作者经验判断为基础的一些主要的词汇学习策略，该分类体系成为很多词汇学习策略调查问卷的设计基础。然而，该体系包括了很多具体的策略，有时候难以确定某一方法是属于一个独立的策略，还是属于其他策略的不同形式。

　　国内研究者也积极展开了对词汇学习策略的研究，并尝试进行了分类。文秋芳认为学习词汇的方法包括分清消极词汇与积极词汇、上下文、猜测、查词典、猜测与查词典相结合、构词法、分类记忆[336]。程晓堂、郑敏将词汇学习策略分为六种：（1）在语境中学单词；（2）利用联想增强对同类词的学习效果；（3）利用图像或想象加深对词汇的理解和记忆；（4）通过分类加深对单词的理解和记忆；（5）利用同义词和反义词进行对比分析；（6）根据构词法学习、复习、记忆英语单词[337]。乔继红列出了快速记忆英语单词的十种方法：同类记忆法，对比记忆法，构词记忆法（派生法、合成法、转换法），相关记忆法（语音相关、词形相关），分类记忆法（词性归类、词义划分），图标记忆法[338]。

　　学者们关于学习策略的分类方法不尽统一，有的较为笼统，在实际操作层面难以界定究竟属于何种策略，有的又过于具体。虽然归类方式不统一，但是学者们的归类方式也有重复之处。结合已有的分类方式，以 O'Malley 和 Chamot[130] 的分类方式为基础，本书将常见的词汇学习策略归纳如下：（1）元认知策略：包括预先计划、选择注意、自我监控和自我评估；（2）认知策略：包括认读、猜测、查词典、做笔记、背诵、联想记忆、词形记忆、上下文记忆、分类记忆、卡片记忆、词汇练习、阅读、交际；（3）社会/情感策略：包括合作、求助和自我激励。

第三节 影响学习者选择和使用词汇学习策略的因素

学习策略的运用并非孤立，必然要受到学习材料、学习者认知、性别、年龄和社交等因素影响。在第二语言学习策略教学中，教师首先应了解学习者已经运用了哪些策略，为什么要运用这些策略。然后对这些策略进行分析，研究文化背景、个人特点等对个体策略选择及运用的影响，从而在学习任务中帮助学习者选择恰当的学习策略，增强他们的学习效果。一般而言，影响学习者选择和使用学习策略的因素主要有学习者个人因素和外部因素，前者主要包括年龄、学习动机、个人背景以及学习者的语言学习观等，后者包括所学习的语言、学习的环境、学习的任务及教师因素等。

一、学习者自身因素

学习者对语言的看法和态度会影响策略的选择。如果学习者关注的是语言本身的学习，那么他们会更多地使用认知策略和记忆策略来记忆语言学习的内容；如果学习者注重语言的功能，那么他们就较少使用认知、记忆等策略，而更多地使用交际策略。年龄也是影响学习策略使用的重要因素。儿童的学习策略往往比较简单，而成人使用的策略则要复杂得多。例如，同样是采用记忆策略，儿童往往只是单纯地背诵，而成人却能通过分类和各种联想来增加对词汇的加工，因此过程更复杂。学习动机是学习过程的内在驱动力。不同的学习动机必然导致不同的学习兴趣、学习需求以及学习过程中的策略选择。学习动机也会影响学习者使用策略的频度。学习动机强的学习者往往更多地使用策略，以帮助自己更好地理解、记忆、使用词汇来完成学习。此外，不同类型的动机也会使学习者采用不同的学习策略。为通过考试或掌握一门技能而学习的学生是具有功利性目的的，他们学习的重点在于如何得高分，因此更加注重阅读策略、听力策略以及单词的记忆策略等。而以用英语交流为目的的学生更加注重交际策略、情感策略、补偿策略的使用以及口语交际能力的培养。

学习者的个性特点也可能影响到策略的选择和使用。外向的学习者可能更多地使用情感策略和交际策略，而内向的学习者则更多地使用认知策略。

除上述因素之外，学习者的个人背景与学习策略之间的关系也是比较密切的。个人背景是指个人学习外语的背景，如学习时间的长短和学习语言的经历等。许多研究表明，学习外语时间长的学习者在策略使用的频度和广度上都较那些接触外语时间短的初学者强。当初学者在学习中遇到困难，觉得不能解决时，往往会不知所措。而有经验的学习者在遇到困难时往往从容不迫，会运用一些他们在其他学习活动中运用的策略来解决困难，完成学习任务。学习者现有语言水平的差异也影响学习策略的选择和使用。研究表明，现有语言水平较高的学习者比初学者使用的学习策略多，使用频率也更高。在同一层次上，成绩好的学习者比成绩差的学习者使用的学习策略更多。另外，成绩差的学习者还会使用一些效果并不好的学习策略。

二、外部因素

除上面提到的学习者自身因素之外，影响学习策略选择和使用的还包括一些外部因素，如教师、教学方法以及学习者所处的环境等。教师对学习者学习策略的形成和使用的影响可以是直接的，也可以是间接的。直接影响是指教师专门进行的或渗透到教学中的学习策略训练所产生的影响。间接影响是指教师的教学经验、教学方法和教学步骤对学习者学习策略形成所产生的潜移默化的影响。比如，有的教师总是在学习课文之前讲解生词。具体做法是根据教材提供的单词表逐个领读、板书、解释单词，有时还举例说明或进行同义词、近义词、反义词的对比。如果教师使用多种多样的教学方法，那么学生就会使用多种多样的学习策略，而且使用学习策略也会很频繁，这有助于学生省时高效地完成学习任务。同样地，如果教师在课堂上采用"填鸭式"的教学模式，学生忙于记笔记，没有时间进行独立思考和操练，就会养成学习完全依赖于教师传授的习惯，以至于只知道背单词、机械地套用语法规则，不能够形成一套自己的学习方法。

　　学习者所处的学习环境也影响学习策略的使用。语言学习的环境包括课内环境和课外环境，学习者在课堂内更倾向于使用认知策略、元认知策略，较少使用社会策略和情感策略等，也许是由于课堂教学比较正式的学习氛围影响了学习者对这些策略的使用和学习。任务在很大程度上也影响着词汇学习策略的选择。尤其是任务难度对策略的选择和使用会产生重要影响。换句话说，如果学习任务太难，就会造成学习上的情感障碍，影响输入的信息有效到达语言习得机制。处理学习任务时，学习者需要根据任务的特点和要求灵活运用恰当的策略，因为没有哪一种策略能够适用于任何学习任务，只有学习者恰当地运用与学习任务相适应的策略，这种策略才会奏效。

第四节　词汇学习策略的培训

　　根据 Cohen[332, 339]的说法，策略训练的目的是明确地教给学生在什么时候，出于什么原因并且怎样将学习策略用于促进学习和使用外语。其根本目的是通过让学生自己自然而然地选择学习策略，促使学生独立自主地学习外语，而不是始终依赖教师的督促。他认为学习策略的训练就是要通过向学生直接讲解如何发展适合自己的策略系统来帮助学生探索更有效的学习目的语的途径，同时促进他们在学习中进行自我评价与独立学习。简言之，学习策略训练的目的就是让学生学会学习。

一、词汇学习策略培训的重要性和作用

　　《义务教育英语课程标准（2011年版）》[110] 21指出"在英语教学中，教师要有意识地帮助学生形成适合自己的学习策略，并具有不断调整自己的学习策略的能力。在英语课程实施中，帮助学生有效地使用学习策略，不仅有利于他们把握学习的方向、采用科学的途径来提高学习效率，而且还有助于他们形成自主学习的能力，为终身学习奠定基础"。学习策略训练不仅能提高中国英语初学者的听力成绩，还可以增强他们的策略使用意识和学习信心，培养他们更加自主的学习态度和独立的学习能力。文秋芳和王立非认为词汇学习策略训练对学习者策略的使用有明显的帮助，对英语成绩的提高也有显著影响，对语言水平低的学生的帮助大于对语言水平高的学生的帮助[326]。因此，教师应有意识地加强对学生词汇学习策略的训练，鼓励学生根据不同的学习目的调整自己的学习策略，提高学习效率。教师在教学中应精心设计教学活动，以词汇积累为主线，在语言活动中发展学生的词汇学习策略，扩大学生的词汇量。

　　Cohen对学习策略训练的作用做了比较具体的分析。他认为如果对学生进行外语学习策略的训练，就能促使他们在整个学习过程中运用更多类型的学习策略，并在更大的范围内使用这些策略。这样既能增进他们的学习技能，又能提高他们的语言技能。他还指出外语学习策略训练

的作用主要有以下七个方面：（1）能促使学生发现自己在外语学习过程中的优势和弱点；（2）能使学生更加容易意识到哪些因素能够有助于自己进行最有效的学习；（3）能使学生增进自己解决问题的能力；（4）能使学生不断将已熟悉的和不熟悉的学习策略用于语言学习实践；（5）能使学生在如何完成语言任务方面进行自我决策；（6）能使学生对自己的外语学习与使用有强烈的自我意识与自我评价能力；（7）能使学生将自己成功的学习策略用于不同的学习场合。[332]

　　学习策略可以被用来学习大量的词汇，在词汇学习的所有阶段都非常有用。这些策略可以帮助学习者控制自己的词汇学习过程。然而，研究表明，学习者在使用词汇学习策略的技能上存在很大的差异。因此，对学习者进行适当的策略培训尤为必要。词汇学习策略训练可以引导学生分析自己的词汇学习过程，从中发现需改进的地方，利用各种积极因素，使其能在学习和使用英语词汇中碰到问题时进行正确的决策。这些都是提高词汇学习效率的基本动因，在策略训练中要予以充分考虑。汤颖和Griffiths针对我国中学生的英语学习策略的培训和应用做了很好的尝试。他们通过对深圳新安中学不同英语水平的学生进行问卷调查，经过查阅国内相关文献，并结合课堂策略培训实例，精心创设了30种英语学习策略及其培训模式。所使用的学习材料贴近现实生活，新颖有趣，能够帮助学生解决学习中的困难并享受学习英语的乐趣，学生也表现出对这些策略及其培训的喜爱。[340]这表明对学生英语学习策略培训的有效性和重要性，也为我国开展类似的培训提供了借鉴。

　　总之，在我国外语课堂开展学习策略的培训是完全有必要的。它可以使学生找到并运用适合自己的学习方法，成为自主的学习者。但是在操作过程中，我们一定要立足于中国的外语教学课堂，针对学生的个性、年龄、学习需要、外语水平等多种因素，因地制宜，优化组合，从而制订出切实可行的培训方案，以取得最理想的策略培训效果。

二、词汇学习策略培训的方法

　　策略培训的方法依划分角度的不同而有不同的分类。按照训练的时间来分，可以分为短期集训和长期训练；依据不同的组织形式，可以将培训方式分为集体指导和个别指导。集体指导是指对一个学习群体进行统一的训练，个别指导是指对不同的学习者进行个别或分组训练。从与学习内容的联系性来看，策略训练分为单独训练和整体训练两类。单独训练并不结合学习内容进行，只是纯粹教授学习策略。整体训练是结合正常的课程学习进行的训练，该类训练在语境中进行，而且学生有机会在真实的任务中练习使用新授策略，有助于策略的迁移。研究证实，整体训练比单独训练更有效。

从学习者的知情程度来看，策略训练可分为隐性训练和显性训练两大类。隐性训练既不指出策略的名称，也不告诉学生训练的目的和依据，只要求学生做相关的练习，但这些练习具有促使他们使用某种策略的功能。显性训练不但让学生知道策略名称、训练目的和依据，而且教会他们如何对策略进行比较、监控和评价。它包括找出学生已使用策略、介绍新策略、示范新策略、练习新策略和评估策略使用成效等几方面。O'Malley 和 Chamot[129]等研究者均赞同显性训练，因为显性训练的一个重要组成部分包括意识训练，即培养学习者的策略意识。

由于语言学习环境和语言学习者的多样性和复杂性，就如何实施学习策略培训而言，不可能有放之四海而皆准的实施方案。根据中学生的学习特点和词汇学习规律，通常来讲，把策略培训融入日常词汇教学中，效果可能更好。这样不仅有助于提高学生的学习兴趣，使学生养成良好的学习习惯，而且能够增强培训的针对性。在策略培训中教师要根据不同的策略类别和不同的培训内容，采用灵活的培训方式，将短期集中培训、融合式分散训练和个别指导有机结合起来，通过多种途径给学生提供策略指导，以提高策略培训的时效性。

三、词汇学习策略培训的模式与步骤

20 世纪 80 年代以来，国外陆续推出了多种词汇学习策略培训模式，但是至今还没有一个公认的最好方法。尽管如此，有一些观点得到了一致认同，即学习策略可以作为区分学习效率高的学生和学习效率低的学生的工具，适当地运用学习策略有助于语言习得，可以将对学习进行策略运用、训练纳入教学中。

Oxford 提出教师在对学生实施策略培训时，可以遵循以下步骤：（1）了解学生的需求。在策略培训之前，教师应对学生有较充分的了解，包括学生的语言水平、语言能力、学习风格、已使用的学习策略、学习观念等。（2）选择策略。根据学生的需求和特点选择策略。特别注意学生对某些策略的偏爱性，如记忆单词表。教师应强调将这种方法与其他策略结合起来才能达到有效记忆。（3）语言教学中融入策略培训。教师将策略训练与任务、目标和语言材料结合，这种结合可以让学生更好地在语境中理解策略的有效性。（4）考虑学习者的动机。激发动机，让学生对策略培训感兴趣并积极参与其中。教师可以让学生自己选择任务或语言活动以及想要学习的策略。（5）准备材料和活动的内容。教师准备策略培训的讲稿或手册，并融合到语言活动和语言材料中。（6）实施策略培训。教师直接告诉学生策略的重要性和策略使用的方法，同时提供机会让学生评估策略的使用是否有效。（7）评估和修订策略培训的内容。评估的标准包括是否有助于任务的完成、技能的提高和学习者态度的改变等[325]。

Oxford 提出的这套培养模式提倡在没有经过策略培养的前提下先由学生自己探索并思考完成语言学习任务中所用的策略，然后由教师进行示范和说明以更好地调动学习者的主动性，发挥他们的潜能。该策略培养模式的七个步骤无须按部就班进行，先后次序可做调整，有些步骤也可以同时进行。这套培养模式具有很大的启发性，其局限性主要在于没有将策略培养融入到日常的课堂语言教学中。

Chamot 和 O'Malley 在进行了大量的学习策略理论研究之后，也进行了策略培训实验，并提出了相应的培训模式。他们提出的策略培养模式以解决问题为目标，包括计划、监控、解决问题和评估四个步骤。计划，即教师给学生布置一项语言任务并解释完成这项任务的理由，然后要求他们设计完成任务的方法，选择自己认为合适的策略。监控，即在完成任务的过程中，教师要求学生关注自己的策略使用情况，监控自己的学习。解决问题是指当学生在学习中遇到困难时，教师要求他们运用策略自己解决。评估是指当学生完成任务后，教师要求他们简要汇报完成任务的经过，即评估一下他们使用策略的效果，看是否已达到预期的目标，同时考虑如何将所学策略应用于类似的语言任务或其他语言技能的学习。[341] O'Malley 和 Chamot 的培养模式对于已有策略培养基础的学习者来说十分有意义。它的每一个步骤均有助于学习者增强使用策略的意识，使他们有机会练习、使用和迁移策略，讨论使用策略的理由，自我监控和评估策略的使用等。其局限性在于培养对象面较窄，不适用于没有策略培养基础的学习者。

Cohen 推出了以策略为基础的外语教学模式。该模式包括五个步骤：（1）教师对可能有用的策略进行描述、示范并举例说明；（2）基于学生自身的学习经验，从而引出更多使用策略的例子；（3）引导小组或全班学生对策略进行讨论；（4）鼓励学生练习、使用各种策略；（5）把策略与日常的课堂材料结合在一起，以明确或隐含的方式将策略融进语言任务，为学生提供语境化的策略练习。[332，339] 教师在采用这种模式时，可以有三种做法：一是先学习固定的课程教材，然后决定在适当的地方插入适当的策略；二是先选择学生想重点学习的策略，然后围绕这些策略设计一系列的语言学习活动；三是在任何适当的时候将策略插入到某一堂语言教学课。与其他模式不同的是学生拥有选择策略的权利，不需要教师在他们后面一直敦促。在策略教学的过程中，不管课本中是否有策略内容，教师总是要把策略培养融入到日常的语言课堂活动中，为学生提供语境化的策略练习，教师只用部分时间明确地讲解若干重点策略，其他时间则以隐含的方式将策略嵌入语言任务中。该模式旨在帮助外语学习者了解最有效的学习方法，了解如何促进对目的语的理解和使用，以及如何在课后独立地学习并用目的语进行交际。换言之，其最终目的是帮助学生实现自主学习。

我国学者也对学习策略的培训模式进行了积极的探讨。文秋芳提出了包括六个步骤的策略训练：（1）了解学生情况；（2）决定培训形式；（3）决定培训内容；（4）准备培训材料；（5）实施培训计划；（6）评估培训效果[336]。王笃勤在综合国外学者提出的步骤的基础上，结合我国学生的特点，提出了在课堂教学环境下可循环使用的策略培训步骤。具体步骤有：（1）交代所要培训的策略；（2）示范策略的操作方法；（3）提供材料对示范的策略进行专项训练；（4）评估学生对新学习策略的掌握情况；（5）

提供更多的机会，让学生综合训练所学的策略。[342]

以上学习策略培训模式各具特点，都有各自的优点。它们之间存在互相补充的关系。策略训练模式的多样性为教师和学生提供了更多的选择。但不管使用哪一种模式都应该立足于以下一些被普通认可的基本点：（1）必须能激发学习策略的认识需要；（2）选择有效的策略；（3）能提供学习策略的具体详尽的步骤；（4）要依据每种策略选择较多的恰当事例来说明其应用的多种可能性，使学生形成概括性的认识；（5）使学生明确策略的使用条件，能根据具体任务和情景选用恰当的策略；（6）要求学生评价策略的有效性，使他们明确策略为什么有用，为什么使用策略比不使用策略更有效，以激发学生使用策略的积极性。教师在进行策略培训时，最好不要拘泥于一种训练模式，可以根据不同的策略类别和训练内容有选择地使用其他模式，这样才能取得更加显著的效果。

四、词汇学习策略培训应该注意的问题

无论采用怎样的模式，教师在进行词汇学习策略培训时都不能生搬硬套，而应该结合实际选择和调整培训模式。由于区域、学校以及学生之间的情况差异很大，所以培训难以照搬现成的培训方案。策略培训必须从调查教学对象情况入手，针对学生实际需求进行培训，然后在实践中不断总结和改进才会取得较好的效果。整体而言，教师在实施词汇学习策略培训时需要注意以下几个问题。

1. 努力提高自身词汇学习策略教学的意识和能力。教师的词汇学习策略教学意识对学生词汇学习策略的教学至关重要。如果教师本身都没有这种意识，那么在教学实践过程中就不大可能会对学生进行学习策略的培养。教师进行策略培训，首先要加强自身理论修养，对语言学习策略及相关理论知识进行充分的学习和研究，这样才能使自己胜任培训所需的协调者、监督者和研究者等多种角色。教师在策略培训过程中既要考虑教学共性问题，又要考虑学生个体差异，不能采用"一刀切"的方法。在策略培训中要照顾到不同层面学习者的需求，向他们介绍形式多样的学习策略，以便使具有不同学习水平和学习风格的学习者能结合自身实际，从中选择、尝试适合自己的学习策略，真正体会到学习的乐趣。教

师要根据学习者情况选择难度适宜的培训材料，如果没有现成的教学材料，可尝试自编讲义，讲义要便于操作且形式灵活多样，可根据学习者的特点和自身需求编制。

2. 充分认识到词汇学习策略教学的长期性和复杂性。在教学实践中，教师应该充分认识到策略培训并非一朝一夕之事，学习策略通常需要较长的时间才能形成。因此，教师需要长期坚持才能使学生逐步扩大策略使用的范围，并把有意识使用词汇学习策略的行为转化为无意识的行为。教师要把策略教学与学生语言技能的培养结合起来，引导学生以实践为主，结合学习任务反复练习，做到熟能生巧，而不能认为策略培训就是简单地给学生传授几种词汇记忆方法。教师在策略培训过程中要有耐心，不能急躁。学生的情况千差万别，学习风格和记忆特点也各不相同，这就决定了词汇学习策略教学的复杂性。因此，要求教师在培养学生的词汇学习策略时，不能盲目地照搬理论，而应根据学生的认知特点和英语水平等因素，灵活地选择恰当的策略，把集体指导与个别辅导相结合，做到因材施教。

3. 充分调动学生的学习主动性。学生是学习的主体，学习者的主动性是取得教学成功的内部因素。只有充分激发学生学习策略的自主性、积极性，保证学生积极投入，有意识地去学习和运用策略，不断进行自我练习、自我监控，才能实现策略学习由外控到内控的转化，使学生能举一反三，学会学习。词汇学习策略指导和培训要特别注意调动学生学习英语的积极性，变"要我学"为"我要学"[337]。在设计策略培训计划时，教师首先要调动学习者学习外语的兴趣，这样才能激发他们学习和使用策略的欲望，为培训顺利进行创造必要的前提。在小学阶段，即使是高年级的学生，注意力也不会集中太久，缺乏乐趣或成就感的训练不容易被小学生所接受。在培训过程中，教师要采用各种手段调动学习者的积极性，将策略培训内容尽量简化、情趣化。

第五节　词汇学习策略培训的内容与实施

Ellis 认为词汇学习是策略培训最有效的领域[331]。然而，遗憾的是，迄今为止关于词汇学习策略培训的项目并不是很多。已有的研究基本只考查某一种或几种策略对学习者词汇学习的效果。大部分研究都表明，学习者具备某些词汇学习策略，但是不知道该如何系统地加以运用，因而有必要进行相关的培训。中小学阶段需要培养学生的词汇学习策略主要有元认知策略、认知策略和社交策略。元认知策略主要包括制订学习计划、确定学习重点、自我评估和检查以及选择性分配注意力等；认知策略包括猜测、查词典、记笔记、重复、编码以及试用等；社交策略是指学生通过与他人合作来学习、记忆以及运用新词汇的策略。本部分将结合实例论述教师对学生具体词汇学习策略的培训，以便为一线教师提供切实的指导。

一、元认知策略培训

元认知策略通常指学习者用于计划、监控和评估语言学习活动的技巧和方法，是学习者对于自己所采用的学习策略的意识，是超过认知并能帮助学习者调整学习过程的方法，同时也是间接作用于学习并促进学习的策略。Oxford 将元认知策略分为三大类：确定学习重点、安排和计划学习、评价学习效果[325]。而 Anderson 则把元认知策略分为以下五个方面：为学习做准备和计划、选择和运用学习策略、监控策略的使用、协调使用各种策略、评估策略的使用和学习[343]。运用元认知策略的计划策略可帮助外语词汇学习者对词汇学习的目标、过程、步骤做出规划与安排；监控策略可依据词汇学习者的词汇学习目标、计划有意识地监控词汇学习方法、进程、效果以及计划执行情况等活动；评估策略能对词汇学习者的词汇学习进程进行评估并根据实际情况对计划、进程所采用的策略进行调整。因此，元认知策略在词汇学习中起到非常重要的作用。

根据词汇学习的特点，词汇元认知策略培训应该包括以下内容：具有词汇元认知知识（包括对词汇的认识、词汇策略知识等）、明确词汇学习目标、自行制订词汇学习计划、选择词汇学习策略、根据学习目标调整学习进度和策略，以及对学习效果进行评价等。具体而言，教师可以在以下方面给学生提供指导：

1. 引导学生树立正确的词汇学习观念。学习观念影响学习策略的选择，正确的词汇学习观念是学习词汇的基础。教师可以通过问卷和访谈等形式了解学生的词汇学习观念，然后让学生结合自己的词汇学习经历，通过讨论认识自己的观念和策略是否正确和有效。在澄清一些有关词汇学习的错误认识后，教师可以结合具体阶段英语学习的特点、学习环境和认知特点，帮助学生树立正确的词汇学习观念。当学生理解并接受了这些观念，就会自觉将其运用于指导自己的词汇学习。

2. 指导学生确立词汇学习目标，并制订学习计划。《义务教育英语课程标准（2011年版）》是指导课堂教学的纲领性文件。教师应指导学生根据自己的学习能力和水平确立词汇学习的目标，对学生应掌握的词汇提出具体要求，以便明确记忆的重点。在确立词汇学习目标之后，教师应指导学生制订详细的学习计划，包括课程词汇学习计划和课外词汇自学计划。教师特别要鼓励学生通过大量的课外阅读来学习和巩固新的词汇，扩大词汇量。

3. 训练学生的词汇认知策略，提高学生选择策略的能力。认知策略训练是进行元认知训练的基础，只有学生具备了一定的认知策略才能够培养他们的元认知能力。词汇认知策略包括借助语境学习词汇、正确使用词典、记笔记等，主要涉及对词汇的记忆。教师在训练学生认知策略的同时，更重要的是让他们了解正确选择策略的重要性，让学生能够根据不同的学习目标和学习任务选择有效的学习策略。

4. 引导学生监控学习过程，并及时调整学习策略。词汇学习是一个漫长的认知过程，要达到词汇学习目标必须对整个学习过程和策略的使用进行监控和调节。教师应该引导学生定期复习所学词汇，积极运用所学的词汇进行口语和书面语的表达及交流，自觉检查学习效果，并能够根据学习进展情况调整自身的词汇学习计划和目标。

5. 提高学生的自我反思与评价能力。学习反思可以帮助学生看到自己的进步与不足，有助于合理、有效地调控学习计划，改善学习效果。自我评价也有利于培养学生对学习负责的态度，并能够促使其学会思考。教师可以提供问题供学生思考，如我是否达到了学习目标？我采用了哪些词汇学习策略？哪些策略是有效的？

二、认知策略培训

认知策略是指通过对学习材料直接分析、转换或综合来解决问题的步骤和活动。词汇认知策略包含很多内容，如猜测词义、使用词典、分类记忆、卡片记忆、做笔记等。本小节将选择几种常用的认知策略进行介绍。

（一）上下文猜词策略

在阅读中我们常会遇到许多生词，如果立即翻阅词典，查找词义，不但费时费力，而且还会影响阅读速度和对文章的整体把握。事实上，阅读材料中的每个词与它前后的词语或句子甚至段落都有联系，我们可以利用语境等线索推测某些生词的词义。通过语境可以确定词汇的意义，加深对单词的理解和记忆。掌握一定的猜词技巧对提高英语语言能力具有重要的意义。教师可以采用下列步骤训练学生根据上下文猜测词义的能力：（1）判断被猜测词汇的词类，是名词、动词还是形容词。（2）进一步分析该词在句中的位置。如果是名词，前面是否有冠词；如果是动词，是否有宾语。（3）从更大范围找出其从句、主句，特别注意有无信息词，如 but、and、however、so 等。因为这些词语暗示了该词与上下文的关系，如 "We got home, tired but elated."，连词 but 说明 elated 与 tired 词义不相近。（4）从生词的形式上寻找意义线索。如 downhearted=down+heart+ 分词后缀（-ed）。（5）根据上述策略猜测词义。（6）继续阅读文章来证实自己的猜测[1]。

下面以示例的方式说明如何实施猜词策略培训。课文材料来自译林版《牛津高中英语》中的 Reading 部分。教师实施培训的步骤可以分为介绍策略、教师示范、策略扩展等环节。首先，教师介绍猜词策略。猜词策略就是在阅读中遇到生词时，可以根据构词法和上下文等来猜测单词的含义。其中，把生词放入句中或文中，根据上下文提供的信息来推断词义是一个重要的方法。接下来，教师示范如何使用猜词策略。例如，课文第二段的第一句话是："On the first day, all of the new students attended an assembly in the school hall.", 其中 assembly 是本课的生词，我们可以根据上下文来猜测词义。生词 assembly 前面有冠词 an 修饰，说明它是一个可数名词，在句中作 attend 的宾语；根据句中的状语 on the first day 和 in the school hall 以及下文 "During the assembly, the headmaster told us about the rules of the school.", 我们可以推测 assembly 在句中是"集会、会议"的意思。教师可以提供更多类似的句子让学生扩展刚刚学到的策略。如提供下文中的一句话 "We also had different students in some classes, so it was a struggle for me to remember all the faces and names.", 让学生进行小组活动，利用上下文猜测 struggle 的意思。然后，由学生代表说明具体的学习过程。

（二）词典使用策略

如果不能通过上下文猜词的方法判断某个生词的意思，那么学生可以采用查词典的方法。查词典是学生学习词汇中最常用的策略之一，也是学习英语的重要手段。词典不仅可以提供一个单词的全面信息，如发音、用法、多种意义等，而且所提供的例句一般都能表示该词的典型用法。学生可以从词典中得到对某个单词精炼和准确的理解。此外，使用词典对培养学生自主学习能力也具有重要的意义。然而，目前很多学生在词典选择和使用上仍然存在很多问题，尤其是低年级的学生更需要教师给予必要的帮助和指导。关于词典使用的指导，教师可以重点做好以下几个方面的工作。

1. 帮助学生选择合适的词典。词典通常有纸质词典、电子词典和在线词典三种。三种形式的词典各有利弊。就其内容来分，词典有双语、双解和单语三种。双语词典是通过译文对应词把两种语言的词汇联系起来，双解词典以单语学习词典为基础，把词条全部或部分地译成另一种语言的词典，而单语学习词典则为学习者创造了一个完全的外语环境，有助于培养学习者的外语思维能力。在特定的语言环境下，我们应当根据使用者的学习阶段、外语水平及其学习活动的性质来决定选择使用哪种词典。一般来讲，初学者适合使用双语词典以便查找汉语的对等词，双解词典通常是现有的单语学习词典的改编版，它不能取代单语学习词典，但可以起到入门双语词典和高级单语词典之间的桥梁作用。

2. 指导学生何时查词典。教师应该告诉学生不要一遇到生词就查词典，应该先结合上下文或构词法先尝试猜测单词的意思，然后再查词典核对自己的猜测是否准确。同时，也要告诫学生并非遇到的所有词汇都需要弄清楚意思。随着生词猜中率的不断提高，学生就会对阅读更有信心。而阅读量越大，他们使用词典的机会也就越多。

3. 指导学生如何查词典。教师要提醒学生查词典时不能只看所查词的汉语意思，更重要的是要掌握生词的词性和用法。在查阅、选择和确定单词词义的过程中，还需要仔细阅读词典中的英文解释和例句，并与阅读材料中的相关句子进行对比。这是一个主动学习与积极思维的阅读过程，这种习惯一旦养成，学生将会受益终身。教师还应向学生介绍词典的一些标识语，让学生熟悉词典的编写体例说明、缩略语的意义以及常见的语法标签等信息，这样才不至于让学生出现语法、语用等错误。

（三）分类策略

心理学研究表明，把相关的内容集中或联系起来学习和记忆，效果会更好。分类策略是指依据一定条件将词语归入若干有意义的类别，以增强这些词语之间的相关程度，从而有助于记忆。语义场理论是词汇分类策略的理论基础。该理论认为词汇并不是由一组随机的单词组成的，而是由词与词之间相互关联的复杂关系网络构成的，即语言中的某些词可以在一个共同概念的支配下组成一个语义场。如果对所要记忆的材料以某种形式加以组织，学习者就能通过运用这种组织策略并从中获益。国外一些专家曾对分类策略的有效性进行了研究。他们通过实验证实，词汇不是一个个孤立地储存在人的记忆中，而是分门别类地储存起来的。有些词汇由于语义上的联系，形成了记忆中的词汇组，只要记起其中一个词，就会联想到其他词。国内外学者的研究表明，分类组织策略会促进学生对英语单词的记忆。

比较常见的分类策略有：（1）按种属进行归类，如分成植物、动物、交通工具、水果等不同的类别后加以记忆。目前的教材大都是按话题编写的，每个单元都有针对本单元话题的新词汇，教师可以结合课文对与话题相关的词汇进行多角度、多途径的集中训练。（2）按不同词根、词缀分类记忆，如把 respect、suspect、inspect 等有相同词根的单词放在一起进行记忆。（3）按语义归类记忆，即把语义相反、相同或相近的单词归为一组，比较它们的异同，进行理解、记忆。（4）按不同的用法进行归类记忆，如把后接动名词或不定式的动词放在一起进行记忆。教师可以在课堂上做一些分类记忆的示范与操练，也可以让学生自己进行分类，从而使学生逐步掌握这一策略。教师也可以设计简单的任务让学生完成，从而训练他们分类记忆的能力。例如，教师可以列出以下词汇：milk、apple、shirt、Germany、Japan、orange、wine、trousers、dog、sheep、coffee 等，然后要求学生分别将它们归为水果类、饮料类、服装类、动物类、国籍类。

（四）做笔记策略

恰当地使用词汇笔记对英语词汇学习有着非常重要的作用，词汇笔记也是学生不可多得的学习资源。学生通过记笔记的方式可以创建自己个性化的词汇手册，不断地积累自己的词汇量，增强学习效果。做笔记有助于养成良好的学习习惯，能有效地培养自主学习的意识和能力。通过词汇笔记，教师还可以及时了解学生的词汇学习情况，发现学生词汇学习中的问题，提高词汇教学效率。教师对学生做笔记策略的指导主要体现在三个方面，即笔记记录内容、做笔记的方法和笔记的合理利用。

笔记内容可以大致分为两类：第一类与所学教材内容有关，主要是指学生在课堂教学中记录教师讲解的内容；第二类与学生自主阅读有关，指学生通过课外阅读等方式收集的常用词汇、词组等。具体而言，笔记的内容主要有：单词及用法、常用短语、习语以及优美的句子。词汇应该包含以下信息：单词的拼写、音标、词性、意义等基本信息，词语搭配，联想词汇（如同义词、反义词等）以及例句。教材一般都会提供常用短语、句型等，这些短语和句型也应该成为学生笔记的主要内容。

教师应培养学生养成良好的做笔记的习惯和方法。做笔记是在理解老师所讲内容的基础上进行的，是学生筛选和浓缩信息的过程。如果学生把主要的精力放在记录上面，势必会影响学习效率。所以，正确的做法是在认真倾听老师讲解、积极思考、积极参与课堂语言活动的前提下，有重点、有选择地做笔记。对于相对较为简单的知识点，学生可以用不同颜色的笔直接在书本上做记号标注。如果是在笔记本上做记录，应该以最快的速度和简便的方式记录。例如，有时候可以用单词的首字母或部分字母来记，课后再进行补充或订正。

合理地利用笔记同样有着非常重要的作用。首先，教师应指导学生及时整理笔记，整理笔记是把知识系统化的过程，是高效学习的重要组成部分。对笔记的完善和整理其实是对所学知识整理复习的过程，也是一个查漏补缺的过程。其次，教师应该引导学生经常复习笔记。与教材相比，笔记所提供的信息针对性更强，重点更加突出。学生要定期地对笔记上的内容进行复习、巩固。为了提高复习效果，教师也可以让学生开展合作学习，互相提问，增加复习的趣味性。

（五）构词法策略

词是由语素构成的，而语素又可分为词根和词缀，这就涉及构词的问题。一般来说，词根字面的含义等于单词的实用词义。如果记住词根字面的含义，从单词中辨认出词根的形体，再通过词缀的意思，就能理解并记忆这个单词。在词汇教学中，教师可以给学生讲授一些构词法方面的知识，特别是常见的前缀、后缀以及合成词等。这样，学生在学习新词汇时就能省时省力，还能复习和巩固旧词汇。在讲授构词法知识时，教师可以适当举例，并引导学生举一反三，使有限的词汇知识转化为无限的识记单词的能力。如记住了 fortune 这个词根应能记住 fortunate、fortunately、unfortunate、unfortunately 等词汇；记住了 care 就能掌握 careless、careful、carelessly、carefully、carelessness 等词汇。

通过教学，教师要努力帮助学生达成下列目标：（1）掌握英语构词法的几大类型；（2）掌握常见的词根、词缀的意义，了解常见的前缀、后缀与词性和词义的关系；（3）掌握合成词的一般规律；（4）养成根据构词法知识记忆、运用英语词汇的习惯。英语构词法主要有合成法和派生法。合成法即两个或两个以上的词组合成一个词。由合成法而得来的词叫合成词，这类词汇在英语中非常活跃，而且数量很大，如 post-office、classroom、ice-cold、bedroom、blackboard 等。派生法是指给一个词根加上前缀或后缀而构成一个新词。通常情况下，前缀只改变词义，而后缀既能改变词义又能改变词性。英语新课标要求掌握的前缀主要有：un-、dis-、im-、in-、non-、mis-、re-、en-、tele- 等。后缀中名词后缀有：-tion、-er、-or、-ist、-ness、-ment、-ty；动词后缀有：-fy、-ify、-en、-ise；形容词后缀有：-able、-al、-an、-ary、-ian、-ish、-ful、-less、-ive；副词后缀有：-ly、-ward。因此，牢记一定的词根和词缀，对于理解词义和扩大词汇量有极大的帮助。

三、社交/情感策略培训

社交策略是指学习者经由与他人的交流来学习，包括主动提出问题、与他人合作学习等。学习者在课堂内外学习外语所采用的策略不同。在课堂上，学习者很少使用社交策略，因为课堂教学环境中能使用社交策略的机会较少。但在自然环境中，学习者就会广泛使用社交策略。词汇的学习在很大程度上是"自主活动"，多在课后进行。教师应鼓励学生相互合作，相互交流。例如，组织学生按自愿的方式结合成课后学习小组，一起进行词汇学习。因为相对于大学生来说，中小学生更加活泼，且乐于交朋友，对合作学习会有较大的热情。例如，阅读篇幅较长且生词较多的文章时，教师可以把文章分成若干个段落，并把学生分成若干个小组，让每组阅读一段文字。教师将学生在阅读过程中遇到的生词写在黑板上，然后让各小组成员合作，在词典上查出这些生词的含义。当教师把各组查出来的结果写到黑板上后，学生还可以一起讨论哪个意思最适合该篇文章。一个人背单词的效果往往不如几个人一起背。教师在教学中可以指导学生合作背单词，比如一个人报，另一个人背或几个人抢答，有了合作与竞争，学生就不会觉得背单词很枯燥。通过互相提问、回答，学生不仅能提高学习单词的效率，也易产生积极竞争的心态。另外，教师也要提倡同学们在课余时间经常相互交流，因为在交流的过程中学生能够较客观地发现哪些策略更适合自己，并主动吸收、内化，加强对其使用的频率。教师还应该注意激发学生的学习兴趣。中小学生的身心特点决定了他们喜欢一切有趣的东西，因此游戏活动是把课堂教学推向高潮的好方法。在英语词汇教学中加入适当的游戏活动，有利于营造轻松和谐的课堂氛围，寓教于乐，达到巩固词汇的目的。游戏活动不仅能够使学生在具体的运用中巩固词汇，还可以帮助他们了解到他们正在使用的是一种词汇学习策略。因此，教师在课堂中应该特别注重设计游戏活动以提高学生的学习兴趣。通常来讲，在词汇教学中常用的游戏有以下几种：（1）你来比画我来猜。教师把学过的单词写在卡片上，请一个学生根据卡片上的指令做出相应的动作，然后让其他同学猜测单词。教师也可以让学生两人一组，一人做动作，另一人猜，看哪一组配合默契。（2）根据线索提示猜测单词。比如，Who is he/she？ _____（① People usually give her/him some money. ② Sometimes he/she will give you some money. ③ He/She works in a supermarket.）答案：Cashier。（3）以单词接龙的形式复习单词。比如，教师在带领学生复习有关食品的单词时可以采用这种形式。教师可以让学生假设准备去野餐，要求每人说出一个首字母不同的单词。

同时，教师尤其要注意鼓励学生使用求助策略。学生遇到生词除求助词典之外，还可以向同学或老师求助。现在不少的重点中小学都配备了外籍教师。一般来说，外籍教师对语言的把握有其独特的优势。而学生与他们交流，不必担心那些不可预测的语言障碍，因为外籍教师可以帮助他们消除这些障碍。学生在与外籍教师交流的过程中要积极地思考，调动一切所学的词汇，找不到合适的词汇表达时还可以借助肢体语言，而外籍教师也会揣摩求助学生的意思，并告诉其相应的词汇是什么。当然，教师也应该鼓励学生学会向身边的同学积极求助，有些同学可能会不好意思向他人求助，教师尤其要鼓励那些自尊心较强的同学，积极引导他们使用求助策略以提高词汇学习效果。

情感态度和语言学习密不可分，是影响学生学习行为和学习效果的重要因素。布卢姆认为，一个带有积极情感学习课程的学生，应该比那些缺乏感情、乐趣或兴奋的学生，或者比那些对学习材料感到焦虑和恐惧的学生学习得更加轻松、更加迅速。因此，词汇教学的课堂设计应关注学生的情感态度，使其从"要我学"到"我要学"，再到"我爱学"的转变。情感策略帮助学习者掌握学习情绪、态度、动机和价值观。情感策略的使用可让学习者控制自我的情绪或态度，让心理处于有利于目标语言学习的状态。情感策略包括降低紧张焦虑的情绪、给自己鼓励和自我情绪的了解与掌控。例如，学习者在面对目标语的学习时，会用深呼吸或是听音乐的方法来减缓紧张的情绪；在完成困难的学习任务或通过考试时，可以给自己一些奖励等。

本章小结

　　作为本书的最后一章，本章聚焦于对词汇学习策略的介绍。首先阐述了学习策略和词汇学习策略的概念，然后梳理了国内外研究者对词汇学习策略的分类，接着论述了影响学习者选择和使用词汇学习策略的内部和外部因素。在上述内容的基础上，重点论述了关于学习者词汇学习策略的培训。本章指出，策略培训对学习者的词汇学习有着重要的作用。鉴于此，本章呈现了几种主要的策略培训模式，并从元认知策略、认知策略以及社交/情感策略三个方面论述了词汇学习策略培训的内容与实施方法。

参考文献

［1］索恩伯里.朗文如何教词汇［M］.王琦，译.北京：人民邮电出版社，2011：3-20.

［2］CHAPELLE C A. Are C-tests valid measures for L2 vocabulary research？［J］. Second Language Research，1994，10（2）：157-187.

［3］NATION I S P. Teaching and learning vocabulary［M］. New York：Newbury House Publisher，1990：31-185.

［4］READ J. Assessing vocabulary［M］. Cambridge：Cambridge University Press，2000：31，197-209.

［5］RICHARDS J C. The role of vocabulary teaching［J］. TESOL Quarterly，1976，10（1）：77-89.

［6］张维友.英语词汇学教程［M］.武汉：华中师范大学出版社，2004：1.

［7］LEWIS M. The lexical approach：the state of ELT and a way forward［M］. Hove，England：Language Teaching Publications，1993：90-95.

［8］ALEXANDER L G. Longman English grammar［M］. London：Longman Group UK Limited，1988：1-7.

［9］BAUGH L S. Essentials of English grammar［M］. Illinois：Passport Books，1992：35.

［10］BIBER D，JOHANSSON S，LEECH G，et al. Longman grammar of spoken and written English［M］. London：Pearson Education Limited，1999：55-56.

［11］CARTER R，MCCARTHY M. Cambridge grammar of English［M］. Cambridge：Cambridge University Press，2010：155-156.

［12］EASTWOOD J. Oxford practice grammar［M］. Oxford：Oxford University Press，1999：2.

［13］GREENBAUM S，QUIRK R. A student's grammar of the

English language［M］. London：Longman Group UK Limited，1990：11–12.

［14］HUDDLESTON R，PULLUM G K. A student's introduction to English grammar［M］. Cambridge：Cambridge University Press，2005：16.

［15］KAPLAN J P. English grammar：principles and facts［M］. Englewood Cliffs，NJ：Prentice Hall Inc.，1989：106–107.

［16］LAPALOMBARA L E. An introduction to grammar［M］. Massachusetts：Winthrop Publisher，Inc.，1976：24–28.

［17］LEECH G，MARGARET D，HOOGENRAAD R. English grammar for today［M］. New York：Palgrave Macmillan，2005：34.

［18］LETOURNEAU M S. English grammar［M］. Orlando：Harcourt College Publisher，2001：24–67.

［19］QUIRK R，GREENBAUM S，LEECH G. A grammar of contemporary English［M］. London：Longman Press，1972：44–45.

［20］SCHIBSBYE K. A modern English grammar［M］.Oxford：Oxford University Press，1979：vi–viii.

［21］ZAKARIA M T. Understanding grammar［M］. New Delhi：Commonwealth Publishers Pvt. Ltd.，2009：V.

［22］薄冰，司树森. 新英语语法手册［M］. 北京：首都师范大学出版社，2011：3.

［23］张道真. 英语语法大全：精编本［M］.北京：首都师范大学出版社，2011：4.

［24］章振邦. 新编英语语法教程：学生用书［M］. 5版. 上海：上海外语教育出版社，2013：5.

［25］JACKSON H. Grammar and vocabulary［M］. London：Routledge，2002：4–5.

［26］中华人民共和国教育部. 普通高中英语课程标准（实验稿）［M］.北京：人民教育出版社，2003：14–20.

［27］LYONS J. Semantics［M］. Cambridge：Cambridge University

Press，1977：50.

［28］汪榕培．英语词汇学高级教程［M］．上海：上海外语教育出版社，2002：70-83.

［29］杨惠中．语料库语言学导论［M］．上海：上海外语教育出版社，2002：333.

［30］宋洪波，王雪利．近十年国内语料库语言学研究综述［J］．山东外语教学，2013（3）：41-47.

［31］王家义．基于语料库的英语词汇教学：理据与应用［J］．外语学刊，2012（4）：127-130.

［32］NATTINGER J R，DECARRICO J S. Lexical phrases and language teaching［M］. Oxford：Oxford University Press，1992：38-47.

［33］LEWIS M. Implementing the lexical approach putting theory into practice［M］. Hove，England：Language Teaching Publications，1997：44-59.

［34］HOWARTH P. Phraseology in English academic writing：some implications for language learning and dictionary making［M］. Tubingen：Max Niemeyer Verlag，1996.

［35］WRAY A. Formulaic language and the lexicon［M］. Cambridge：Cambridge University Press，2002：9-10.

［36］马广惠．英语专业学生二语限时写作中的词块研究［J］．外语教学与研究，2009（1）：54-60.

［37］FIRTH J R. Papers in linguistics 1934~1951［M］. London：Oxford University Press，1957：12.

［38］HOEY M. Lexical priming：a new theory of words and language［M］. London：Routledge，2005：5.

［39］BRUCE W. Collocation with advanced levels 1［Z/OL］.（2013-11-28）http：//www.Teachingenglish. org. uk/article/collocation-advanced-levels-l-not-entirelyproperappropriategood.

［40］周明亚．词语搭配现象与大学英语词汇教学［J］．外语界，2003（2）：73-75.

［41］HUNSTON S. Corpora in applied linguistics［M］. Cambridge：Cambridge University Press，2002：170.

［42］HILL J. Revising priorities：from grammatical failure to collocation success［M］// LEWIS M. Teaching collocation. Hove, England：Language Teaching Publications，2000：42-67.

［43］DALE E. Vocabulary measurement：techniques and major findings［J］. Elementary English，1965，42（8）：895-948.

［44］WESCHE M B, PARIBAKHT T S. Assessing second language vocabulary knowledge：depth versus breadth［J］. The Canadian Modern Language Review，1996，53（1）：13-40.

［45］HENRIKSEN B. Three dimensions of vocabulary development［J］. Studies in Second Language Acquisition，1999，21（2）：303-317.

［46］CRONBACH L J. An analysis of techniques for diagnostic vocabulary testing［J］. The Journal of Educational Research，1942，36（3）：206-217.

［47］马广惠. 二语词汇知识理论框架［J］.外语与外语教学，2007（4）：22-24.

［48］BACHMAN L F. Fundamental considerations in language testing［M］. Oxford：Oxford University Press，1990：84-87.

［49］HALLIDAY M A K, HASAN R. Language, context and text：aspects of language in a social-semiotic perspective［M］. Oxford：Oxford University Press，1989.

［50］MEARA P, JONES G. Vocabulary size as a placement indicator［M］// GRUNWELL P. Applied linguistics in society. London：Center for Information on Language Teaching and Research，1998：80-87.

［51］甄凤超.中国学习者英语口语词汇量及常用词汇研究——基于英语口语语料库的词目研究［J］.解放军外国语学院学报，2005（5）：38-42.

［52］王子颖.词汇量测试对语言水平的预测性的实证研究［J］.外

语教学理论与实践，2014（2）：71-75，96.

［53］徐柳明，刘振前.非英语专业大学新生入学词汇水平调查与分析［J］.外语教学，2014（1）：49-54.

［54］NATION I S P. Testing and teaching vocabulary［J］. Guidelines，1983，5（1）：12-25.

［55］NATION I S P，BEGLAR D. A vocabulary size test［J］. The Language Teacher，2007，31（7）：9-13.

［56］BEGLAR D. A Rasch-based validation of the Vocabulary Size Test［J］. Language Testing，2010，27（1）：101-118.

［57］BONK W J. Second language lexical knowledge and listening comprehension［J］. International Journal of Listening，2000，14（1）：14-31.

［58］SCHMITT N. Vocabulary in language teaching［M］. Cambridge：Cambridge University Press，2000：165.

［59］BLUM-KULKA S，LEVENSTON E A. Universals of lexical simplification［M］// FæRCH C，KASPER G. Strategies in interlanguage communication. London：Longman Group UK Limited，1983：119-139.

［60］HATCH E，BROWN C. Vocabulary，semantics and language education［M］. Cambridge：Cambridge University Press，1995：370-371.

［61］JIANG N. Lexical representation and development in a second language［J］. Applied Linguistics，2000，21（1）：47-77.

［62］SKEHAN P. A cognitive approach to language learning［M］. Oxford：Oxford University Press，1998：52-55.

［63］ALDERSON J R. The architecture of cognition［M］. Cambridge，Mass.：Harvard University Press，1983：21-24.

［64］SCHMIDT R. The role of consciousness in second language learning［J］. Applied Linguistics，1990，11（2）：129-158.

［65］VANPATTERN B. Input processing and grammar instruction［M］. New York：Ablex Publishing Corporation，1996.

［66］GASS S. Second language vocabulary acquisition［J］. Annual Review of Applied Linguistics，1988，（9）：92-106.

［67］高翔 . 英语词汇习得过程中的认知研究［J］. 中南林业科技大学学报（社会科学版），2013（4）：131-134.

［68］赵彦春 . 认知词典学探索［M］. 上海：上海外语教育出版社，2003：26-28.

［69］BROWN C，PAYNE M E. Five essential steps of processes in vocabulary learning［A］. Paper presented at the TESOL Convention，Baltimore，Maryland，USA，1994.

［70］陈新仁 . 外语词汇习得过程探析［J］. 外语教学，2002（4）：27-31.

［71］CRAIK F I M，LOCKHART R S. Levels of processing：a framework for memory research［J］. Journal of Verbal Learning and Verbal Behavior，1972，11（6）：671-684.

［72］CRAIK F I M，LOCKHART R S. Depth of processing and the retention of words in episodic memory［J］. Journal of Experimental Psychology，1975，104（3）：268-294.

［73］LAKOFF G，JOHNSON M. Metaphors we live by［M］. Chicago：The University of Chicago Press，1980：7-20.

［74］王寅 . 英语语义学教程［M］. 北京：高等教育出版社，2011：144-153.

［75］CROFT W，CRUSE D A. Cognitive linguistics［M］. Cambridge：Cambridge University Press，2004：75.

［76］LAKOFF G. Women，fire and dangerous things：What categories reveal about the mind［M］. Chicago：The University of Chicago Press，1987：50-121.

［77］ROSCH E H，MERVIS C B. Family resemblances：Studies in the internal structure of categories［J］. Cognitive Psychology，1975，7（4）：573-605.

［78］RUMELHART D E. Schemeta：the building block of cognition

［M］// SPIRO R J, BRUCE B C, BREWER W F. Theoretical issues in reading comprehension. Hillsdale, NJ : Lawrence Erlbaum Associates, 1980 : 22-58, 96-102.

［79］LAUFER B. The lexical plight in second language reading : words you don't know, words you think you know, and words you can't guess［M］//COADY J, HUCKIN T. Second language vocabulary acquisition : a rationale for pedagogy. Cambridge : Cambridge University Press, 1997 : 20-33.

［80］FAUCONNIER G. Mental spaces : aspects of meaning construction in natural language［M］. Cambridge : Cambridge University Press, 1994 : 20-30.

［81］FAUCONNIER G, TURNER M. The way we think : conceptual blending and the mind's hidden complexities［M］. New York : Basic Books, 2002 : 56-60.

［82］UNGERER F, SCHMID H J. An introduction to cognitive linguistics［M］.Beijing : Foreign Language Teaching and Research Press, 2008 : 115-152.

［83］王寅. 事件域认知模型及其解释力［J］. 现代外语, 2005（1）: 17-26.

［84］LANGACKER R W. Foundations of cognitive grammar［M］. Stanford : Stanford University Press, 1987 : 2.

［85］TREISMAN A M. Contextual cues in selective listening［J］. Quarterly Journal of Experimental Psychology, 1960, 12（4）: 242-248.

［86］CARROLL D W. Psychology of language［M］.Beijing : Foreign Language Teaching and Research Press, 2008 : 103-128.

［87］RICHARDS J C, SCHMIDT R, KENDRICK H, KIM Y. Longman dictionary of language teaching and applied linguistics［M］. Beijing : Foreign Language Teaching and Research Press, 2005 : 756.

［88］SCHMITT N, MACCARTHY M J. Vocabulary : description,

acquisition and pedagogy［M］. Oxford：Oxford University Press，1997：84-101.

［89］AITCHISON J. Words in the mind：an introduction to the mental lexicon［M］. Oxford：Blackwell，2003：11-16.

［90］BROWN P S. A small-scale exploration into the relationship between word-association and learners'lexical development［D］Birmingham：The University of Birmingham，2006.

［91］桂诗春. 新编心理语言学［M］. 上海：上海外语教育出版社，2000：250-251，274-283.

［92］MEARA P. The dimensions of lexical competence［M］// BROWN G，MALMKJAER K，WILLIAMS J. Performance and competence in second language acquisition. Cambridge：Cambridge University，1996：33-53.

［93］WOLTER B. Comparing the L1 and L2 mental lexicon：a depth of individual word knowledge model［J］. Studies in Second Language Acquisition，2001，23（1）：41-69.

［94］DONG Y P. The conceptual organization of the bilingual mental lexicon：the shared（distributed）asymmetrical model［D］. Guangzhou：Guangdong University of Foreign Studies，1998.

［95］MEARA P. The study of lexis in interlanguage［M］//DAVIES A，HOWART A，CRIPER C. Interlanguage. Edinburgh：Edinburgh University Press，1984：225-235.

［96］SINGLETON D. Exploring the second language mental lexicon［M］. Cambridge：Cambridge University Press，1999：84-105.

［97］FOSTER K I. Accessing the mental lexicon［M］//WALES R J，WALKER E. New approaches to language mechanisms. Amsterdam：Northe-Holland，1976：257-287.

［98］GARMAN M. Psycholinguistics［M］. Cambridge：Cambridge University Press，1990：266-290.

［99］MORTON J. Interaction of information in word recognition［J］.

Psychological Review，1969，76（2）：165-178.

［100］MARSLEN-WILSON W. Functional parallelism in spoken word-recognition［J］. Cognition，1987，25（1-2）：71-102.

［101］COLLINS A M，QUILLIAN M R. Retrieval time for semantic memory［J］. Journal of Verbal Learning and Verbal Behavior，1969，8（2）：240-247.

［102］COLLINS A M，LOFTUS E F. A spreading-activation theory of semantic processing［J］. Psychological Review，1975，82（6）：407-428.

［103］BOCK K，LEVELT W. Language production：grammatical encoding［M］// GEMSBACHER M A. Handbook of psycholinguistics. San Diego：Academic Press，1994：945-984.

［104］LEVELT M. Speaking：from intention to articulation［M］. Cambridge：The MIT Press，1989：188.

［105］WILKINS D A. Linguistics in language teaching［M］. London：Edward Arnold，1972：109-112.

［106］SCHMITT N. Researching vocabulary：a vocabulary research manual［M］. New York：Palgrave Macmillan，2010：187-246.

［107］NATION I S P. Learning vocabulary in another language［M］. Cambridge：Cambridge University Press，2001：217-256.

［108］NATION I S P. How large a vocabulary is needed for reading and listening？［J］. Canadian Modern Language Review，2006，63（1）：59-82.

［109］刘道义. 如何学与教英语词汇［J］.基础教育外语教学研究，2009（3）：15-18.

［110］中华人民共和国教育部. 义务教育英语课程标准（2011 年版）［M］.北京：北京师范大学出版社，2011：18-21.

［111］教育部高等教育司.大学英语课程教学要求［M］.北京：高等教育出版社，2007：3-5.

［112］高等学校外语专业教学指导委员会英语组.高等学校英语专

业英语教学大纲［M］.北京：外语教学与研究出版社，2000：6-7.

［113］中华人民共和国教育部考试中心.全国英语等级考试考试大纲［M］.北京：高等教育出版社，2006：10.

［114］教育部高等教育司.高职高专教育英语课程教学基本要求［M］.北京：高等教育出版社，2014：2.

［115］蔡基刚.制约我国大学英语词汇要求发展的主要因素及其对策研究［J］.解放军外国语学院学报，2012（1）：48-53.

［116］Her Majesty the Queen in Right of Canada. Canadian language benchmarks［M］. Ottawa：Centre for Canadian Language Benchmarks，2012：75-99.

［117］Department for Education. National curriculum in England：English programmes of study［M/OL］.（2014-07-16）. http：//www.gov.uk/government/publications/national-curriculum-in-england-english-programmes-of-study/national-curriculum-in-england-english-programmes-of-study.

［118］The State Education Department. English language arts core curriculum［M］. New York：The University of the State of New York，2005：5-88.

［119］欧洲理事会文化合作教育委员会.欧洲语言共同参考框架：学习、教学、评估［M］.刘骏，傅荣，译.北京：外语教学与研究出版社，2008：108.

［120］BARNARD H. A test of P.U.C. students'vocabulary in Chotanagpur［J］. Bulletin of the Central Institute of English，1961（1）：90-100.

［121］NATION I S P. 英语词汇教与学［M］.北京：外语教学与研究出版社，2004：11-26.

［122］ALLEN V F. 词汇教学技巧［M］.上海：上海外语教育出版社，2002：119-121.

［123］英国培生教育出版亚洲有限公司.朗文高级英语应试词典［M］.北京：外语教学与研究出版社，2011：2781-2783.

［124］英国柯林斯出版公司．柯林斯 COBUILD 中阶英汉双解学习词典［M］．柯克尔，等译．北京：外语教学与研究出版社，2013：ix.

［125］CLARK E V. Critical periods, time and practice［J］. The University of Pennsylvania Working Papers in Linguistics, 2003, 9（2）: 39-48.

［126］BECKER J. The Phrasal lexicon［M］// SHANK R, NASH-WEBBER B L. Theoretical issues in natural language processing. Cambridge: Bolt and Newman, 1975: 60-63.

［127］马广惠．词块的界定、分类与识别［J］.解放军外国语学院学报，2011（1）: 1-4.

［128］PAWLEY A, SYDER F H. Two puzzles for linguistic theory: native-like selection and native-like fluency［M］// RICHARDS J C, SCHMIDT R W. Language and communication. London: Routledge, 1983: 191-226.

［129］O'MALLEY J M, CHAMOT A U. Learning strategies in second language acquisition［M］. Cambridge: Cambridge University Press, 1990: 43-55, 151-175, 232.

［130］ANDERSON R C. The notion of schemata and of educational enterprise［M］// ANDERSON R C, SPIRO R J, MONTAGUE W E. Schooling and the acquisition of knowledge. Hillsdale: Lawrence Erlbaum Associates, 1977: 415-431.

［131］路晓琴,洪军．图式理论与词汇习得［J］.浙江万里学院学报，2006（3）: 17-20.

［132］CARRELL P L. Schema theory and ESL reading pedagogy［J］. TESOL Quarterly, 1983, 17（4）: 553-573.

［133］COOK G. Discourse and literature［M］. Oxford: Oxford University Press, 1994: 11-15.

［134］BOWER G H, CIRILO R K. Cognitive psychology and text processing［M］// VANDIJK T A. Handbook of discourse analysis. London: Appleton Century Crofts, 1985（1）: 71-105.

［135］KRAMSCH C. Language and culture［M］. Oxford：Oxford University Press，1998：124.

［136］HOWARD R W. Concepts and schemata：an introduction［M］. London：Cassell，1987：15.

［137］PRABHU N S. Second language pedagogy［M］. Oxford：Oxford University Press，1987：24.

［138］CANDLIN C N. Towards task-based language learning［M］// CANDLIN C N，MURPHY D. Language learning tasks. Englewood Cliffs，NJ：Prentice Hall Inc. London：Prentice International Ltd. and Lancaster University，1987：23-46.

［139］NUNAN D. Designing tasks for the communicative classroom［M］.Cambridge：Cambridge University Press，1989：10.

［140］WILLIS J. A Framework for task-based learning［M］. London：Addison Welsey Longman Limited，1996：26-27.

［141］PICA T，KANAGY R，FALODUN J. Choosing and using communication tasks for second language research and instruction［M］// GASS S M，CROOKES G. Task-based learning in a second language. Clevedon：Multilingual Matters，1993：9-34.

［142］ELLIS R. Task-based language learning and teaching［M］. Oxford：Oxford University Press，2003：141-142.

［143］HULSTIJN J H. Theoretical and empirical issues in the study of implicit and explicit second-language learning：introduction［J］. Studies in Second Language Acquisition，2005，27（2）：129-140.

［144］SCHMITT N. Current perspectives on vocabulary teaching and learning［M］//CUMMINS J，DAVISON C. International handbook of English language teaching. New York：Springer，2007：827-841.

［145］苗丽霞. 国内第二语言词汇附带习得研究：现状与发展［J］. 外语界，2013（5）：86-92.

［146］盖淑华. 词汇附带习得研究概述［J］. 解放军外国语学院学报，2003（2）：73-76.

［147］LAUFER B. How much lexis is necessary for reading comprehension？［M］//ARNAUD P J L, BEJOINT H. Vocabulary and applied linguistics. London：Palgrave Macmillan, 1992：126-132.

［148］LAUFER B, HULSTIJN J. Incidental vocabulary acquisition in a second language：the construct of task-induced involvement［J］. Applied Linguistics, 2001, 22（1）：1-26.

［149］VANPATTERN B. Can learners attend to form and content while processing input？［J］. Hispania, 1989, 72（2）：409-417.

［150］TOYA M. Form explanation in modification of listening input in L2 vocabulary learning［D］. Honolulu：University of Hawaii, 1992.

［151］VIDAL K. Academic listening：a source of vocabulary acquisition？［J］. Applied Linguistics, 2003, 24（1）：56-89.

［152］JOE A. Text-based tasks and incidental vocabulary learning ［J］. Second Language Research, 1995, 11（2）：149-158.

［153］ELLIS R, HE X. The roles of modified input and output in the incidental acquisition of word meanings［J］. Studies in Second Language Acquisition, 1999, 21（2）：285-301.

［154］BARCROFT J. Acoustic variation and lexical acquisition［J］. Language Learning, 2001, 51（4）：563-590.

［155］AMER A. The effect of the teacher's reading aloud on the reading comprehension of EFL students［J］. ELT Journal,1997,51（1）：43-47.

［156］ELLIS R, TANAKA Y, YAMAZAKI A. Classroom interaction,comprehension,and the acquisition of L2 word meanings［J］. Language Learning, 1994, 44（3）：449-491.

［157］NEWTON J. Options for vocabulary learning through communication tasks［J］. ELT journal, 2001, 55（1）：30-37.

［158］NEWTON J. Task-based interaction among adult learners of English and its role in second language development［D］. Wellington：Victoria University, 1993.

［159］BADDELEY A D. Human memory：theory and practice［M］. Exeter：Psychology Press，1997：108-120.

［160］MILTON J，MEARA P. How periods abroad affect vocabulary growth in a foreign language［J］. ITL：Review of Applied Linguistics，1995（107-108）：17-34.

［161］CHALL J S. Two vocabularies for reading：recognition and meaning［M］// MCKEOWN M G，CURTIS M E. The nature of vocabulary acquisition. Hillsdale，NJ：Lawrence Erlbaum Associates. 1987：7-17.

［162］RAIMES A. What unskilled ESL students do as they write：a classroom study of composing［J］. TESOL Quarterly，1985，19（2）：229-258.

［163］SANTOS T. Professors'reactions to the academic writing of nonnative speaking students［J］. TESOL Quarterly，1988，22（1）：69-90.

［164］UZAWA K，CUMMING A. Writing strategies in Japanese as a foreign language：lowering or keeping up the standards［J］. Canadian Modern Language Review，1989，46（1）：178-194.

［165］BROWN C，SAGERS S L，LAPORTE C. Incidental vocabulary acquisition from oral and written dialogue journals［J］. Studies in Second Language Acquisition，1999，21（2）：259-283.

［166］雷蕾，韦瑶瑜，叶琳，等. 非英语专业大学生通过写作附带习得词汇研究［J］. 解放军外国语学院学报，2007（1）：53-56，61.

［167］殷小娟，林庆英. 不同学习任务对英语专业学生词汇附带习得的影响［J］. 外语与翻译，2008（4）：62-68.

［168］赵艳芳. 认知语言学概论［M］. 上海：上海外语教育出版社，2001：8-10.

［169］文秋芳. 认知语言学与二语教学［M］. 北京：外语教学与研究出版社，2013：2-14.

［170］LITTLEMORE J，CHEN P T，KOESTER A，et al.

Difficulties in metaphor comprehension faced by international students whose first language is not English［J］. Applied Linguistics，2011，32（4）：408-429.

［171］BOERS F，LINDSTROMBERG S. Cognitive linguistic approaches to teaching vocabulary and phraseology［M］. Berlin： Walter de Gruyter，2008：19-27.

［172］ROSCH E，MERVIS C B，GRAY W D，et al. Basic objects in natural categories［J］. Cognitive Psychology，1976，8（3）：382-439.

［173］梁晓波. 认知语言学对英语词汇教学的启示［J］. 外语与外语教学，2002（2）：35-39.

［174］王慧晶，董君，苏芳. 认知语言学理论在英语词汇教学中的应用［J］. 内蒙古农业大学学报（社会科学版），2011（4）：139-141.

［175］LAKOFF G. The invariance hypothesis：is abstract reason based on image-schemas？［J］. Cognitive Linguistics. 1990，1（1）：39-74.

［176］LANGACKER R W. Constructing the meanings of personal pronouns［M］//RADDEN G，KOPCKE K，BERG T，et al. Aspects of meaning construction. Amsterdam：John Benjamins Publishing Company，2007：171-187.

［177］TAYLOR J R. Linguistic categorization：prototypes in linguistic categorization［M］. Oxford：Oxford University Press，1995：99-105.

［178］TAYLOR J R. Linguistic categorization［M］. Oxford： Oxford University Press，2003：99-105.

［179］VERSPOOR M，LOWIE W. Making sense of polysemous words［J］. Language Learning，2003，53（3）：547-586.

［180］LAKOFF G，JOHNSON M. Conceptual metaphor in everyday language［J］. The Journal of Philosophy，1980，77（8）：453-486.

［181］林正军，杨忠. 一词多义现象的历时和认知解析［J］. 外语

教学与研究，2005（5）：362-367.

［182］匡芳涛. 英语专业词汇教学研究：基于范畴化理论的探索［M］. 北京：高等教育出版社，2014：81-122.

［183］何安平. 语料库语言学与英语教学［M］. 北京：外语教学与研究出版社，2004：45-96.

［184］何安平. 语料库辅助英语教学入门［M］. 北京：外语教学与研究出版社，2010：57-140.

［185］王家义. 基于语料库的英语词汇教学理据与应用［J］. 外语学刊，2012（4）：127-130.

［186］WILLIS D. The lexical syllabus：a new approach to language teaching［M］. London：Collins ELT，1990：39-50.

［187］潘璠. 基于语料库的语言研究与教学应用［M］. 北京：中国社会科学出版社，2012：160-176.

［188］KENNEDY G. An introduction to corpus linguistics［M］. London：Routledge，1998：280-287.

［189］BIBER D，CONRAD S，REPPEN R. Corpus-based approaches to issues in applied linguistics［J］. Applied Linguistics，1994，15（2）：169-189.

［190］桂诗春，杨惠中. 中国学习者英语语料库［M］. 上海：上海外语教育出版社，2003：34-45.

［191］ALTENBERG B，GRANGER S. The grammatical and lexical patterning of MAKE in native and non-native student writing［J］. Applied Linguistics，2001，22（2）：173-195.

［192］NESSELHAUF N. The use of collocations by advanced learners of English and some implications for teaching［J］. Applied Linguistics，2003，24（2）：223-242.

［193］郎非. 语料库语言学与英语词汇教学［J］. 黑龙江教育学院学报，2010（3）：164-166.

［194］徐启龙. 英语词汇教学的新工具：网络语料库的运用［J］. 全球教育展望，2009（8）：90-93.

［195］梁茂成，李文中，许家金.语料库应用教程［M］.北京：外语教学与研究出版社，2010：57-100.

［196］章柏成.语料库与英语词汇教学［J］.重庆交通学院学报（社会科学版），2006（2）：108-111.

［197］HARMER J. The practice of English language teaching［M］. London：Longman Group UK Limited，1991：16-22.

［198］LEECH G. Semantics［M］. Harmondsworth：Penguin Group，1981：21-78.

［199］胡文仲.跨文化交际学概论［M］.北京：外语教学与研究出版社，1990：168-174.

［200］COLLINS A M，QUILLIAN M R. Facilitating retrieval from semantic memory：the effect of repeating part of an inference［J］. Acta Psychologica，1970（33）：304-314.

［201］袁昌寰.中学英语学习策略与教学［M］.北京：高等教育出版社，2009：73.

［202］JOHNS T. Data-driven learning：the perpetual challenge［M］//KETTEMANN B，MARKO G. Teaching and learning by doing corpus analysis. Amsterdam：Rodopi，2002：107-117.

［203］TRIBBLE C，JONES G. Concordances in the classroom：a resource book for teachers［M］. Harlow，Essex：Longman，1990：1-20.

［204］俞燕明.数据驱动词汇教学——基于计算机和语料库的研究性教学探索［J］.外语电化教学，2009（2）：58-62.

［205］甄凤超.语料库数据驱动的外语学习：思想、方法和技术［J］.外语界，2005（4）：35-38.

［206］朱慧敏.数据驱动学习：英语词汇教学的新趋势［J］.外语电化教学，2011（1）：46-50.

［207］JOHNS T. Should you be persuaded：two samples of data-driven learning materials［J］. English Language Research Journal，1991（4）：1-16.

［208］RODGERS T S. On measuring vocabulary difficulty：an

analysis of item variables in learning Russian-English vocabulary pairs [J]. International Review of Applied Linguistics, 1969, 7 (4): 327-343.

[209] 左焕琪. 外语教育展望 [M]. 上海: 华东师范大学出版社, 2002: 189.

[210] QIAN D D. Investigating the relationship between vocabulary knowledge and academic reading performance: an assessment perspective [J]. Language Learning, 2002, 52 (3): 513-536.

[211] MECARTTY F. Lexical and grammatical knowledge in reading and listening comprehension by foreign language learners of Spanish [J]. Applied Language Learning, 2000, 11 (2): 323-348.

[212] STAEHR L S. Vocabulary knowledge and advanced listening comprehension in English as a foreign language [J]. Studies in Second Language Acquisition, 2009, 31 (4): 577-607.

[213] 吕长竑. 听力理解学习策略训练 [J]. 外语教学, 2001, 22 (3): 89-92.

[214] 王同顺, 吴明军, 候寻寻. 词汇和语法知识在听力理解中的作用研究 [J]. 外语电化教学, 2011 (6): 42-46.

[215] 张晓东. 词汇知识与二语听力理解关系研究 [J]. 外语界, 2011 (2): 36-42.

[216] 汪红, 甄薇薇. 英语听力训练中不同任务对词汇附带习得的影响 [J]. 外语教学, 2014 (5): 63-67.

[217] NATION I S P. Learning vocabulary in another language [M] 2nd ed. Cambridge: Cambridge University Press, 2013: 161-276.

[218] NATION I S P. How large a vocabulary is needed for reading and listening? [J]. Canadian Modern Language Review, 2006, 63 (1): 59-82.

[219] SCHMITT N. Instructed second language vocabulary learning [J]. Language Teaching Research, 2008, 12 (3): 329-363.

[220] WEBB S, RODGERS M P H. The vocabulary demands of

television programs [J]. Language Learning, 2009, 59 (2): 335-366.

[221] WEBB S, RODGERS M P H. The lexical coverage of movies [J]. Applied Linguistics, 2009, 30 (3): 407-427.

[222] VAN ZEELAND H, SCHMITT N. Lexical coverage in L1 and L2 listening comprehension: the same or different from reading comprehension? [J]. Applied Linguistics, 2013, 34 (4): 457-479.

[223] GOH C C M. A cognitive perspective on language learners' listening comprehension problems [J]. System, 2000, 28 (1): 55-75.

[224] PALMER D M. Information transfer for listening and reading [J]. English Teaching Forum, 1982, 20 (1): 29-33.

[225] SYDORENKO T. Modality of input and vocabulary acquisition [J]. Language Learning and Technology, 2010, 14 (2): 50-73.

[226] BROWN R, WARING R, DONKAEWBUA S. Incidental vocabulary acquisition from reading, reading-while-listening, and listening to stories [J]. Reading in a Foreign Language, 2008, 20 (2): 136-163.

[227] WEBB S, CHANG A C S. Vocabulary learning through assisted and unassisted repeated reading [J]. Canadian Modern Language Review, 2012, 68 (3): 267-290.

[228] WEBB S, NEWTON J, CHANG A C S. Incidental learning of collocation [J]. Language Learning, 2013, 63 (1): 91-120.

[229] MANZO A V. CAT: a game for extending vocabulary and knowledge allusions [J]. Journal of Reading, 1970, 13 (5): 367-369.

[230] ELLIS R, TANAKA Y, YAMAZAKI A. Classroom interaction, comprehension and the acquisition of L2 word meanings [J]. Language Learning, 1994, 44 (3): 449-491.

[231] FOUNTAIN R L. A case for dictation tests in the selection of

foreign students for English medium study in New Zealand［C］. Paper offered for Dip. Edinburgh Applied Linguistics at the University of Edinburgh，1974.

［232］THORNDIKE E L，LORGE I. The teacher's word book of 30000 words［M］. New York：Columbia University，1944.

［233］FOUNTAIN R L，NATION I S P. A vocabulary-based graded dictation test［J］. RELC Journal，2000，31（2）：29-44.

［234］BACHMAN L F，PALMER A S. Language testing in practice ［M］. Oxford：Oxford University Press，1996：18-37.

［235］林立. 英语学科教育学［M］. 北京：首都师范大学出版社，2001：6-13.

［236］CANALE M，SWAIN M. Theoretical bases of communicative approaches to second language teaching and testing［J］. Applied Linguistics，1980，1（1）：1-147.

［237］WIDDOWSON H G. Knowledge of language and ability for use［J］. Applied Linguistics，1989，10（2）：128-137.

［238］丁言仁，戚焱. 词块运用与英语口语和写作水平的相关性研究［J］. 解放军外国语学院学报，2005（3）：49-53.

［239］戚焱. 英语专业学生口语中词块使用情况的跟踪研究［J］. 外语界，2010（5）：34-41.

［240］文秋芳. 英语专业学生口语词汇变化的趋势与特点［J］. 外语教学与研究，2006（3）：189-195.

［241］童淑华. 英语专业学生口语产出性词汇发展的实验研究［J］. 外语学刊，2009（5）：161-164.

［242］魏恒建. 中学英语词汇教与学：从理论到实践［M］. 北京：国家行政学院出版社，2013：55-81.

［243］WEST M. Teaching English in difficult circumstances［M］. London：Longmans，1960：94.

［244］SCHONELL F J，MEDDLETON I G，SHAW B A. A study of the oral vocabulary of adults［M］. Brisbane：University of Queensland

Press，1956：44-50.

［245］NATION I S P，CRABBE D. A survival language learning syllabus for foreign travel［J］. System，1991（3）：191-201.

［246］JOE A. What effects do text-based tasks promoting generation have on incidental vocabulary acquisition？［J］. Applied Linguistics，1998，19（3）：357-377.

［247］DE JONG N，PERFETTI C A. Fluency training in the ESL classroom：an experimental study of fluency development and proceduralization［J］. Language Learning，2011，61（2）：533-568.

［248］BROWN D F. Advanced vocabulary teaching：the problem of collocation［J］. RELC Journal，1974，5（2）：1-11.

［249］URE J N. Lexical density and register differentiation［M］//PERREN G E，TRIM J L M. Applications of linguistics：selected papers of the second international congress of applied linguistics. Cambridge：Cambridge University Press，1971：443-452.

［250］O'LOUGHLIN K. Lexical density in candidate output on direct and semi-direct versions of an oral proficiency test［J］. Language Testing，1995（2）：217-237.

［251］周淑清. 英语阅读中的词汇问题［J］. 语言教学与研究，1999（1）：70-80.

［252］郑树棠，卫乃兴. 关于大学英语课培养语言能力等情况的研究［J］. 外语界，1996（4）：17-23.

［253］张学宾，邱天河. 词汇知识和阅读关系的实证性研究［J］. 外语教学，2006（1）：38-41.

［254］胡文飞，贺义辉. 论接受性词汇和产出性词汇在外语阅读中的作用——一项基于大学非英语专业学生的实证研究［J］. 中国外语，2007（5）：88-93.

［255］白丽芳，戴春燕. 不同等级与层面的词汇知识对阅读和写作水平的影响［J］. 外语教学理论与实践，2013（1）：72-78.

［256］李晓. 词汇量、词汇深度知识与语言综合能力关系研究［J］.

外语教学与研究，2007（5）：352-359.

［257］闫嵘，迟延平，张磊.非英语专业大学生英语语音信息加工对词汇量及篇章阅读理解的影响［J］.外语教学，2007（6）：54-58.

［258］龚兵.词汇知识深度对阅读能力的影响［J］.国外外语教学，2006（2）：1-5.

［259］王改燕.第二语言自然阅读过程中词汇附带习得研究探析［J］.外语教学，2008（6）：56-60.

［260］王改燕.第二语言阅读过程中词汇附带习得认知机制探析［J］.外语教学，2010（2）：49-53.

［261］邵艳春.不同阅读目的对词汇附带习得的影响——一项基于SPSS统计分析的调查研究［J］.外语电化教学，2006（3）：60-63.

［262］张宪，亓鲁霞.自然阅读中的词汇附带习得研究［J］.外语教学与研究，2009（4）：303-308.

［263］张云勤，许洪.多媒体注释对英语词汇附带习得和阅读理解作用的实证研究［J］.2014，（4）：69-74.

［264］龚兵.阅读附带词汇习得中的频率效应［J］.解放军外国语学院学报，2009（4）：61-66.

［265］LAUFER B. What percentage of text-lexis is essential for comprehension？［M］//LAUREN C，NORDMAN M. Special language：from humans thinking to thinking machines. Clevedon：Multilingual Matters，1989：316-323.

［266］HU M，NATION I S P. Vocabulary density and reading comprehension［J］. Reading in a Foreign Language，2000，13（1）：403-430.

［267］SCHMITT N，JIANG X，GRABE W. The percentage of words known in a text and reading comprehension［J］. The Modern Language Journal，2011，95（1）：26-43.

［268］GARDNER D. Vocabulary input through extensive reading：a comparison of words found in children's narrative and expository reading materials［J］. Applied Linguistics，2004，25（1）：1-37.

［269］MOUNTFORD A. The notion of simplification：its relevance to materials preparation for English for science and technology. ［M］//RICHARDS J C. Teaching English for science and technology. Singapore：Singapore University Press，1976：128-136.

［270］HEATON J B. Writing English language tests［M］. London：Longman Group UK Limited，1988：52-62.

［271］KLARE G R. The measurement of readability［M］. Ames, Iowa：Iowa State University Press，1963：159-170.

［272］BROWN J D. An EFL readability index［J］. JALT Journal，1998，29（2）：7-36.

［273］GREENFIELD J. Readability formulas for EFL［J］. JALT Journal，2004，26（1）：5-24.

［274］ASTIKA G G. Analytical assessment of foreign students' writing［J］. RELC Journal，1993，24（1）：61-72.

［275］LAUFER B. The lexical profile of second language writing：does it change over time？ ［J］. RELC Journal，1994，25（2）：21-33.

［276］LEKI I，CARSON J G. Students' perceptions of EAP writing instruction and writing needs across the disciplines［J］. TESOL Quarterly，1994，28（1）：81-101.

［277］ENGBER C A. The relationship of lexical proficiency to the quality of ESL compositions［J］. Journal of Second Language Writing，1995，4（2）：139-155.

［278］马广惠，文秋芳. 大学生英语写作能力的影响因素研究［J］. 外语教学与研究，1999（4）：34-49.

［279］刘建达，黄亚萍. 词汇特征量对 CET 作文得分的影响［J］. 外语电化教学，2011（3）：11-15.

［280］LINNARUD M. Lexis in composition：a performance analysis of Swedish learners' written English［M］. Malmo：Gleerup，1986.

［281］NIHALANI N K. The quest for the Lz index of development ［J］. RELC Journal，1981，12（2）：50-56.

［282］ENGBER C A. The relationship of lexical proficiency to the quality of ESL compositions［J］. Journal of Second Language Writing, 1995, 4（2）: 139-145.

［283］WANG L. Lexical richness in L2 academic writing［J］. CELEA Journal, 2005, 28（5）: 18-23.

［284］许先文. 非英语专业研究生二语写作中的词块结构类型研究［J］. 外语界, 2010（5）: 42-47.

［285］陈伟平. 增强学生词块意识, 提高学生写作能力［J］. 外语界, 2008（3）: 48-53.

［286］鲍贵. 二语学习者作文词汇丰富性发展多纬度研究［J］. 外语电化教学, 2008（5）: 38-44.

［287］王海华, 周祥. 非英语专业大学生写作中词汇丰富性变化的历时研究［J］. 外语与外语教学, 2012（2）: 40-44.

［288］朱慧敏, 王俊菊. 英语写作的词汇丰富性发展特征——一项基于自建语料库的纵贯研究［J］. 外语界, 2013（6）: 77-86.

［289］杨滢滢. 英语专业学习者同一主题作文的词汇发展和词块运用特征［J］. 外语界, 2014（2）: 58-66.

［290］DYKSTRA G, PORT R, PORT A. Ananse tales［M］. New York: Teachers College Press, Columbia University, 1966.

［291］HARVEY K, YUILL D. A study of the use of a monolingual pedagogical dictionary by learners of English engaged in writing［J］. Applied Linguistics, 1997, 18（3）: 253-278.

［292］LAUFER B, NATION I S P. A vocabulary-size test of controlled productive ability［J］. Language Testing, 1999, 16（1）: 36-55.

［293］LAUFER B, NATION I S P. Vocabulary size and use: lexical richness in L2 written production［J］. Applied Linguistics, 1995, 16（3）: 307-322.

［294］MEARA P, BELL H. P_Lex: a simple and effective way of describing the lexical characteristics of short Lz texts［J］. Prospect, 2001, 16（3）: 5-19.

［295］JACOB H L, ZINGRAF S A, WORMUTH D R, et al. Testing ESL composition : a practical approach［M］. Rowley, Mass. : Newbury House, 1981 : 30.

［296］ARNAUD P J L. The lexical richness of L2 written productions and the validity of vocabulary tests［M］//CULHANCE T, KLEIN-BRALEY C, STEVENSON D K. Practice and problems in language testing. Colchester : University of Essex, 1984 : 14–28.

［297］CHAPELLE C A. Construct definition and validity inquiry in SLA research［M］// BACHMAN L F, COHEN A. Interfaces between second language acquisition and language testing research. Cambridge : Cambridge University Press, 1998 : 32–70.

［298］QIAN D D. Assessing the roles of depth and breadth of vocabulary knowledge in reading comprehension［J］. The Canadian Modern Language Review, 1999, 56（2）: 283–307.

［299］汪榕培，卢晓娟.英语词汇学教程［M］.上海：上海外语教育出版社，2005 : 15.

［300］段士平.二语词汇能力及其测试［J］.解放军外国语学院学报，2009（2）: 51–54.

［301］NATION I S P, WEBB S. Researching and analyzing vocabulary［M］. Boston : Heinle Cengage Learning, 2011 : 195–264.

［302］COXHEAD A. A new academic word list［J］. TESOL Quarterly, 2000, 34（2）: 213–238.

［303］NATION I S P, GU P Y. Focus on vocabulary［M］. Sydney : National Center for English Language Teaching and Research, 2007 : 171–176.

［304］NATION I S P. Teaching vocabulary : strategies and techniques［M］. Boston : Heinle Cengage Learning, 2008 : 210–215.

［305］LAUFER B, GOLDSTEIN Z. Testing vocabulary knowledge : size, strength and computer adaptiveness［J］. Language Learning, 2004, 54（3）: 399–436.

［306］NATION I S P，COXHEAD A. RANGE［Z/OL］.（2002-03-04）［2008-04-13］. http：//www.vuw.ac.nz/lale/staff/Paul Nation.

［307］ANDERSON R C，FREEBODY P. Vocabulary knowledge［M］// GUTHRIE J T. Comprehension and teaching：research review. Newark，Del.：International Reading Association，1981：77-117.

［308］READ J. The development of a new measure of L2 vocabulary knowledge［J］. Language Testing，1993，10（3）：355-371.

［309］READ J. Plumbing the depths：how should the construct of vocabulary knowledge be defined？ ［M］// BOGAARDS P，LAUFER B. Vocabulary in a second language：selection，acquisition and testing. Amsterdam：John Benjamins Publishing Company，2004：209-227.

［310］READ J. Validating a test to measure depth of vocabulary knowledge［M］// KUNNAN A J. Validation in language assessment. Mahwah，NJ：Lawrence Erlbaum，1998：41-60.

［311］WESCHE M，PARIBAKHT T S. Assessing second language vocabulary knowledge：depth versus breadth［J］. Canadian Modern Language Review，1996，53（1）：13-40.

［312］READ J. Vocabulary and testing［M］// SCHMITT N，MCCARTHY M. Vocabulary：description，acquisition and pedagogy. Cambridge：Cambridge University Press，1997：303-326.

［313］SCHMITT N，ZIMMERMAN C B. Derivative word forms：what do learners know？ ［J］. TESOL Quarterly，2002，36（2）：145-171.

［314］BAHNS J，ELDAW M. Should we teach EFL students collocation？ ［J］. System，1993，21（1）：101-114.

［315］FARGHAL M，OBIEDAT H. Collocation：a neglected variable in EFL［J］. International Journal of Applied Linguistics，1995，28（4）：313-331.

［316］BONK W J. Testing ESL learners' knowledge of collocation［M］// HUDSON T，BROWN J D. A focus on language test development : expanding the language proficiency construct across a variety of tests. Honolulu : Second Language Teaching and Curriculum Center, University of Hawaii, 2001 : 113-142.

[317] SIYANOVA A, SCHMITT N. L2 learner production and processing of collocation : a multi-study perspective [J]. Canadian Modern Language Review, 2008, 64 (3): 429-458.

[318] CONKLIN K, SCHMITT N. Formulaic sequences : are they processed more quickly than nonformulaic language by native and nonnative speakers? [J]. Applied Linguistics, 2008, 29 (1): 72-89.

[319] VERMEER A. The relationship between lexical richness and vocabulary size in Dutch L1 and L2 children [M] // BOGAARDS P, LAUFER B. Vocabulary in a second language : selection, acquisition and testing. Amsterdam : John Benjamins Publishing Company, 2004 : 173-190.

[320] MEARA P M. BBC English core curriculum : the lexicon [M]. London : BBC English, 1991.

[321] HIRSH D, NATION I S P. What vocabulary size is needed to read unsimplified texts for pleasure? [J]. Reading in a Foreign Language, 1992, 8 (2): 689-696.

[322] HORST M. Revisiting classroom as lexical environment [M] // FITZPATRICK T, BARFIELD A. Lexical processing in second language learners : papers and perspectives in honor of Paul Meara. Bristol, UK : Multilingual Matters, 2009 : 53-66.

[323] HUGHES A. Testing for language teachers [M]. Cambridge : Cambridge University Press, 1989 : 146-150.

[324] RUBIN J. Learner strategies : theoretical assumption, research history and typology [M] // WENDEN A, RUBIN J. Learner strategies in language learning. Englewood Cliffs, NJ : Prentice Hall Inc., 1987 : 15-29.

[325] OXFORD R L. Language learning strategies : what every

teacher should know ［M］. Boston：Heinle ELT，1990：8.

［326］文秋芳，王立非. 英语学习策略实证研究［M］. 西安：陕西师范大学出版社，2003：36.

［327］TARONE E. Some thoughts on the notion of communication strategy［J］. TESOL Quarterly，1981，15（3）：285-295.

［328］CHAMOT A U. The learning strategies of ESL students ［M］//WENDEN A，RUBIN J. Learner strategies in language learning. Englewood Cliffs，NJ：Prentice Hall Inc.，1987：71-83.

［329］WENDEN A. How to be a successful language learner：insights and prescriptions from L2 learners［M］// WENDEN A，RUBIN J. Learner strategies in language learning. Englewood Cliffs，NJ：Prentice Hall Inc.，1987：103-117.

［330］WEINSTEIN C E，MAYER R E. The teaching of learning strategies［M］// WITTROCK M. Handbook of research on teaching. New York：Macmillan，1986：315-327.

［331］ELLIS R. The study of second language acquisition［M］. Oxford：Oxford University Press，1994：532.

［332］COHEN A D. Strategies in learning and using a second language［M］. London：Longman Group UK Limited，1998：4，66.

［333］PURPURA J E. Learner strategy use and performance on language tests：a structural equation modeling approach［M］. Cambridge：Cambridge University Press，1999：23.

［334］STOFFER I. University foreign language students' choice of vocabulary learning strategies as related to individual difference variable［D］. Tuscaloosa：University of Alabama，1995.

［335］SCHMITT N. Vocabulary learning strategies［M］// SCHMITT N，MCCARTHY M. Vocabulary：description，acquisition and pedagogy. Cambridge：Cambridge University Press，1997：199-227.

［336］文秋芳. 英语学习策略论［M］. 上海：上海外语教育出版社，1996：134-152，206-210.

〔337〕程晓堂，郑敏．英语学习策略〔M〕．北京：外语教学与研究出版社，2002：33-35.

〔338〕乔继红．快速记忆英语单词十法简介〔J〕．中小学外语教学，1995（6）：13-16.

〔339〕COHEN A D. Strategies in learning and using a second language〔M〕. 2nd ed. Harlow：Pearson Education Limited，2011：118-126.

〔340〕汤颖，GRIFFITHS C. The keys to highly effective English learning〔M〕.南昌：江西教育出版社，2014：20-75.

〔341〕CHAMOT A U，O'MALLEY J M. Language learner and learning strategies〔M〕//ELLIS N C. Implicit and explicit learning of languages. London：Academic，1994：371-392.

〔342〕王笃勤．大学英语自主学习能力的培养〔J〕.外语界，2002(5)：17-23.

〔343〕ANDERSON N J. The role of metacognition in second language teaching and learning〔J〕. ERIC Educational Reports，2002（4）：3-4.

图书在版编目（CIP）数据

英语词汇教学／罗少茜，赵海永，邢加新著.—南宁：广西教育
出版社，2016.12（2019.7 重印）

（中国外语教育研究丛书／刘道义主编）

ISBN 978-7-5435-8230-9

Ⅰ.①英… Ⅱ.①罗… ②赵… ③邢… Ⅲ.①英语—词汇—教
学研究—高等学校 Ⅳ.①H319.34

中国版本图书馆 CIP 数据核字（2016）第 323812 号

策 划 黄力平

组稿编辑 邓 霞 黄力平　　　　　装帧设计 刘相文

责任编辑 陶春艳 罗丽娜　　　　　责任技编 胡庆团

责任校对 石 刚 钟秋兰　　　　　封面题字 李 雁

出 版 人：石立民

出版发行：广西教育出版社

地　　址：广西南宁市鲤湾路 8 号

邮政编码：530022

电　　话：0771-5865797

本社网址：http://www.gxeph.com

电子信箱：gxeph@vip.163.com

印　　刷：广西壮族自治区地质印刷厂

开　　本：787mm×1092mm　1/16

印　　张：21.75

字　　数：323 千字

版　　次：2016 年 12 月第 1 版

印　　次：2019 年 7 月第 3 次印刷

书　　号：ISBN 978-7-5435-8230-9

定　　价：52.00 元

如发现印装质量问题，影响阅读，请与出版社联系调换。